中國財政学会
财政与国家治理系列丛书

Modern Treasury Theory:

Concept and System

现代国库论：
理念与制度

马海涛　肖鹏 / 编著

中国财经出版传媒集团
经济科学出版社
Economic Science Press
·北京·

财政与国家治理系列丛书编委会

总　　　编：刘尚希
副　总　编：高培勇　李俊生　郭庆旺
编委会成员：王卫星　王光坤　王浦劬
　　　　　　王朝才　白重恩　白景明
　　　　　　李万甫　李晓超　陆　磊
　　　　　　罗文光　孟　春　欧文汉
　　　　　　祝宝良　傅志华

总　序

实现中华民族伟大复兴，是一百多年以来无数海内外中华儿女的梦想。今天，我们比历史上任何时期都更接近、更有信心和能力实现中华民族伟大复兴的目标。当我们端起历史的望远镜，回看一百多年来我们走过的路，我们看到财政与国家命运的关系是如此紧密，国家命运的变化和兴衰背后竟然隐藏着深刻的财政密码。

公元1840年，天干地支纪年法为庚子年。这一年发生了第一次鸦片战争，西方列强敲开了封闭的清朝的大门。1842年，清政府签订了丧权辱国的《南京条约》，使中国陷入了近代半殖民地社会的泥潭。在此之后，列强侵略、军阀割据、生灵涂炭。虎门陷落，英军侵入珠江；甲午战败，北洋水师覆没；卢沟桥事变，日军全面侵华，中华民族经历了太多的屈辱史。但是谁能想到，近代国运衰弱的背后，隐藏着鲜为人知的财政密码。拿当时的中国和英国相比较，鸦片战争前中英工业制造能力、军事实力的巨大差距只是表象，深层次里是财政制度、国家治理体系和治理思想的巨大差异。英国1668年的"光荣革命"，议会永久地把国王的财政权力关进法律的笼子里，并逐步建立起现代财政制度。"光荣革命"确立的税收法定原则，为英国工业革命奠定了基础，也为英国殖民战争提供了财力支撑。2000多年前就已确立的中央集权统治和财政制度没有与时俱进，在清政府的财政收入中地丁、盐课、关税是主要来源，其中地丁一项几乎占到政府收入的2/3左右。重农抑商的财政制度使中国的发展长期停留在以农业为主的状态，国家的综合实力难以壮大。而且，在有限的政府财力中用于国防的也十分有限，财政权被滥用，腐败严重，不少支出化为皇室、大臣奢侈享乐等政府消费性支出。即使面临严峻的军事威胁，这种惯性也难以迅速改变。财政无法把经济、政治和国防整合起来，国家综合实力不能通过财政的转化而增强，国家衰败是不可避免的。

1

公元 1949 年，天干地支纪年法为己丑年，这一年中华人民共和国成立。当毛泽东主席在天安门城楼上宣告中国人民从此站起来了的时候，很少有人想到，无数人为之奋斗的这一天的到来，背后也隐藏着财政密码。毛泽东 1938 年发表的《论持久战》中有这样一句话："抗日的财源十分困难，动员了民众，则财政也不成问题，岂有如此广土众民的国家而患财穷之理？" 1949 年，毛泽东发表的《我们是能够克服困难的》一文中写道："二十二年的人民解放战争告诉我们，在任何一个驱逐敌人建立人民政权的区域，必不可免地要经过一个困难的时期。……为着克服困难，必须完成几项根本性质的工作，这就是：（一）消灭封建势力，使农民得到土地；（二）实行精兵简政，简省国家开支；（三）在上列两项基础之上初步地恢复和发展一切有益的工业和农业生产。"毛泽东所谈到的三项根本性质的工作，每一项都与战时财政制度密切相关。中国共产党战时废除苛捐杂税、减租减息等财政制度为中国革命奠定了强大的经济基础、社会基础和政治基础。

公元 1978 年，天干地支纪年法为戊午年，这一年中国共产党十一届三中全会召开。1978 年的中国，是中华民族 5000 年历史上具有重要意义的一年。如果说 1949 年中国的变化是让中国人民站了起来，那么 1978 年的变化则是中华民族走向富裕道路的开始。但是，当年我国面临着十年"文化大革命"带来的严峻局面：经济凋敝，科技落后，人民贫困。与世界其他国家相比，我国经济不仅与发达国家的差距进一步扩大，而且还被一些发展中国家和地区远远地甩在了后面。邓小平强调，不改革开放，总有一天会被开除"球籍"。可以说，贫困与落后，生存危机与开除"球籍"的危险，是撬动中国改革开放最大的动力。解决短缺问题的根本途径是提高生产力，提升经济效率，市场化无疑是唯一出路。要建立充满生机的社会主义经济体制，增强企业活力是经济体制改革的中心环节。而这个时候，是财政改革率先打破高度集中计划经济体制的缺口，也是财政改革为市场化改革奠基铺路。财政改革是围绕"增强企业活力"展开的，而"利改税"则是增强企业活力、确立企业市场主体地位的关键一步。

在人类史上，没有哪个国家的发展是一帆风顺的；没有哪个国家的发展没有遭遇过重大风险，甚至危机。审视历史，其背后都隐藏着财政密码，左右历史变迁的进程，从历史的波澜中都能找到财政的身影，重大的历史变革无不指向财政。面对风险和危机，果断地进行财政变革，就能化风险为动力、化危机为转机；如果拖泥带水、停滞不前，等待的就只能是灭亡。美国的"进步时代"和苏联的解体是对此最好的诠释。"进步时代"之前，美国财政制度既杂乱又低效，藏污纳垢，完全不对民众负责。国家面临的问题，也是腐败横行、假冒伪劣猖獗、重大灾难屡屡发生、社会矛盾异常尖锐。在"进步时代"，美国从收入和开支两方面对其财政制度进行了彻底的改造，建立了现代财政制度，其现代国家的基础就是在这个时期奠定的。到20世纪20年代，美国已建立了一个高效的现代国家机器。没有在"进步时代"打下的财政制度基础，美国资本主义的命运也许完全会是另外一种结局。反观苏联解体，最大的原因也是因为苏联一直实行高度集权的财政制度，导致整个社会毫无活力和动力，风险长期积累，遇到问题冲击时"帝国"便分崩离析。

　　历史是一面镜子——知兴衰，明得失，可照现实，可照未来。当我们审视人类历史的长河时，发现财政与国家治理的关系是如此紧密。尤其是人类社会已经进入风险社会，其特征是高度不确定性。在风险社会，经济风险、社会风险、债务风险、金融风险，以及地缘政治风险等公共风险相互交织、叠加放大、全球互联，若处理不好会引发严重的发展危机。在这一背景下，研究财政与国家治理的关系尤为重要。基于此，中国财政学会推出了"财政与国家治理"系列丛书，丛书试图从各个角度解读实现国家治理体系和治理能力现代化背后的财政密码，为实现中华民族伟大复兴贡献智慧力量。

刘尚希

2018 年 5 月

前　言

财政是国家治理的基础和重要支柱，国库管理涉及财政收支的执行、核算和报告等重要环节，是政府财政资金收支流转的总枢纽，是财政管理的重要组成部分，也是财政发挥职能作用的基础性保障。2022 年党的二十大报告提出：健全现代预算制度，优化税制结构，完善财政转移支付体系。在当前预算制度改革已经进入深水区、攻坚期的背景下，健全现代预算制度必须注重改革的系统性、整体性和协调性，着眼于财政管理机制的长远性、系统性重构。国库管理涉及财政资金的收支执行、记录核算、投资运营和报告公开等环节，国库制度改革是进一步健全现代预算制度的重要抓手。本书主要研究国家治理体系现代化和中国式现代化背景下现代国库管理的理念重塑、机制构建和制度框架问题。

随着政府经济活动职能的扩张，传统的财政国库的收入划分报解和库款保管拨付的功能已经大大拓展，而转向涵盖政府所有资金收付、政府采购、债务管理、现金管理、核算报告在内的，实现制度创新和大数据、信息技术有机融合的现代国库管理活动。目前，国际上对现代国库职能的定位一般采用国际货币基金组织（IMF）的定义，即现代国库是财政代表政府控制预算执行，保管政府资产和负债，有效控制政府预算收支执行、高效管理国库现金和政府债务的制度框架及收支管理活动。

在理念重塑方面，"控制、运营、报告"三大理念指导着国库制度的改革；在机制构建方面，需强化财政资金收付运行的"制衡、绩效、反馈"三大机制；在制度框架方面，现代国库制度包含七个层次的内容，即运行规范、安全高效的国库集中收付管理体系，互联互通、数据共享的国库信息系统管理体系，注重效益、防范风险的国库资金管理体系，完整可靠、服务决策的财政数据分析体系，科学筹资、市场基准的国债管理体系，机制健全、合规合理的地方政府债券发行管理体系，内容全面、公开透明的财政财务报告体系。

具体而言，本书从理论层面上剖析了现代国库管理与国家治理之间的关系，体现在三个方面：第一，现代国库管理契合以人民为中心的发展思想；第二，现代国库管理是推进国家治理体系和治理能力现代化的重要保障；第三，现代国库管理是政府公共受托责任履行情况的重要体现。财政国库管理涉及预算的执行、核算、报告等重要环节，是政府财政资金收支流转的总枢纽。财政国库管理高效、透明，就能充分发挥掌控纳税人"钱袋子"的功能，确保纳税人资金合规、高效使用。而如果财政国库管理低效、"暗箱"，纳税人资金能否按预算合规、高效地使用就得不到保障，政府的宏观调控能力也就大打折扣，进而也就会弱化国家的预算能力和治理能力。

本书从新公共管理理论、委托代理理论、企业资源计划（enterprise resource planning，ERP）系统理论和流程控制理论视角，对现代国库的本质特征、内在要求进行剖析。从新公共管理理论来看，现代财政国库管理要求对公共资金实行统一管理，高效配置社会资源，强化资金安全意识，财政收支活动面向全社会公开，接受全社会监督。从委托代理理论来看，财政资金收付过程中同样也存在复杂的委托代理问题，主要体现在财政部门、预算单位和代理机构之间。如果缺乏有效的制约机制，工作开展过程中各方追求自身利益最大化就难以避免，其结果就是各方的目标都无法实现。为杜绝上述情况发生，就需要建立起一套高效、规范、透明的管理制度，对代理机构单纯谋求自身利益行为形成有效制衡，使财政国库管理在充分实现公众的整体利益、满足预算单位需求的基础上，让代理机构也从中获益。从ERP理论来看，ERP系统在财政资金收支管理、政府预算全口径管理、政府财务管理、财政信息化建设方面，都有很多指导意义。从流程控制理论来看，流程控制理论对于财政资金管理尤其是国库资金的收支管理的借鉴意义主要体现为建立实时的、动态的、高效的财政资金监控体系。

从制度层面上，通过对相关国家国库改革、国库管理现状的梳理，本书认为，从国际先进经验来看，现代国库管理包括控制、运营、报告三个层次的基本功能。其中，控制主要包括预算控制、采购控制、现金控制、财务控制等多个方面；运营主要指通过政府采购制度提高支出绩效，通过政府债券管理、财政库底目标余额制度降低融资成本等；报告则指全面反映政府财政财务状况和财政可持续性。

从政策建议方面，为逐步解决现行国库集中收付管理中存在的问题，同时适应财政预算管理改革的新需要，国库集中收付制度将围绕现代财政国库管理的"控制、运营、报告"三大功能，以国库单一账户体系制度为基础，全面优化整合政府采购、资金支付、工资发放、政府债券管理、国库现金管理、收入管理、账务管理、决算与财务报告等业务流程，逐步构建资金运行高效、控制体系完整、财务报告全面、单位权责清晰、绩效导向显著的现代财政国库管理制度。

总结而言，适应国家治理体系现代化和现代财政制度改革的要求，现代意义上的财政国库改革，要求国库部门是一个主动的政府现金和财务的管理者，并在此基础上凭借全面及时的信息优势，发挥对政府财政收支活动进行全方位管理的管理职能。从理念上，需要将"控制、运营、报告"三大理念融入财政资金收付运行中，从制度上，需要推动政府银行账户管理、现金管理、财务规划和现金流量预测管理、公共债务管理、国外捐赠和国际援助管理、基金、金融资产管理的系统性构建，实现财政国库管理水平螺旋式跃升。

本书是在我2020年主持的财政部国库司执行的世界银行贷款"现代财政制度与国家治理"技援项目中的子项目"现代财政资金收支运行机制研究"和肖鹏教授2017年主持的财政部国库司执行的世界银行贷款"现代财政制度与国家治理"技援项目中的子项目"政府综合财务报告制度及国库管理相关问题研究"的基础上形成的。在课题研究过程中，得到时任财政部国库司的王小龙司长、杜强副司长，国库司制度处、总会计一处、现金管理处等处室同志的支持和指导，在此表示感谢。在课题开题、中期检查和结项评审过程中，得到白景明、郭庆旺、冯俏彬、李红霞、崔惠玉、马洪范、陈道富等专家的指导和建议，也得到了世界银行项目办高玲、李赟女士的项目过程管理指导，课题组成员温来成、姜爱华、卢真、王斐然、岳林峰、文雨辰、费堃桀、王亚琪、陶畅、穆沛雨深度参与了课题研究工作，邵淑玲、郑嘉宁、杜林参与了书稿的通读校对工作，在此也一并表示由衷的感谢。

在书稿形成过程中，我们还学习和引用了诸多经济学、管理学、法学等学界同仁的研究文献，从中得到很大启发和帮助，在此，也向学界的各位同仁表示谢意，当然文责自负。希望本书的出版，能对推动我国财政国库管理的理念创新和制度改革作出微薄的贡献，助力现代国库制度建设。

马海涛

2023 年 9 月

目录

第 *1* 章

国家治理能力提升与现代国库制度

财政是国家治理之基，预算是财政管理之柱，国库是财政预算资金收支运行的总枢纽。2013 年党的十八届三中全会通过的《中共中央关于全面深化改革若干重大问题的决定》（以下简称《决定》）指出，我国财政改革的目标是建立与国家治理体系和治理能力现代化相适应的现代财政制度。预算制度改革在现代财政制度构建中发挥着重要的保障和支撑功能。这是因为预算体现国家的战略和政策，反映政府的活动范围和方向，是推进国家治理体系和治理能力现代化的重要技术支撑，是宏观调控的重要手段。国库管理是预算管理的重要组成部分，涉及预算的执行、核算、报告等重要环节，是政府财政资金收支流转的总枢纽。财政国库管理高效、透明，就能很好地发挥掌控纳税人"钱袋子"的功能，确保纳税人资金合规、高效使用，为国家治理能力提升和治理体系现代化提供强有力的支撑。

1.1 国家治理理论概述

1.1.1 国家治理概述

《决定》将"完善和发展中国特色社会主义制度，推进国家治理体系和治理能力现代化"作为全面深化改革的总目标，作出"财政是国家治理的基础和重要支柱"的重要论断。这是我国首次在国家政治层面明确提出国家治理体系和治理能力现代化这一重大命题。

1. 国家治理的内涵

追溯国家治理的起源，"治理"作为政治词汇，在中华文化语境中，可谓源远流长。古代的"治"主要体现统治与管理、安定秩序以及整顿训练，如"无为而治""明于治乱""治其大礼"等。英文中的治理（governance）概念则源于拉丁文和古希腊语，原意是控制、引导和操纵。

现代社会经济生活中的"治理"一词最初出现在伯利与米恩斯（1932）的《现代公司与私有财产》一书中，他们提出的"公司治理结构"开创了至今仍影响深远的公司治理理论。[①] 政治学上的"治理"理念始见于20世纪80年代末期的西方发达国家和一些国际性组织（如世界银行、国际货币基金组织和经济合作与发展组织等），它在对政府与市场、政府与社会、政府与公民这三对基本关系的反思中产生，并随着对这些基本关系认识的不断深化而发展。当下公共领域的实践和现代政治学、行政学等研究将治理拓展为一个内容丰富、包容性很强的概念，认为国家治理体系是一国用来规范社会权力运行和维护公共秩序的一系列制度安排及运行机制的总称。其范围涵盖了一国的经济、政治、文化、社会、生态文明等各个重要领域，是一整套紧密相联、相互协调的国家制度体系。正如现代治理理论的创始人詹姆斯·N. 罗西瑙（James N. Rosenau）所指出的那样，"治理是由共同的目标所支持的，这个目标未必出自合法的以及正式规定的职责，而且它也不一定需要依靠强制力使别人服从"[②]。它所借助的机制是复合的，"既包括政府机制，同时也包含非正式、非政府的机制"[③]。在这些复合机制的作用下，"随着治理范围的扩大，各色人等和各类组织得以借助这些机制满足各自的需要，并实现各自的愿望"[④]。习近平指出，国家治理体系是在党领导下管理国家的制度体系，包括经济、政治、文化、社会、生态文明和党的建设等各领域体制机制、法律法规安排，也就是一整套紧密相联、相互协调的国家制度。[⑤] 治理的目的则是在各种不同的制度关系中运用权力去引导、控制和规范公民的各种活动，最大限度增进公共利益。

---

① ［美］阿道夫·A. 伯利、加德纳·C. 米恩斯：《现代公司与私有财产》，甘华鸣、罗锐韧、蔡如海译，商务印书馆2005年版。

②③④ 詹姆斯·Z. 罗西瑙：《没有政府的治理》，张胜军、刘小林译，江西人民出版社2006年版。

⑤ 《习近平在省部级主要领导干部学习贯彻十八届三中全会精神全面深化改革专题研讨班开班式上发表重要讲话》，新华网，2014年2月17日。

因此，国家治理是指国家作为一个公共管理机构在既定的范围内运用公共权威维持秩序、满足公众需要的活动。作为一种实现国家社会公共管理职能的新理念、新方式和新方法，国家治理特别强调政府与公民和其他社会组织的协调与合作，并希望通过政府与公民和其他社会组织之间的合作和互动，寻求一种达到"善治"的社会管理体制。它是多层管理主体共同管理社会公共事务、处理社会冲突、协调不同利益的一系列制度、体制、规则、程序和方式的总和。国家治理能力，则是一个国家制定法律制度、执行公共政策、治理经济社会事务，以及维护政治经济及社会秩序等能力的整体体现。一个治理能力优良的国家，对外可有效地维护国家利益与国家安全；对内可使人民形成长期稳定的、良好的心理预期，安居乐业，"学有所教、劳有所得、病有所医、老有所养、住有所居"。

2. 国家治理与国家管理的区别

"国家治理"理念是政府意识形态的转变。传统政治理论认为国家或中央政府只需要行政命令或红头文件即可对经济社会施行有效管理，政府统治的权力运行方向总是自上而下的，它运用政府的政治权威，通过发号施令、制定政策和实施政策，对社会公共事务实行单一向度的管理。在"管理"语境中，政府更多地扮演全能政府、集权政府和人治政府的角色，政府有至高无上的权威，"管理"就是政府对市场、社会、纳税人自上而下的"直接管控"，政府与市场、社会、纳税人之间容易成为一种对立关系，甚或出现大政府、小市场与小社会的格局。

在"治理"的语境中，政府虽然依旧是社会公共事务管理功能和责任的承担者，但政府扮演的角色更多是有限政府、分权政府和法治政府，治理与管理的最大区别，就是管理依据确定性的规则进行，治理依据不确定的行为进行，管理是纠偏，治理是消除不确定性。"治理"意味着过往的"直接管控"将被上下互动、横向联动为主的协商沟通所替代（俞可平，2000），政府与市场、社会、纳税人之间容易形成竞争合作、和谐共生的关系，其目标是社会公正，其手段是民主机制，其核心工具是法治建设。从传统"管理"到现代"治理"的跨越，虽只一字之差，却是一个"关键词"的变化，是治国理政的总模式，包括权力配置和施政方式的一种深刻的转变。

"国家治理"概念的提出，说明执政者比以往更加重视国家与社会、政府与人民之间关系的维护及和谐，而不再是简单的以国家为主体的管制思维模式。但是，这种"治理话语"与当前正在运行的体制机制模式，以及与制定和执行这些政策的人的观念之间的距离还相当大，由传统管理模式向治理模式的转变，是现代国家发展过程中不可避免的"哥白尼式转向"。

随着改革开放和社会主义民主进程的不断深入，市场主体对经济利益最大化的追求可能与政府社会利益最大化的追求有较大的矛盾，而伴随政府失灵与市场失灵逐步成长起来的社会组织在行为方式、目标取向上与政府、市场均有区别。在这样的背景下如何统筹和协调政府、市场与社会组织的关系呢？显然，依靠单一维度、自上而下的政府管理模式已经难以整合日渐差异化的社会诉求，而必须以合作、协商为基础推动利益融合并进而实现对公共事务的有效管理。纵向上下互动、横向合作协商是国家治理体系和治理能力现代化的基本要义，其目标是社会公正，其手段是民主机制，其核心工具是法治。由此可见，现代国家治理要求重构政府与市场、政府与社会、政府与公民及政府间的关系。

1.1.2 国家治理的关键要素

综合联合国开发计划署（UNDP）和全球治理委员会（CDD）等的界定，现代国家治理主要含有五个基本要素：（1）规则性（regulation），即社会秩序和权威被公民普遍认可和自觉服从的性质和状态；（2）透明度（transparency），即包括立法活动、政策制定、法律条款、政策实施、行政预算、公共开支等有关的政治活动信息，在不涉及国家安全和个人隐私情况下公民都有权获得，并积极参与公共治理和管理过程，以此实现对公权力实施有效的监督；（3）问责制（accountability），即国家各级行政机构和公职人员依法必须履行的职责和义务，拒不履行者或尽责不到位者将受到惩罚；（4）法治化（rule of law），在民主基础上形成国家治理的基本规则，即法律面前人人平等，在规范公民行为的同时，更制约政府权力滥用，其最终目的在于保护公民自由；（5）回应性（responsiveness），实为问责制的延伸，即国家各级行政机构和公职人员须对公民的要求作出及时和负责的反应，定期、主动地征询意见，并对政策文件进行及时解释和回答公民的问题。

上述构成要素无不以国家的民主和法治为基础，亦与政府和公民之间的良好合作直接相关。没有公民的积极参与，就不会有善治。所以，善治的基础与其说是在政府或国家，还不如说是在公民或民间社会。

1.1.3　国家治理能力提升与治理体系现代化

1. 国家治理能力提升与治理体系现代化的逻辑关系

国家治理体系和治理能力的现代化就是使国家治理体系制度化、科学化、规范化、程序化，使国家治理跟上时代步伐，创新治理方式，回应国民的现实需求，实现最佳的治理效果，为国家事业发展、为人民幸福安康、为社会和谐稳定、为国家长治久安提供一整套更完备、更稳定、更管用的制度体系，把中国特色社会主义各方面的制度优势转化为治理国家的效能。国家制度体系是国家治理的良好制度平台，是国家治理能力可否实现的重要因素，但落后和不合时宜的国家制度同样也会桎梏和阻碍国家治理能力，因此，国家制度的建构和自我更新能力同样也是国家治理能力的重要方面。

党的十八届三中全会提出了全面深化改革的总目标，并把"推进国家治理体系和治理能力现代化"作为其重要内容，这对于中国未来政治发展乃至整个社会主义现代化建设事业具有重大的理论意义和现实意义。国家治理现代化是国家现代化、中国式现代化的重要组成部分，国家治理现代化的水平直接决定了国家现代化、中国式现代化的路径和可能。

习近平指出，国家治理体系和治理能力是一个国家的制度和制度执行能力的集中体现，两者相辅相成。[①] 有了科学的国家治理体系才能孕育高水平的治理能力，不断提高国家治理能力才能充分发挥国家治理体系的效能。解决中国各种问题，实现各项既定目标，关键要靠国家治理体系和治理能力的现代化。我们应当充分认识到国家治理体系和治理能力紧密联系的一体两面。国家治理体系是国家治理能力得以实施的重要制度平台，而国家治理能力是国家治理体系具体执行力的体现。对于一个国家而言，国家治理体系规范并约束着国家治理能力的运行，而国家治理能力的强弱也会影响国家治理体系的具体实施和自我完善。我们可以这么认为，有治理体系，无治理能力，那么体系就徒有虚

---

① 《习近平在省部级主要领导干部学习贯彻十八届三中全会精神全面深化改革专题研讨班开班式上发表重要讲话》，新华网，2014 年 2 月 17 日。

名；有治理能力，无治理体系，那么能力就会被泛用滥用。要在国家治理体系下不断提高执行能力，在执行过程中不断完善改进国家治理体系。

2. 国家治理能力提升与治理体系现代化的路径

国家治理能力提升和治理体系现代化是一个系统性工程。国家治理现代化包括国家治理能力提升与治理体系现代化两个部分。

（1）国家治理能力提升的路径。

习近平指出，国家治理能力是运用国家制度管理社会各方面事务的能力，包括改革发展稳定、内政外交国防、治党治国治军等各个方面。① 国家治理能力建设的目的是保证良好的"能力供给"，以发挥中国特色社会主义制度的优越性，实现治理的科学化、效率化、文明化。

首先，国家治理能力提升要实现治理历史、现实与未来的良性互动。国家治理理念的提出不是对以往成绩，尤其是改革开放以来所取得的成就的否定。回顾历史、正视现实，不难看出成就取得的一个重要原因是，改革者拥有一以贯之、坚持改革创新的勇气和魄力。改革创新的勇气和魄力是国家治理能力的一项重要指标。

其次，国家治理能力提升要实现政府、市场和社会之间的新型互动。治理能力提升的重点就是要理顺国家与社会、政府与市场、中央与地方、政治权力与公民权利的关系。为此要遵循三重逻辑：经济治理体系中政府调控市场、市场引导企业的逻辑；政治治理体系中党的领导、人民当家作主、依法治国有机统一的逻辑；社会治理体系中党和政府领导、培育、规范社会组织，社会组织配置社会资源的逻辑（高小平，2014）。

最后，国家治理能力提升要实现领导主体、协同主体和参与主体之间的良性互动。在国家治理实践中，党和政府居于领导地位，各类经济组织、社会组织发挥协同功能，公民参与其中。政治主体的治理能力包括中央的决策领导能力，省（区、市）中层的决策、领导、规划、组织、沟通和协调能力，县（乡）基层的规划、执行能力、组织能力和协调能力，其本意主要是将治国理政的观念和政策落实到实处的能力。非政治主体包括参政党、社会组织和公民，它们需要不断提升自身的参与意识与参与能力，同时发挥监督功能。

---

① 习近平：《切实把思想统一到党的十八届三中全会精神上来》，载于《求是》2014年第1期。

（2）国家治理体系现代化的路径。

首先，明确国家制度建设所遵循的理念。这涉及国家制度建设的价值取向。价值取向位于现代国家治理体系基本结构的顶端，是国家治理体系基本结构的指导理念，包括民主、法治与科学三个方面。在制度建设中，民主就是要反映民意、尊重民意、顺应民意，全心全意为人民服务；法治就是要秉承法的精神，遵守法的原则，贯彻法的意志；科学就是要缜密分析，系统论证，科学计量。

其次，明确国家制度建设的主体。在国家制度建设中，党发挥着绝对的领导作用，因此顶层设计至关重要。作为中央高度集权的国家，事关国计民生和民主法治的重大制度改革，事关社会政治经济的全局性制度改革，只能由中央决策层规划，由中央统一推动，没有中央的权威性支持，最出色的地方改革举措也可能会事倍功半，甚至功败垂成。此外，政府的重要性不能被忽视。在任何社会中，政府有不可替代的社会功能，即便在网络化治理体系成熟完善的制度条件下，政府依然是网络系统的中枢，是发动、引导、激励和监管各种社会组织合作的重要力量。

最后，明确国家制度建设的领域和重点。国家治理体系现代化反映了对现代国家的政治、经济、社会、文化、生态制度的需求，有利于促进相关领域的文明。党的十八届三中全会提出的"五位一体"的全面深化改革目标和各项重大改革举措为我国的制度建设指明了方向。因此，要加强党的执政能力建设，以经济、政治、文化、社会和生态文明五大领域的现代国家制度建设为重点。具体来看：坚持和完善基本经济制度，坚持和完善基本政治制度，深化文化体制改革，深化社会体制改革，加快建立生态文明制度，深化党的建设制度改革。

1.1.4 国家治理体系现代化与中国式现代化

实现现代化，是人类文明发展和进步的显著标志，已经成为时代发展趋势，引领着世界发展潮流（韩保江和李志斌，2022）。党的二十大报告指出，"从现在起，中国共产党的中心任务就是团结带领全国各族人民全面建成社会主义现代化强国、实现第二个百年奋斗目标，以中国式现代化全面推进中华民族伟大复兴"，并且明确了中国式现代化的重要特征、本质要求以及需要把握的重大原则，为新阶段中国式现代化提供了行动指南。

1. 国家治理体系现代化与中国式现代化的关系

国家治理体系现代化与中国式现代化互为支撑、相互促进，有着密切的关系，二者坚持和完善中国特色社会主义制度的共同目标是一致的。国家治理体系现代化是指在中国特色社会主义制度下，推进实现国家治理体系和治理能力现代化的总体目标。中国式现代化不同于西方资本主义现代化，中国式现代化是在中国共产党领导下的中国特色社会主义实践，已经深深打上了"中国特色"的烙印，充分体现时代特征，回应时代需求，解决时代问题，被证实了是一条适合中国国情、符合中国实际的正确道路。

坚持和完善中国特色社会主义制度、推进国家治理体系和治理能力现代化，是关系党和国家事业兴旺发达、国家长治久安、人民幸福安康的重大问题。中国特色社会主义制度是中国式现代化的重要组成部分，形成于中国式现代化的历史进程，保障了中国式现代化的发展成熟，创造了社会主义政治文明新亮点，并在此过程中不断丰富和发展中国特色社会主义制度优势。

目前，世界上的现代化国家都是资本主义发达国家，因此，长期以来形成了西方资本主义现代化的单一模式。一些发展中国家照搬这一模式，不可避免地出现了"中等收入陷阱"和"周期性经济危机"等问题，实践反复证明了这一模式并不具有普适性，不是通往现代化的唯一路径。中国式现代化纠正了现代化就是西方化的错误认知，从根本上创造了人类文明新形态，为世界文明发展贡献了中国智慧，为其他发展中国家实现现代化提供了新的选择。

2. 中国式现代化：中国特色

中国式现代化的"中国特色"主要体现在以下几个方面。

（1）中国式现代化是中国共产党领导的社会主义现代化。

中国共产党的领导是中国特色社会主义的本质特征，是中国特色社会主义制度的最大优势。在领导中国式现代化的进程中，中国共产党始终坚持中国特色社会主义，坚持以人民为中心的发展思想，在不同历史时期进行不懈追求和探索，不断深化对中国式现代化的认识，不断增强人民群众的获得感，更加明确中国式现代化的目标和任务，成功将中国式现代化推向新阶段。坚持中国共产党的领导，是中国式现代化最鲜明的特征和最突出的优势，坚持中国共产党的领导，就是要坚持中国特色社会主义，坚持人民主体地位，发展全过程人民民主。

（2）中国式现代化是人口规模巨大的现代化。

我国人口规模巨大，超过现有发达国家的总和，这就决定了实现现代化之路是复杂和艰难的。让 14 亿多人口整体迈入现代化，需要国家打造更加强大的公共卫生体系，提供更高水平的教育，搭建更大的社会保障网络，不断满足人民群众对美好生活的需要。实现这样的目标，就需要始终坚持中国特色社会主义，发挥社会主义集中力量办大事的优势，就要始终依靠人民群众，充分发挥人民群众的聪明智慧，激发人民群众的创造活力。

（3）中国式现代化是全体人民共同富裕的现代化。

各国的现代化都将"富裕"作为追求目标，但是一些发达国家却忽视了越来越严重的贫富差距问题。中国式现代化追求的是共同富裕的现代化，这是中国特色社会主义制度的本质要求。实现共同富裕要推动人的全面发展，让全体人民共享经济社会发展成果，形成"人人参与、人人共享"的现代化建设之路，防止两极分化。党的十八大以来，以习近平同志为核心的党中央把实现全体人民共同富裕放在更加突出的位置，完成了全面建成小康社会的历史任务，维护社会公平正义，推动人的全面发展。

（4）中国式现代化是物质文明与精神文明相协调的现代化。

习近平强调，"以辩证的、全面的、平衡的观点正确处理物质文明和精神文明的关系"①。物质富足固然重要，但是，不能盲目、片面地追逐物质条件的极大丰富，不能将物质文明视为人民幸福生活的全部。实现人的全面发展，不仅要夯实物质基础，还要不断丰富精神世界，大力发展社会主义先进文化，加强理想信念教育，促进中华优秀传统文化的创新性发展，实现物质文明和精神文明、经济效益和社会效益的协调发展。

（5）中国式现代化是人与自然和谐共生的现代化。

在人与自然构造的生命共同体中，要处理好发展与保护之间的关系，倡导绿色发展方式，践行"绿水青山就是金山银山"的理念。人民对于美好生活的向往同样也包括对于良好生态环境的向往，因此，在创造物质财富和精神财

---

① 习近平：《论党的宣传思想工作》，中央文献出版社 2020 年版，第 133 页。

富的同时，也要注重创造优质生态产品。坚持走可持续发展道路，坚持节约优先、保护优先、自然恢复为主的方针，走生产发展、生活富裕、生态良好的文明发展道路，促进人与自然和谐共生。

（6）中国式现代化是走和平发展道路的现代化。

当前世界正经历着百年未有之大变局，各国人民都希望建设一个和平稳定、共同繁荣的世界。中国是世界和平和国际秩序的维护者，坚定地站在人类文明进步的一边，始终坚持走和平共处、合作共赢的发展道路，积极参与全球治理，推动构建人类命运共同体。中国在维护世界和平发展中谋求自身发展，同时又以自身发展更好地维护世界和平发展。

1.2 现代财政制度概述

《决定》中关于财税体制改革部分首次提出建立"现代财政制度"，认为"科学的财税体制是优化资源配置、维护市场统一、促进社会公平、实现国家长治久安的制度保障"。这是对新时期财政的属性和职能作用的一个精练概括，是依据新的历史条件对财政的重新定位，把对财政职能作用的认识提到了一个新的历史高度。《决定》指出财税体制改革的基本思路是"完善立法、明确事权、改革税制、稳定税负、透明预算、提高效率"。那么，何为现代财政制度、与公共财政是什么关系，以及在国家治理视域下现代财政制度应发挥哪些职能，是理论层面必须解决的问题。

1.2.1 现代财政制度的内涵

1. 国家治理体系现代化与现代财政制度

财政是各种利益关系的交汇点，财政与市场、财政与社会、财政与民众各个层面都有着千丝万缕的联系。现代财政活动是在既定的民主政治制度和政治程序安排约束下进行的，财政制度管理框架需要适应国家治理结构的转型和国家治理体系现代化的要求，发挥财政的基础和支柱性作用。

（1）财政具有政治和经济的双重属性。

按照国家分配论的观点，财政是以国家为主体的分配行为，具备经济与政治的双重属性。历朝历代，财政都是治国安邦平天下的重要工具。财政稳定，财源充裕，则国家社会就总体上比较和谐稳定；财政亏空，税费庞杂，则国家社会就容易动荡不安。国家的运行、政府组成部门的运转离不开财政的支持，随着市场经济下社会公众法治意识、纳税人权利意识的提升，以及经济全球化、信息网络化背景下，社会公众要求政府提供公共服务的范围、质量、提供机制与方式等均出现了新的变化。而政府要做的，就是在财政资金需要配置的领域，财政也必须能够适应这种变化，调整财政资源的决策分配机制，强化财政满足社会公共需要的"公共性、民生性"特征，让财政真正成为与社会主义市场经济相适应的法治化的公共财政。

（2）财政是各种利益关系和矛盾的交汇点。

财政是国家治理的基础，是由财政的综合性和职能所决定的（高培勇，2013）。政府做任何事或从事任何活动，都是需要花钱的，都是要以花钱为条件的。政府所花的钱，来自财政支出的拨付。政府所筹措的钱，构成了财政收入。这一收一支之间或财政收支的过程，实际上便是作为国家治理主体的政府履行职能的活动。没有财政支出的拨付，没有财政收入的筹措，就不可能有政府职能的履行，也就不可能有国家治理的实现。可以说，财政与政府、财政与国家治理是如影随形、亦步亦趋，是绑在一起、密不可分的统一体。

相对于其他方面的政府职能，财政职能所具有的一个特殊品质或突出特点，就在于其最具"综合性"——覆盖全部、牵动大部。由于财政收支既是所有政府活动的基础，又是连接政府和家庭企业的最直接的纽带，财政职能的履行，其范围能够覆盖所有政府职能、所有政府部门和所有政府活动领域，其触角能够延伸至所有家庭和企业、所有经济社会活动领域。牵住了财政职能这个"牛鼻子"，顺藤摸瓜，就等于抓住了政府职能履行、国家治理实现以及整个经济社会运转的关键突破口。

作为政府的收支活动，自然要遵从一定的制度规范来进行。围绕政府收支所形成的一系列财政制度安排，其优劣不仅直接决定着财政职能的履行状况，而且事关所有政府职能的履行状况，进而决定着国家治理体系的运行状况和国家治理的实现水平。所以，财政制度的现代化与国家治理的现代化息息相关，它们之间彼此依存，互为表里，相辅相成。只有打下了现代财政制度的坚实基础，才可能收获现代国家治理体系和治理能力的成果。

（3）财政是实现国家长治久安的重要保障。

财政伴随着国家的产生而出现，财政状况的好坏对于一个国家兴盛与否起到至关重要的作用。从中国两千年的财政史历程中可以发现，社会动荡、经济危机的出现总是以财政危机为爆发点的，因为财政危机而引发的政治动荡、朝代更迭似乎成了一般性规律。中国历史上每一个王朝的前期和中期，政府相对清廉、国库比较充裕、国力上升，社会相对公正、人民安居乐业。而到了后期，一般是吏治腐败，社会公平正义缺失、国库亏空、官员们横征暴敛，老百姓们民不聊生，于是就揭竿而起，王朝加速走向衰败和灭亡。对于大国而言，强大的财政实力，尤其是强大的中央财政实力，对于维护国家的统一、政权的稳定更是至关重要。在"弱中央、强诸侯"的财力分配格局下，中央政府的权威无法得到切实保障，而地区经济差距加大、中央政府财力弱化等原因，均会导致地区脱离中央政府的离心趋势增强，不利于维护国家的统一和完整。因此，财政兴则国家兴，财政弱则国家弱，保持适当的财政汲取能力，稳定宏观税负水平，同时保证中央财政收入在全国财政收入中的主导地位，是实现国家长治久安的重要保障。

2. 中国式现代化与现代财政制度

中国特色社会主义进入了新时代，为适应我国社会主要矛盾变化，必须坚持以人民为中心，始终把实现好、维护好、发展好最广大人民的根本利益作为工作的出发点和落脚点，建设人民满意的服务型政府。财政通过配置财政资源，落实以人民为中心的发展思想，助力中国式现代化行稳致远。

（1）打造完善的公共服务体系，增强财政回应性。

中国是世界上人口最多的国家，在拥有 14 亿多人口的国家成功推进现代化建设，离不开强大的国家能力和制度效能（吕炜，2021）。强大的国家能力集中体现为财政对公共资源的汲取、管理和配置能力，为社会主义现代化建设提供重要的财力支持。让 14 亿多人口整体迈入现代化，就是要满足人民群众对美好生活的需要，并且不断提升人民群众的自身技能和素质，最终实现全面发展，在现代化建设中形成"人人参与、人人共建"的合力。

基本公共服务作为保障和改善民生的重要举措，能够满足人们生存发展的基本需要。党的十八大以来，不断完善教育、医疗、就业服务体系，并且建成了世界上规模最大的社会保障体系（姜晓萍和吴宝家，2022），逐步实现基本公共服务体系的跨越式发展，满足人们对于更高层次的美好生活的需要，增强财政回应性。基本公共服务均等化是保障人人公平享受基本公共服务的重要制度安排，是保障每个人起点公平和机会均等的重要举措，进一步增强了人们的获得感和安全感，因此，实现基本公共服务均等化是在人口规模巨大的国家推进现代化建设的重要抓手和举措。

公共服务体系不断完善，公共服务质量不断提高，离不开财政资源的科学管理和高效配置。预算绩效管理是提高财政资源配置、提高公共服务水平的重要举措，是落实以人民为中心的发展思想的必然要求（肖捷，2018）。预算绩效管理遵循"4E"原则，即经济性、效率性、有效性和公平性。经济标准主要关注投入成本最小化，侧重于"节约型政府"的建设；效率标准追求投入产出的最大化，要求以较少的投入获得最多的产出；有效标准更加重视公共服务是否能够实现政策目标，追求产出的社会效果和公众满意度；公平标准关注所有公民能否公平地享受到公共产品与服务，尤其关注弱势群体的需求是否得到满足。

（2）厘清财税工具在三次分配中的作用和边界，推动实现共同富裕。

共同富裕是社会主义的本质要求，是中国式现代化的重要特征。财政为政府进行初次分配、再分配和第三次分配提供基础保障和政策工具，在推动社会财富合理分配、保障人们共享发展成果等方面始终发挥着重要作用。财税制度的安排，始终将保障民生、促进社会公平作为出发点和落脚点，为实现共同富裕提供基本的制度保障。

初次分配是国民总收入直接与生产要素相联系的分配，市场中劳动、资本、土地和技术等生产要素按贡献决定报酬，市场在生产要素配置中发挥着决定性作用，优化生产要素的配置，提高生产效率，体现了效率优先的原则。初次分配同样重视公平，财税政策在稳经济增长、保民生就业方面具有重要意义，可以鼓励技术创新，在最低工资保障、破除垄断、防止资本无序扩张等方面作出制度安排。

再分配是在初次分配结果的基础上，各收入主体之间通过各种渠道实现现金或实物转移的一种收入再分配过程，是对初次分配结果的有力调节。再分配中政府起着主导作用，强调公平原则。在市场机制作用下，由于人们对生产要素的占有存在差异，按照生产要素分配不可避免地会产生较大的收入差距，因此，再分配环节就需要政府充分运用财税政策工具，重点在完善个人所得税制度、促进基本公共服务均等化、完善转移支付制度、提高社会保障水平等方面发力，合理调节不同群体之间、城乡之间和区域之间的分配关系，实现收入分配的相对公平。一般而言，财税制度在再分配过程中发挥着重要作用。

财政转移支付作为重要的再分配形式，在实现共同富裕中发挥着重要作用。据财政部《2021年全国财政决算》数据，2021年中央对地方转移支付规模为82441.36亿元，占地方一般公共预算支出的39.14%。转移支付在财政体制改革中扮演着重要角色，是平衡中央和地方政府财政关系、缓解纵向财政失衡的重要工具，同时也是平衡地区间财力差距、缓解横向财政失衡的重要工具。中央政府通过实施财政转移支付，增加地方政府支出规模尤其是转移性支出规模，其中，社会保障支出和财政补贴能够改善居民收入分配关系，促进居民收入公平分配。同时，财政转移支付通过向财力薄弱地区倾斜、向老少边穷地区倾斜，能够有效弥补地区财力差异、改善横向上财政失衡、促进区域协调发展。

第三次分配指的是个人、企业或社会组织在自愿的基础上进行慈善捐赠，可起到改善收入分配格局的补充性作用，社会组织和社会力量是第三次分配的重要力量。随着中等收入群体和高收入群体的不断壮大，三次分配的作用将会增大，因此，加大对个人及企业捐赠行为的财税优惠支持，有利于激励个人和企业捐赠行为。

（3）发挥财政多重职能，着力促进经济高质量发展。

我国经济已经进入高质量发展阶段，高质量发展是新时代现代化建设的本质要求。高质量发展要求从社会主要矛盾出发，更加关注发展的协调性和可持续性，最终促进经济、政治、文化、社会、生态五个方面的全面发展。因此，"物质文明与精神文明协调发展""人与自然和谐共生"同样也是高质量发展的本质要求。党的十八届三中全会明确提出"财政是国家治理的基础和重要支柱"的论断，对财政重新定位，明确了社会主义财政在现代化建设中的重要地位，将财政在全面深化改革中的地位提高到新的战略高度。因此，科学合理的财税制度安排必然能够优化财政资源配置，进而释放出高质量绩效，不断加强精神文明和生态文明建设，实现物质文明与精神文明协调发展、人与自然和谐共生。

　　在物质文明建设过程中，财政始终处于动态调整之中，为现代化建设提供重要的制度保障。在计划经济体制下，财政是落实政府计划的指令性工具，在社会资源中发挥着极为重要的作用，财政支出主要用于国家基本经济建设和国有企业活动，为我国工业化奠定了基础。此时，财政成为国家推进"四个现代化"的重要制度工具。进入改革开放新时期，财政使用预算、税收、国债等政策手段，优化资源配置，为形成中国特色社会主义新局面奠定了重要基础（吕炜和靳继东，2019）。根据社会主义市场经济推进要求，财政体制机制不断调整，引导和推动市场经济发展壮大，为维护市场经济秩序提供重要保障，为解放和发展生产力提供制度激励。

　　在精神文明建设过程中，我国财政不断加大公共文化投入，完善公共文化服务体系，支持文化产业发展，促进物质文明和精神文明协调发展。公共文化服务能够保障社会公众的基本文化需求，提高社会公众的文化素养，从精神层面增进民生福祉，释放巨大的社会效益。此外，文化产业也是精神文明的重要内容，财政主要通过专项资金和税收优惠政策支持国内文化产业的发展，不断为经济高质量发展注入新动能。

　　在生态文明建设过程中，绿色财税政策始终发挥着重要作用，通过环保支出、专项资金、财政补贴以及绿色税收体系的安排，推动生产生活绿色化，实现人与自然和谐共生。从财政政策来看，财政环保支出和生态环境保护专项资金持续增加，不断完善生态农业补贴政策，通过政府绿色采购政策引导绿色消费（董战峰等，2020）；从税收政策来看，环境保护税、资源税和消费税构成绿色税收体系，发挥着重要的调节作用，引导企业治污减排、节约资源，引导消费者进行绿色消费，绿色发展理念逐步深入人心。

　　（4）构建大国财政，助推人类文明发展。

　　中国式现代化始终坚持走和平发展道路。在全球化不断加深的背景下，任何国家都不是孤立存在的，都与其他国家有着紧密的联系。全球治理正面临着巨大的挑战，全球公共品（如健康、环境与气候、和平与安全）、全球不平等和贫困、国际避税、全球公共风险等是每个国家都无法回避的重要问题。中国作为一个负责任的"大国"，积极地投身于全球经济发展、文明交流、生态建设等国际事务中，将大国财政理念融入财税体制改革中。在全球视野下，构建大国财政是中国积极参与全球治理的重要表现。

积极参与国际税收治理，推动国际税收秩序重塑。数字经济的蓬勃发展对于国内税制改革和国际税收秩序改革都提出了新要求，国际税收治理面临新的挑战，国际税收合作成为构建包容性、普惠性国际税收新秩序的必要条件。新时代中国积极参与到国际税收治理中，参与制订税基侵蚀和利润转移（BEPS）行动计划，参与金砖国家税收合作，推动建立"一带一路"国际税收征管合作平台（杨志勇，2022），促进不同经济体之间的税收信息交换共享，通过技术援助提高发展中国家的征管能力，推动建立国际税收新秩序，深刻诠释"和平与发展"的时代主题。

建立现代预算制度，缓解财政收支矛盾，防范财政风险。公开透明、绩效管理、标准科学是现代预算制度的重要特征，体现着民主、效率和法治的重要原则。首先，公开透明指的是政府应该向社会公众公开预算内容，公共资源运行过程透明且易于监督。公开透明是民主参与和社会监督的前提条件，保障人民群众的参与权和知情权。同时也有利于促进国家之间的信息共享，增强国际信任，稳定其他经济体的预期。其次，绩效管理要求在预算编制、执行、监督的全过程更加关注预算资金的产出和结果，将绩效理念贯穿预算管理的全过程。绩效控制理念旨在提高公共资源的配置效率，合理地降低制度成本，是实现财政可持续发展的重要措施。最后，预算的法治化、规范化和制度化，是依法治国的内在要求，而依法治国是国家治理能力提升的重要基础（肖鹏和王亚琪，2023）。

3. 现代财政制度的内涵总结

财政是国家治理的基础和重要支柱，是助力中国式现代化的重要抓手，实现国家治理体系现代化和中国式现代化需要有与之相适应的财政制度。现代财政制度是对国家分配论、公共财政论的延伸和发展，是与国家治理能力提升和治理体系现代化相适应的财政制度。建立现代财政制度就是健全有利于优化资源配置、维护市场统一、促进社会公平、实现国家长治久安的科学的可持续的财政制度。总体来讲，现代财政制度在体系上要构建统一规范，即全面规范、公开透明的预算管理制度，公平统一、调节有力的税收制度，中央和地方事权与支出责任相适应的制度；现代财政制度在功能上要适应科学发展需要，更好地发挥财政稳定经济、提供公共服务、调节分配、保护环境、维护国家安全等方面的职能；现代财政制度在机制上要符合国家治理体系与治理能力现代化的新要求，包括权责对等、有效制衡、运行高效、可问责、可持续等一系列制度安排。

1.2.2 现代财政制度的特征

现代财政制度是国家治理现代化的重要基础，是助力中国式现代化的重要抓手，是规范政府与市场、政府与社会、中央与地方关系的一系列财政制度。这个总目标主要由预算制度、税收制度和财政体制三个方面组成，实质就是钱怎么收和怎么花的法定程序及制度安排问题。健全现代财政制度，继续深化财税体制改革，在现代预算制度、现代税收制度和转移支付体系之间形成合力。坚持处理好政府和市场的关系、充分发挥中央和地方两个积极性、兼顾效率和公平、统筹当前和长远、使总体设计和分步实施相结合、协同推进财税和其他改革，努力建设法治财政、民生财政、稳固财政、阳光财政、效率财政。

1. 法治财政

法治财政是指以宪法和法律作为财政活动的根本准则，各级财政部门在宪法和法律的授权范围内开展工作和实施管理，即依法行政、依法理财，形成各类社会组织和民众自觉而普遍的守法环境。党的十八届四中全会通过了《关于全面推进依法治国若干重大问题的决定》，提出了全面推进依法治国、建设社会主义法治体系、建设社会主义法治国家的总目标，法治财政是依法治国理念在财政领域的延伸，是全面推进依法治国的必然要求。同时，国家治理体系与治理能力现代化的基本要义是各利益主体之间的纵向上下互动与横向协商合作，其核心工具是法治建设，而财政是国家治理的基础与重要支柱，是牵动经济、政治、文化、社会、生态文明等所有领域的基本要素。加快法治财政的建设，也是提高治理能力、推动国家治理现代化的迫切需求。法治财政建设的核心在于通过财政法律和制度对政府行为构成硬性约束，从而厘清政府与市场、社会、纳税人之间，以及各级政府间的关系。从构成要素上看，法治财政体系包括完善的财政法律法规及规范体系、高效的财政法治实施和运行体系、严密的财政法治监督和检查体系、有力的财政法治保障和促进体系四部分。

（1）财政法律体系完善、依法理财。

从法治财政的基本内容和主要运行环节来看，财政法治化意蕴于税收、预算和财政体制三个方面。

一是税收法定原则。所有税种都应由立法机关（在我国为全国人民代表大会）立法并决定税收的基本要素（税收的纳税人、征税对象、计税依据、税率等），以及征收程序与重要管理事项，均需由法律规定，无法律规定则政府不征税、公众不纳税。税收法定，一方面，反映了纳税双方的一种双向制约关系；另一方面，是以法律的形式、从收入环节确定了国民收入分配的总体格局。

二是预算法定原则。政府的财政预算活动，都应以法律加以规范；预算的编制、执行、调整、监督等每个环节，都必须依法而行，遵照相关规定和流程，使预算成为约束政府权力、行政机构良性运转的利器。预算法定，强调预算权力体系中的制约与平衡，特别是要求赋予人大在预算审查、调整和监督等方面的实质性权力。公开透明，是预算法定的内在要求，也是现代财政制度的一个重要特征。

三是财政体制法定原则。即以法律的形式，确定各级政府的财权、事权和支出责任，以及转移支付的方式方法，从而在政府间形成稳定的财政关系。财政体制法定，实质上是以法律的形式确定国家治理的基本架构，并为其运转提供财力支撑。

（2）财政监督法治完善、法治财政建设保障有力。

财政监督法治完善，即在财政收支和管理活动中，立法、审计、监察、纪检、财政等监督部门，相互配合、相互协调，形成监督合力，强化对财政分配权力的制约，形成科学有效的权力运行制约和监督体系，以实现现代财政制度职能。

法治财政保障体系，以组织、机制和人才建设为三大支柱，全面提升财政法治保障能力和水平。党对法治财政的领导是组织保障的核心。要健全各级党委对法治财政的领导制度和工作机制，坚持统一领导、统一部署、统筹协调的工作方法，完善党委依法决策机制。

2. 民生财政

民生财政以服务民生为直接目的，是政府"以人为本"执政理念在财政领域的体现和结果，从其内容来看，整个财政支出中，用于教育、医疗卫生、社保和就业、环保、公共安全等民生方面的支出占到相当大的比例。党的十八大提出，要多谋民生之利，多解民生之忧，解决好人民最关心最直接最现实的利益问题，在学有所教、劳有所得、病有所医、老有所养、住有所居上持续取得新进展，努力让人民过上更好的生活。因此，改善民生工作已成为政府工作的出发点和落脚点。我国财税体制改革已持续多年，从经济体制转轨以来，建立以旨在实现与市场经济体制相对接的公共财政制度，到当前建立以国家治理体系与治理能力现代化为标识的现代财政制度，其制度内涵是一脉相承与时俱进的，均是植根于我国国情、充分汲取人类文明发展成果的产物，而民生财政作为中国特色社会主义制度下财政公共性的实践运用，在当前特殊发展阶段民生问题突出这一特殊国情下的特定价值取向，必然也是建立现代财政制度的目标取向之一。民生财政的建设，对于解决过去由于各级政府将资源配置于经济建设领域以实现 GDP 高速增长，而忽视公共服务领域的供给所造成的社会发展矛盾和多维度不平等问题，具有重要的现实意义。

民生财政的建设目标，在于满足公民的公共服务需求，特别是基本公共服务，实现经济的包容性发展。从我国经济发展现阶段的主要矛盾分析，社会生产无法满足人民日益增长的公共服务需求，依然是当前中国发展的主要矛盾之一，但表现形式已经有所区别。不同于过去主要表现在社会生产落后，当前则表现为生产力仍然不够发达和政府对基本公共服务投入存在责任缺失并存。因此，民生财政的根本目的，在于以经济财政可持续发展为基础，不断满足人民日益增长的公共服务需要，真正体现社会主义的本质：解放生产力，发展生产力，消灭剥削，消除两极分化，最终达到共同富裕。包容性发展是指，通过寻求社会和经济的协调、稳定和可持续发展，进而推进我国经济发展方式转变，推动社会全面进步，实现人的全面发展。在推进经济发展与民众幸福共同提升，经济、社会、环境协调发展过程中，财政分配无疑是其中的关键环节之一。民生财政改革的基本任务，就是要通过财政改革，使民众能够分享经济发展的成果，实现包容性发展。

3. 稳固财政

稳固财政就是不断适应客观实践需要，积极发挥财政职能，依法稳健理财，财政收支基本平衡，实现财政可持续发展的新型财政管理模式。稳固财政与法治财政、民生财政、阳光财政、效率财政不可分立，共同构成现代财政制度的重要组成部分，并贯穿财政活动的各领域和全过程。

整个社会系统由政治体系、经济体系、社会体系等子系统构成，而财政是各大子系统的纽带与媒介，一旦财政不稳定发生危机时，便会波及社会的各个子系统，酿成社会的系统性危机，因此，建设稳固财政是实现社会和谐、稳定、有序的基石，是充分发挥财政作为国家治理的基础和重要支柱作用的前提。稳固财政的建设，为完善社会主义市场经济体制、加快转变经济发展方式、推进国家治理体系和治理能力现代化、全面建成小康社会、实现中华民族伟大复兴的中国梦等方面提供财力保障和支持。

稳固财政的基本特征，是收支匹配稳定、政府间权责关系明晰而且稳定的财政，这就意味着稳固财政建设是现代财政制度建设诸领域的主线，稳固财政通过税收、非税收入、举债等方式获得收入，并保持适度规模与增长速度，将预算审核重点转向支出预算和政策拓展，着力提高资金使用效率、效益和效果，这是建设稳固财政的内在需要。同时，通过制度性的安排，使财力在各级政府间的分配与各级事权相适应，各级支出责任与各级事权挂钩，建立稳固财政的财政体制。

4. 阳光财政

阳光财政，从狭义上说，是指财政预算的收入和支出都要公开透明，接受公众的监督；从广义上来讲，阳光财政不仅包括财政预算的公开透明，更包括财政决策、财政监督等内容，涉及整个财政工作的方方面面。根据社会契约理论，公众与政府之间的关系实质上是一种委托代理关系，公众是委托人，政府是受托人。公众将公共管理任务委托给政府，政府有义务履行公众所赋予的责任，同时也有义务将责任的履行情况告知公众。作为政务公开的重要环节，阳光财政便是这种告知义务的重要表现形式及必要手段。

阳光财政的建设，有利于政府治理水平与效率的提高。政府治理是发展和运用政府权威的一种制度，要实现"善治"目标，应更多依靠代表不同利益主体的共同协作，因此其有效与否的基本前提取决于治理主体间信息非对称程度，可以说公开透明是现代行政的核心。提高财政信息的披露能够降低信息获取成本，推动公众参与政治沟通的能力与热情，从而有效改善沟通渠道的单向化问题，使经济运行的问题能够得到及时反馈，决策过程更好地体现多方的利益与平衡，从而提高行政效果。此外，信息渠道的疏通能够打破信息披露主体的信息垄断，实现公民的有效监督，防止公共权利的腐败。

阳光财政还是保障公民宪法权利的重要途径。知情权是指公民有知悉和获得国家及社会公共事务的权利，是公民行使一切民主权利的基本前提，因此在现代民主社会中，知情权是受宪法保障的一项重要公民权利。在公共财政体系下，公民对于政府汲取税源依据、支出用途和方向、资金使用效率都享有平等的知情权利。因此，财政透明是保证知情权的重要途径和方式。此外，公共信息与公共物品一样，都是在公共资源使用过程中所产生的，公共信息的隐瞒与保密，实则构成对公民知情权的侵权行为，增加财政信息披露是解决这一问题的关键。

阳光财政建设，必须实施全面规范的预算公开制度，加强预算法治建设。预算公开透明意味着以完整性、及时性、可靠性，以及可理解性、一贯性和可比性为标准，对政府职能与结构、财税政策目标、公共职能机构的资金运动和预期财政状况等信息的最大可能披露。预算的公开体现在预算过程之中，即预算编制、预算审批、预算执行与预算监督四个方面。

5. 效率财政

经济效率，是指效率在要素资源的配置方面的表现，即各要素通过合理配置达到最佳经济效果，从而提高经济发展的速度，增加社会物质财富的积累程度，改善国民收入状况等。经济效率的充分发挥须以公平为前提，一是社会公平的实现，将收入分配差距控制在一定范围以内；二是经济公平的实现，即公平竞争、机会均等、等价交换。

财政效率是效率在财政领域的体现，反映财政投入和产出的关系。效率财政建设最根本的目的，是实现财政的职能。效率财政建设包括两个方面的内容：财政的经济效率和财政的社会效率。前者是指要素资源配置的效率；后者是指人和社会和谐发展的效率，即社会效率。所谓财政经济效率，是指财政职能的履行应当有利于促进社会资源的合理配置和经济机制的有效运行，具体而言，政府应通过合理地运用财政税收手段调节经济运行，使得经济活动中各生产要素能够通过合理配置达到最佳经济效果，即帕累托最优，促进经济健康发展。而财政社会效率是指财政职能的履行应当能够改善社会成员的收入分配状况，为社会成员的全面自由发展创造有利的环境，有利于人与人、人与社会，以及人与自然的和谐发展。具体而言，政府应当通过合理地运用财政税收手段，为社会成员提供必要的国防、民主和法制，保障其能够有一个自由发展的环境，同时积极为社会成员提供各种服务，满足其各种层次上的需求，使其受惠程度大大提高，从而保证其能够在最大范围内自由发展。

现代公共财政实质上是一种效率财政，能否建立有效率的政府和财政，是公共财政建设成败的关键。因为政府是公共事务的管理机关，公共事务与私人事务的分离是社会分工的结果，而支配这一分工发展的基本动因是社会对效率的追求，政府是效率的产物。另外，从政府与市场关系看，处理政府与市场关系的核心是效率，因此，追求财政效率亦是进一步深化财税体制改革和建立现代财政制度的重要目标。此外，效率财政建设还是解决财政收支矛盾的重要途径，在财政收入总量不变的情况下，减少或节约财政支出意味着间接地增加了财政收入，因此，提高财政资金使用效率，在一定程度上也是增加了财政收入，缓解了收支矛盾。

1.2.3　现代财政制度的基本内容

现代财政制度是一整套、一系列相互协调、相互关联的财政制度的体系，包括现代预算制度、现代税收制度、现代政府债务管理制度、现代国库集中收付制度、现代转移支付制度、现代政府采购制度、现代国有资本管理制度、现代财政监督制度等覆盖财政活动所有领域的制度总和。现代财政制度的体系选择与制度设计，应当是构建符合中国国情、与社会主义市场经济相适应、与国际惯例相衔接的现代制度体系，是以现代化为立足点与着眼点的制度重构。

当前，中国特色社会主义进入新的发展阶段，开启全面建设社会主义国家、向第二个百年奋斗目标进军的新征程，既面临着前所未有的发展机遇，也面临着前所未有的风险挑战，尤其是发展不平衡、不协调、不可持续问题依然突出。这些问题从机制上看，都与现行财税体制改革不到位有一定关系。现代财政制度体系必须切实解决财税体制改革与发展中的制度障碍与问题。因此，结合全面改革的顶层设计与财政改革与发展中的"问题导向"，现代财政制度体系应以建立全面规范透明、标准科学、约束有力的现代预算制度，建设有利于科学发展、社会公平、市场统一的税收制度体系，健全中央和地方财力与事权相匹配的财政体制，以及有效控制预算执行、高效管理国库现金和债务的现代国库制度为目标（见图1-1）。

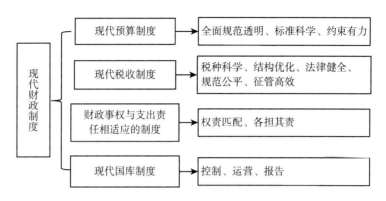

图1-1　现代财政制度的"四梁八柱"框架

1. 建立全面规范透明、标准科学、约束有力的现代预算制度

财政是国家治理的基础和重要支柱，预算是政府活动和宏观政策的集中反映。政府预算是财政资金运行的总枢纽，是推进国家治理的重要手段。因此，建设现代财政制度推进国家治理现代化，必须加强预算制度建设。一是建设形成完整、规范的预算制度，将全部财政资金的收支活动纳入预算管理，在全口径预算管理的基础上，进一步完善预算过程，细化预算编制，硬化预算约束，提高预算管理的刚性。二是建立跨年度预算平衡机制，建立权责发生制的政府综合财务报告制度，建立中央和地方政府债务管理及风险预警机制。三是推进财政支出标准化，强化预算法定约束。四是建设公开透明的预算制度、完善的财政信息披露机制，提高预算透明，构建纳税人参与预算编制、执行和决算的有效机制，保证纳税人对预算的监督落到实处。五是推进预算绩效管理，强化资金使用单位的绩效意识，实行绩效考核与次年预算挂钩的制度；提高预算资金管理的精细化程度，通过精细化管理提高预算资金运行的透明度和预算资金使用的效率。

2. 建设有利于科学发展、社会公平、市场统一的税收制度体系

完善税收法律制度体系，可从以下几个方面入手。一是要实现税收法定，所有税种都由人民代表大会立法，使其具有完整的合法性来源。在合理制定和完善税收立法的基础上，依法征税，严格执法，并积极引导纳税人诚信纳税，进一步完善相关征税基础设施建设。二是税制结构与税种设置要体现国家治理战略利益，实现优化资源配置，让市场在资源配置中发挥决定性作用，保证价格信号能够充分反映商品市场和要素市场的供求状况；要维护市场统一，尽可能保持税收"中性"，不因税负水平差异而干扰企业的经济决策；要促进社会公平和国家长治久安，建立在税收与自然人之间有直接对接渠道的目标。建立现代税收制度要在稳定宏观税负基础上，逐步增加直接税比重，以增加自然人直接税为主线索，逐步减少间接税比重，以"营改增"为主要渠道。在改进各个税种具体设计的改革进程中，税收负担需要动态合理化，税率制定要具有专业水准和公众可接受性；同时要统筹把握税收收入、国债收入等与预算支出的平衡关系，兼顾国家、企业、个人相关各方主体战略利益与发展诉求。

3. 健全中央和地方财力与事权相匹配的财政体制

重构政府间财政关系，核心在于建立事权和支出责任相适应的制度。一是要合理划分政府间事权与支出责任，适度加强中央事权和支出责任，保证地方财力与其事权和支出责任基本匹配。二是要完善一般性转移支付制度，限制专项转移支付制度，合理解决纵向财力差异；部分事权支出责任可由中央通过转移支付委托地方承担，建立事权和支出责任相适应的财政制度框架。三是要根据主体功能区定位和地区间经济差异，构建以生态补偿为主要指向的横向转移支付制度。

4. 有效控制预算执行，高效管理国库现金与债务、报告政府综合财务状况的现代国库制度

首先，国库最基本的职能就是有效控制预算收支的执行，加强对预算单位收支执行的监督和制约，确保预算政策执行过程的效率，确保财政资金运行的安全性、规范性和有效性。其次，高效管理国库现金与政府债务，更好地发挥财政宏观调控的职能。由国债政策、发行兑付管理、市场建设等方面构成的国债管理体系，是现代国库管理制度财政筹资和理财功能以及宏观经济调控功能的重要体现。由国库现金流量预测管理、最优库底现金目标余额管理、国库现金操作方式管理、国库现金风险控制管理等方面构成的国库现金管理体系，是现代国库管理制度筹资和理财功能的重要体现。国债发行管理和国库现金管理是现代国库制度的重要组成部分。最后，国库部门通过财政收支决算信息和财务信息编制的权责发生制政府综合财务报告，科学、全面、准确地反映政府资产负债、成本费用等信息，全面反映政府财政财务状况和财政可持续性，强化政府资产负债管理、降低行政成本、提升运行效率、有效防范财政风险，促进财政的长期可持续发展。

1.2.4　现代财政制度下的财政职能

财政职能是指财政作为一种分配活动所具有的内在功能，是财政与生俱来的属性。学术界关于财政职能的认知，经历了传统计划经济时期"国家分配论"理论体系下的财政职能和"公共财政论"理论体系下的财政职能。党的十八届三中全会通过的《决定》中，提出"全面深化改革的总目标是完善和发展中国特色社会主义制度，推进国家治理体系和治理能力现代化"，并且作出"财政是国家治理的基础和重要支柱"的重要论断。这一论断，就已经将财政超越了经济范畴的概念，上升到国家治理的政治学层面了。因此，仅仅从经济学的视角来看，将"财政"作为政府调控经济的工具来提出财政职能，就过于视角狭隘。必须从现代财政制度改革的目标——与国家治理能力提升和治理体系现代化相适应的现代财政制度，从政治学、管理学、经济学多学科视角来重新界定现代财政制度框架下的财政职能。

1. "国家分配论"理论框架下的财政职能认知

"国家分配论"是我国传统财政理论的主要流派之一，其区别于其他财政思想的最具特色之处，在于对财政本质问题的研究。"国家分配论"以马克思主义国家学说为依据，通过层层"剥笋"式的剖析，揭示出财政与国家之间所存在着的本质联系。国家分配论的核心观点可以概括为以下三点：财政随国家的产生而产生，财政与国家有本质的联系；财政参与社会总产品与国民收入的分配；财政是以国家为主体的分配关系。国家分配论属于理论财政学范畴，说明财政是什么，或什么是财政的问题。同时，国家分配论也是对一切社会形态的财政所作的理论概括，它适用于一切社会形态，也就不存在只适用于计划经济而不适用于市场经济的问题了，也就是说并不存在过时不过时的问题，国家分配论的科学性在于概括了一切社会形态的财政本质。

新中国成立以来，我国财政学界基本上是在计划经济的背景下探索财政职能，由此对财政职能的认识也深深地打上了计划经济体制的烙印。按照中国本土成长的财政学派国家分配论流派的观点，财政职能的演变过程为从最初的分配、监督的"二职能论"到 20 世纪 80 年代的分配、调节、监督的"三职能论"（也称"旧三职能"说），再到筹集资金、运用资金、调节经济、反映监督的"四职能论"。从新中国成立到 1998 年全国财政工作会议明确我国财政改革的目标是构建与社会主义市场经济相适应的公共财政框架这个阶段，财政学界关于财政职能的论断中，财政监督职能一直包括在内，是财政本身所固有的功能。90 年代以来，随着探索建立社会主义市场经济体制，对西方财政经济理论的引进达到高潮，对财政职能的认识也与时俱进，财政理论界多认为市场经济下财政具有资源配置、收入分配和稳定经济三大职能（也称"新三职能"说）。

2. "公共财政论"理论框架下的财政职能认知

关于财政职能的认知，西方经济学中的重商学派认为财政具有分配职能、调节职能，古典学派认为财政仅具有分配职能。凯恩斯学派的代表人物之一、美国财政经济学家理查·A. 马斯格雷夫（Richard A. Musgrave），对财政职能进行了明确、系统而权威的论述，把财政职能拓展为资源配置、收入分配、经济稳定三项职能。

改革开放以来，伴随着经济社会体制改革，我国财税体制不断进行探索性改革，并逐步建立了与社会主义市场经济体制相适应的财税体制基本框架。在 1998 年全国财政工作会议上，决策层适时提出建立公共财政基本框架，标志着财税体制改革由碎片化的局部调整步入系统性的整体机制构建。自此，"公共财政"一词正式进入了官方话语体系，公共财政制度的目标是构建与社会主义市场经济体制相适应的财政制度。1998 年提出构建公共财政框架后，西方财政学家马斯格雷夫的"三大职能论"，即"资源配置、收入分配、稳定经济职能"三大职能，开始占据中国财政学理论和教科书的主流阵地。资源配置职能是指政府通过财政收支以及相应的财政税收政策，调整和引导现有经济资源的流向和流量，以达到资源的优化配置，实现最大的经济效益和社会效益的功能。收入分配职能是指财政收支活动客观上具有能够对各社会集团及其成员拥有的国民收入发挥直接与间接影响，进而缩小收入差距、实现收入分配公平的功能。经济稳定职能是指政府财政通过对社会总供给和社会总需求的调节，解决市场不能自发解决的宏观经济问题，以达到促进经济稳定增长、缓解通货膨胀和失业压力的目的。

3. "国家治理"理论框架下的财政职能定位

财政，顾名思义，"以政控财、以财行政"。"以政控财"是指财政是国家政权体系凭借社会管理者的政治权力掌握社会总财力的一部分；而"以财行政"则是通过财政的运行来履行政府的职能。财政与政治密不可分，而马斯格雷夫的"三大职能论"主要是从财政作为经济杠杆、一种调控经济的工具而得出的结论。《决定》中提出"财政是国家治理的基础和重要支柱"这一论断，就已经将财政超越了经济范畴的概念，上升到国家治理的政治学层面。

现代财政制度与公共财政相比，其基点是治理。如果说公共财政是与社会主义市场经济相适应的财政制度框架，那么现代财政制度就是与国家治理体系现代化相适应的财政制度框架，是一种"治理财政"模式。现代财政制度在一定程度上是效仿"现代企业制度"的公司改革思维和治理理念，目标是发挥财政在国家治理中的基础和重要作用，规范、法治、民主、透明，是现代财政制度的鲜明特色。

财政监督管理职能寓于财政资源配置、收入分配和稳定经济职能之中，辅助这些职能并独立发挥作用。在社会主义市场经济条件下，财政监督与资源配置、收入分配、稳定经济职能都是财政固有的职能，它们彼此相互关联、相辅相成。财政监督对资源配置、收入分配、稳定经济三项职能的实现具有促进、规范、优化和保障的作用。财政监督通过反映、督促、检查和制裁等活动，及时发现和纠正预算编制和执行中的偏差，保证财政分配和管理的合规性、合理性和有效性。财政监督通过对财政资金运行的跟踪、检测、分析、反映，为宏观经济调控提供决策依据；通过对财政资金流向及其效率的判断，为财政资源的有效配置和经济的稳定发展提供保障；通过对财政资金绩效的监督，为各级政府部门构建协同监管机制和改进财政管理水平创造条件（马海涛和肖鹏，2020）。

1.3　国家治理能力提升与现代国库制度

1.3.1　国库的内涵与职能

1. 国库的内涵

国库，通常是指国家的金库，旧指国家储存财物的总机关，是一个存放具体实物、货币和黄金的库房。但现代意义上的国库，已经不单单是国家金库，每个国家的国库往往都担负着管理本国财政的资产和负债以及反映该国预算执行情况的一系列国家财政职能。国库的职能已由传统的"库藏"管理发展为控制政府预算资金、管理政府现金和债务等全面财政管理。

国家金库是国家预算资金的出纳机构，是办理预算资金收纳、划分、留解和拨付业务，以及报告预算执行情况的专门机构。其概念包括两层含义：国家金库是国家财政的总出纳机关；国家金库是参与组织和执行政府预算的专门机关。《辞源》认为国库来源于日本，《汉语外来词词典》认为国库是国家的财库。据《辞海》解释："金库，亦称国库，管理国家预算收支的机构。金库或由国家在财政机关内单独设立，或由国家银行代理。国家预算收入均须纳入金库；国家预算支出，均须自金库拨付。"MBA智库认为，所谓国库，是指政府将所有的财政性资金集中在指定的代理银行开设的账户，实行归口管理，所有财政性资金的收支都通过这一账户进行集中收缴、拨付和清算的运作模式。它由国库集中收入制度和国库集中支付制度构成，是市场经济国家普遍实行的政府资金收付模式。

国际上对国库概念的解释，一般采用国际货币基金组织的定义，即国库不单是指国家金库，更重要的是指财政代表政府控制预算执行，保管政府资产和负债的一系列管理职能。《牛津词典》对国库的解释是："负责收税、预算以控制政府支出、管理国债及宏观经济管理。"2020年修订的《中华人民共和国国家金库条例》关于国库的定义是，"国家金库负责办理政府预算资金的收入和支出"，"中国人民银行具体经理国库，组织管理国库工作是人民银行的一项重要职责"。

综上可知，国库的内涵主要包括以下几个方面。

第一，国库首先是国家财政资金的总出纳机关。这是由国家性质决定的，国家自身并没有收入来源，只能通过税收等方式集中财力资源，将这些资源用于履行国家职能，维系正常的运行。因此，作为这些财力资源的出纳者，国库必然与国家各级职能机构发生紧密联系，其不仅有责任确保国家税款收缴的及时和效率，而且有责任确保国家各级职能机构和部门使用税款的便利、适当和效率。

第二，国库担负着执行国家预算的繁重任务。国库面对着遍布全国的各级预算单位，要按照财政分级预算的规定，在各级财政之间进行收入的划分和分成留解；要按照预算收入分类的规定，每天向财政部和地方同级财政机关报告预算收入入库的情况；还要及时办理库款的支拨、定期报告财政库存等。这些工作，无疑反映着国家主要财力的集中和分配过程，以及余存情况和结果。可见，国库的工作，实质上是整个国家预算执行工作的一个重要组成部分，是为圆满实现国家预算的收支任务服务的。

第三，国库提供的数据是国家对经济进行宏观调控的重要参考。从宏观而言，国库提供的数据直接反映一个国家、一个地区的财政实力，反映国民经济各部门的经济发展水平和发展趋势；从微观而言，国库提供的数据可以反映一个企业、一个单位的生产经营水平及对国家贡献的大小。所以，国库提供的数据对于各级政府综合分析经济形势，作出正确的宏观决策有着极其重要的意义。

2. 国库的职能

（1）执行作用。

国库的执行作用是在它办理预算收支业务过程中实现的。国库的主要任务就是保证一切预算收入及时准确地收纳入库，任何单位都不得截留、挪用、坐支或自行存储；一切预算支出都要按程序、按要求及时拨付到位，没有财政机关的支付凭证，任何人都不得动用库款。国库的执行作用发挥得好，就能保证库款及时收纳，并按照财政管理体制的要求进行划分留解；在预算支出方面就可以保证资金的及时供应和合理使用，满足国民经济各部门、各单位的需要，保证经济建设和各项事业发展的需求。

（2）促进作用。

国库的促进作用是在协助财政机关、税务机关组织预算收入和监督审查库款的支拨中实现的。国库可以运用其联系面广、信息灵通的有利条件，通过有关数据进行分析，采取有效措施，协助财税机关组织预算收入及时入库；同时，分析财政方针政策的贯彻执行情况，研究预算执行中存在的问题，找出有利和不利的因素，从而总结经验，采取相应的对策，促进政府预算收支的圆满实现。

（3）监督作用。

国库的监督作用主要是由其在经办预算收支中处于预算执行总枢纽的定位所决定的。国库的监督作用主要体现在以下几个方面：一是通过办理预算收支业务，可以监督预算的执行；二是监督企业单位是否及时足额地缴纳预算收入，财政、税务部门、海关以及国库经收处所收款项是否及时、足额入库，加快预算收入的入库进度；三是监督各级财政机关正确执行上级财政规定的收支划分范围和留解比例；四是监督库款的退付和支拨，确保按政策、按规定办理退库款的拨付。

（4）反映作用。

国库的反映作用主要是通过利用国库各种会计资料，进行综合研究和系统分析，为同级财政部门和上级领导机关提供有关数据进行的。具体表现在以下几方面：一是通过国库会计的日报表、月报表及年报表，可以准确地反映一定时期的预算收入执行情况；二是利用国库会计报表及有关资料进行综合分析，可以反映一定时期的国民经济活动情况；三是可以及时准确地反映预算拨款、退库及财政库存情况。国库各项数据的反映，不仅对财政、金融的宏观决策具有重要意义，而且对于国民经济综合平衡的研究和分析，也可以提供不可缺少的重要参考资料。

3. 国库职能的进一步发展

西方一些发达国家关于国库职能的演变，总的来说，是处于一个不断发展和强化的过程，逐步由传统的"库藏管理"向全面的"管理财政"角色转变。目前西方国家的国库已不单纯是国家资金的收支管理，更重要的是在进行政府现金管理的基础上，对政府预算资金进行广泛而严格的控制，并代表政府制定融资政策，负责国债的发行和管理。国库的职能包括控制政府预算资金，管理政府现金和债务，处理政府的支付，开发、维护相应的管理信息系统等宏观财政管理和微观财政控制领域。发达国家的国库职能涉及以下几个方面。①

（1）财政资金收支管理。

财政资金收支管理是国库最基本的业务，包括政府账户所有资金（包括预算内资金和预算外资金）的流入、流出控制和收入、支出业务。但是在具体操作方面，某些国家国库不负责这些具体业务，而交由不同的代理承担，包括负责税收征管的代理和负责预算执行的代理。

---

① 亚洲开发银行：《政府支出管理》，人民出版社 2001 年版。

（2）持有政府现金账户。

政府征收的收入一般存放在金融机构中，直到最终用于执行政府预算时的资金划拨。在金融机构的类型选择方面，通常是中央银行。这种选择有两个基本原因。首先，许多国家的中央银行是政府直接或间接的贷款来源，政府为这种贷款支付利息，因此，通过在中央银行开户，政府可以通过其余额账户减少负债成本，随之也降低了财政成本。其次，预算收入的收纳和预算支出的划拨常常导致资产流动性的巨大变动，因此，货币政策的执行部门需要非常直接地监控其变动，以利于在适当的时候及时采取弥补性的货币政策措施。所以，通常采用的方式是在中央银行开设单一账户，政府资金在其中存储，政府所有活动在其中记录。

（3）财政计划。

财政计划职能包括：规划国库账户收入和政府支出所需的资金；规划预算内外财政支出大于收入的缺口；在预计财政需求超过支出的情况下，对所能采取的增加收入或限制支出的措施提出建议。

（4）公共债务管理。

公共债务管理方面的职能，首先是不同融资途径的选择（如中央银行信用、外国信用、政府债券等），更特殊的可在独立的工具、期限、成本结构等途径中选择；其次是国库要制定债务管理的远景规划，因为债务规模水平、债务的组成和期限结构会严重影响未来的预算。

（5）控制管理政府财政资产。

政府财政资产通常包括政府在国有企业、混合经济公司和政府持有少量股份的私有企业的股份。政府给国有企业或私有企业的贷款也包括在政府财政资产中。在第一种情况下，也就是股份持有，国库通常是这些股份完全、及时的登记者，因而可以跟踪每家企业业务的发展，监控股息的支付，参与股东大会，对付财政方面的私有化；在第二种情况下，国库通常保留对每笔贷款的记录，进而跟踪其运作，计算财务费用，完成支付和协商再贷款等。

（6）控制管理国际援助。

国家对外国际援助的有效控制需要有统一的形式和完整的范围，需要由单一的政府实体负责监控和核算。在相关国家，为这一目的专设一个部门，把这项权力赋予国库来履行。

1.3.2 现代国库的内涵与功能

1. 现代国库的内涵

现代国库制度是现代财政制度的重要技术支撑，是财政代表政府控制预算执行，保管政府资产和负债，有效控制政府预算收支执行、高效管理国库现金和政府债务的制度框架和收支管理活动。构建现代国库制度，旨在从机制上解决财政国库管理和发展面临的新问题、新挑战，以促进政府治理整体效能的提升。为逐步解决现行国库集中收付管理中存在的问题，同时适应财政预算管理改革的新需要，围绕现代国库制度的"控制、运营、报告"三大功能，以国库单一账户体系制度为基础，全面优化整合政府采购、资金支付、工资发放、政府债券管理、国库现金管理、收入管理、账务管理、决算与财务报告等业务流程，逐步构建具有"资金运行高效、控制体系完整、财务报告全面、单位权责清晰、绩效导向显著"五大特征的现代财政国库制度。

2. 现代国库制度的功能

按照国家治理能力提升和现代财政制度建设的要求，现代国库制度的功能，可以概括为控制、运营和报告三大功能。

（1）控制。

政府预算是经过法定程序、经过立法机构审查批准的具有法律效力的政府年度收支计划。预算一经立法机关审查批准通过之后，就成为具有法律效力的文件，在预算年度内，政府行政部门必须按照立法机关批复的预算来执行。在预算年度内，政府行政部门不得随意变更预算资金的用途或调整预算资金的规模。如果政府行政部门有改变预算资金用途或调整预算资金规模的，必须走法定的预算调整程序。而能否监控到行政部门按批复的预算来使用财政资金，就成为反映一个国家国库管理水平的重要指标。因此，控制理念要求立法部门和财政部门可以实时监督预算单位按照预算合规地使用纳税人资金，确保财政资金使用的安全性与合规性，提供真实准确的预算收支执行报告。

监控财政资金流向，保证财政资金流转的安全高效，强化预算执行管理与监督，是现代国库制度的最基本功能。财政国库部门是确保纳税人资金从财政国库账户运行到各预算单位的关键环节，是资金顺利流转的中枢，衔接了前面的预算管理环节和后面预算单位的执行环节，直接影响了预算单位的资金支付需求能否得到满足进而影响其业务的正常开展。

（2）运营。

在现代市场经济国家，债务日益成为政府弥补财政赤字、调控经济的一个重要工具。在经济低迷期，政府通过发行政府债券，将企业和居民的闲置资金集中到政府之手进行大规模使用，发挥财政政策的乘数效应，来刺激经济增长。而在每日的库款收入和拨付过程中，存在着收入与支出的不匹配从而形成财政国库的沉淀资金。如果一个国家库款管理中存在着巨额库款资金沉淀和巨额负债并存的局面，则是财政国库资金管理的一大败笔。因此，是否能够根据宏观经济发展，有效配合财政政策实施，实现对国库现金与债务的高效管理，实现财政资金的筹资成本最小化和资金效益最大化，成为反映一个国家国库管理水平的重要指标之一。

（3）报告。

国库部门通过财政收支决算信息和财务信息编制的权责发生制政府综合财务报告，科学、全面、准确反映政府资产负债、成本费用等信息，全面反映政府财政财务状况和财政可持续性，强化政府资产负债管理、降低行政成本、提升运行效率、有效防范财政风险，促进财政的长期可持续发展。

在报告功能的基础上还需要进一步拓展国库的辅助决策功能。国库部门负责对预算收支情况进行账务处理以及对财政总决算和部门决算数据的编审，履行此项职能过程中能够获得诸多第一手的数据，如果能够对这些数据进行分析利用，结合数据变化发现经济运行中的发展趋势和风险预警，进而对相关政策进行调整，最终密切结合财政政策和货币政策两大调控手段的实施，就可以为宏观调控作用的有效发挥提供支撑。

1.3.3　国家治理体系现代化与现代国库制度的内在逻辑

自 20 世纪 90 年代以来，伴随着治理理论在全球范围的兴起与发展，传统的公共管理模式开始面临深刻的变革。一些国家推行新公共管理运动，将治理理念注入政府运作过程，力求缩减政府规模，提升机构效率以及降低服务成本。在这场重塑政府的运动中，预算和国库领域的改革显得尤为重要。基于国家的治理能力在很大程度上取决于它的预算执行能力，也就是有效且负责地筹集和使用财政资金的能力，因此，改变国家取钱、分钱和用钱的方式，就能在很大程度上改变国家做事的方式，改变国家治理模式的制度规范。

1. 现代国库制度契合以人民为中心的发展思想

坚持以人民为中心的发展思想，是习近平新时代中国特色社会主义思想的重要组成部分。中国特色社会主义进入新时代，适应我国社会主要矛盾变化，必须坚持以人民为中心。以人民为中心就是要始终把实现好、维护好、发展好最广大人民的根本利益作为工作的出发点和落脚点，建设人民满意的服务型政府。财政收支数据反映的及时性、准确性和真实性也直接关系到国家宏观决策的定位与调整。落实以人民为中心的发展思想，看好纳税人的"钱袋子"，现代国库制度发挥着第一关口的技术支撑功能。

2. 现代国库制度是推进国家治理体系和治理能力现代化的重要保障

现代国库管理无论在深度上还是广度上都大大拓展，涵盖收入收缴、支出拨付和动态监控、国库资金保值增值、财政经济形势预研预判、政府债券发行兑付、库款管理与货币政策的协调配合、政府资产负债信息的反映与披露等诸多领域，是一个业务链条完整、顺向有效控制、逆向反馈及时的闭环管理系统，具有预算执行管理和监控功能、财政筹资和理财功能、财政运行信息反映功能以及宏观经济调和政策实施功能。因此，深化财税体制改革，建立现代财政制度，更好地发挥财政在国家治理中的基础和重要支柱的功能，离不开现代国库制度的系统性支撑。

3. 现代国库制度是政府公共受托责任履行情况的重要体现

对政府是否按照立法机构批复的预算使用纳税人资金、政府是否高效地使用了纳税人资金、政府向纳税人提供公共服务的受托责任履行情况如何等问题的解释，都需要现代国库制度的政府财务报告体系的支撑。预算绩效表面上是衡量政府绩效的主要指标之一，但本质上反映的是各级政府、各部门向纳税人提供公共服务的工作绩效。依托现代财政资金运行的收支决算信息和财务信息编制的权责发生制政府综合财务报告，科学、全面、准确反映政府资产负债和成本费用，对于强化政府资产管理、降低行政成本、提升运行效率、反映公共受托责任履行情况，以及有效防范财政风险、促进财政长期可持续发展等方面，均发挥着重要的保障功能。

第 *2* 章

多重理论视角的国库管理理念

2.1 新公共管理理论

财政管理是政府管理的重要组成部分,而新公共管理是当代西方政府改革中出现的政府管理新模式,主张运用市场竞争机制和借鉴私营部门的管理方法来提升政府的管理绩效。

2.1.1 新公共管理理论的产生和发展

传统的公共行政学诞生于 19 世纪末 20 世纪初,是随着西方诸国工业化的完成而建立起来的,其主要理论基础是政治学,特别是韦伯(Weber)的官僚体制理论和威尔逊(Wilson)、古德诺(Goodnow)等的政治与行政二分法理论。其主要特点是:政府管理体制以科层理论为基础,权利集中;层级分明,法规繁多;职能广泛,规模庞大;程序复杂;官员照章办事、循规而行;官员行为标准化、非人格化;运用相对固定的行政程序来实现既定的目标。

20 世纪 70 年代之后,特别是 80 年代以来,西方社会乃至整个世界发生了根本性的变化。公众的价值观念日益多元化、需求多样化,民主意识和参政意识增强,时代的变化对政府提出了新的要求。政府必须更加灵活、更加高效,具有较强的应变能力和创造力,对公众的要求更具有影响力,更多地使公众参与管理。而传统公共管理体制僵化、迟钝,具有使行政机构规模和公共预算总额最大化的倾向,导致高成本、低效率的问题越来越突出。西方各国在 70~80 年代普遍面临着政府开支过大、经济停滞、财政危机严重、福利制度走入困境、政府部门工作效率低下、公众对政府的不满越来越强烈等问题，也促使人们开始变革传统的公共行政体制。

在此背景下，一种突破了传统公共行政学的学科界限，把当代西方经济学、工商管理学、政策科学（政策分析）、政治学、社会学等学科的理论、原则、方法及技术融合进公共部门管理的研究之中，以寻求高效率、高质量、低成本、应变力强、响应力强、有更健全的责任机制的"新公共管理"模式应运而生。

新公共管理源于西方各国政府改革的实践。自20世纪70年代以来，随着全球化、信息化、市场化及知识经济时代的到来，西方各国政府进入了公共部门管理特别是政府管理改革的时代，而且改革具有一个相同或相似的基本取向，就是从以采用商业管理的理论、方法及技术，引入市场竞争机制，提高公共管理水平及公共管理质量为特征的管理主义或新公共管理纲领，走向一种新公共管理的实践模式。

英国是新公共管理运动的发祥地之一。1979年，撒切尔夫人上台后，英国保守党政府推行了西欧最激进的政府改革计划，开始了以注重商业管理技术、引入竞争机制和顾客导向为特征的新公共管理改革，推行了一系列改革措施，促使提供公共产品和服务的公共部门接受市场检验，各公共部门之间、公共部门与私人部门之间为公共产品和服务的提供展开竞争。美国从1978年卡特政府《文官制度改革法案》的实施算起，也开始了新公共管理改革。在里根执政期间，大规模削减政府机构和收缩公共服务范围；1993年克林顿上台后，开始了"重塑政府运动"，其改革的基本内容是精简政府机构、裁减政府雇员、放松管制、引入竞争机制、推进绩效管理。在新西兰和澳大利亚，旧的公共行政传统以管制经济和由政府部门提供一切公共服务（即福利国家）为特征。20世纪70年代末80年代初，两国面临的同样的问题和压力，使澳大利亚和新西兰分别从1983年和1984年起，相继进行了全面的行政改革。此后，新公共管理运动迅速扩展到加拿大、荷兰、瑞典、法国等多个国家。进入90年代之后，一些新兴工业化国家和发展中国家，如韩国、菲律宾等国也加入了改革的大潮。各国改革的内容、方式和措施并不完全相同，理论界也给这些改革冠以不同的名字，如"重塑政府"（reinventing government）、"再造公共部门"（reengineering the public sector）等。这场"新公共管理运动"对西方公共部门管理尤其是政府管理的理论与实践产生了重大而深远的影响。绩效预算作为新公共管理的重要组成部分，更是推动新公共管理理论转化为实际制度安排的重要工具。因此，新公共管理的兴起、绩效预算的产生是公众压力和化解财政资源需求的无限性与供给的有限性之间日益突出的矛盾的结果。

2.1.2 新公共管理理论的主要观点

新公共管理是一个多维度的概念，有许多不同的名称，如"公共管理主义""企业化政府""后官僚体制模式"等。西方公共管理学者和实践者对新公共管理的内涵作出了各种不同的界定。例如，胡德（Hood，1991）将新公共管理看作一种以强调明确的责任制、产出导向和绩效评估，以独立的行政单位为主的分权结构（分散化），采用私人部门管理、技术、工具，引入市场机制以改善竞争为特征的公共管理部门新途径；[1] 哈伯德（Hubbard）将"管理主义"模式的内容归纳为主管的战略角色和战略管理实践的强化等十大趋势；[2]《布莱克维尔政治学百科全书》则将"新公共管理"模式概括为如下倾向："宁要劳务承包而不要通过没有终结的职业承包而直接劳动的倾向；宁要提供公共服务的多元结构（宁可出现多种提供者的竞争，并存在使用者对供给者运用控制手段，如美国选举产生的校董会制度），而不要单一的无所不包的供给方式结构的倾向；宁可向使用者收费（或至少是指定了用途的税收），而不是把普通税金作为资助不具有公共利益的公共事业基础的倾向。"[3]

经济合作与发展组织（以下简称"经合组织"）在 1995 年度的公共管理发展报告《转变中的治理：OECD 国家的公共管理改革》中指出，经合组织国家的公共管理改革所发展起来的共同的议事日程即为新公共管理模式。该报告总结了新公共管理的核心内容：一是更加关心服务效率、效果和质量方面的结果；二是高度集权、等级制的组织为分权的管理环境所取代，在分权的管理环境中，资源配置和服务提供的决策更加接近第一线，并且为顾客和其他利益集团的反馈提供更多的余地；三是灵活地选择成本效益比更好的方法（如市场

---

① C. Hood，*A Public Management for all Seasons*，Public Administration，1991：69.

② 周志忍：《当代外国行政改革比较研究》，国家行政学院出版社 1999 年版，第 28~29 页。

③ 戴维·米勒、韦农·波格丹诺：《布莱克维尔政治学百科全书》，中国政法大学出版社 1992 年版，第 613 页。

的方法）来代替政府直接提供和管制；四是更加关心公共部门直接提供的服务效率，包括生产力目标的设定、在公共部门组织之间建立竞争的环境；五是强化国家核心战略能力，引导国家自动、灵活、低成本地对外界的变化以及不同的利益需求作出决定。

我国学者周志忍（1999）把当代西方行政改革的内容归纳为三个方面：一是社会、市场管理与政府职能的优化；二是社会力量的利用和公共服务社会化（政府业务合同出租、以私补公、打破政府垄断、建立政府部门与私营企业的伙伴关系）；三是政府部门内部的管理体制改革（建立与完善信息系统、分权与权力下放、部门内部的组织机构改革、公共人事制度改革、提高服务质量以及改善公共机构形象、公共行政传统规范与工商企业管理方法的融合等）。

2.1.3 新公共管理理论对国库管理理念与制度的支撑

新公共管理改革浪潮在西方国家的普遍展开，已经在相当程度上改善了西方国家的公共管理水平，促进了西方国家经济与社会的发展，满足了更多的公共服务需求，同时也增强了西方国家在国际社会中的竞争能力。市场经济的发展要求转变政府职能，建立起一个灵活、高效、廉洁的政府，形成新的管理模式。当代西方政府改革的"新公共管理"取向及模式对于我国市场经济的发展和行政改革的深化，对于在市场经济条件下处理好政府与市场、企业与社会的关系，完善宏观调控机制，形成新的管理模式，提高政府行政效率，特别是完善政府预算管理具有一定的参考价值。

1. 在政府财政管理中引入新公共管理的理念

新公共管理强调政府的企业化管理，强调管理的高效率。我国政府机构长期以来存在效率低下的现象，原因是多方面的：由于长期实行计划经济体制，造成权力过分集中，政府管了许多不该管、管不好、也管不了的事；由于组织机构不合理、机构重叠，使得职责不清、互相掣肘、扯皮；由于行政法规不健全、任意增加编制，造成机构庞大、臃肿，人浮于事。新公共管理强调政府公共管理应该像企业管理那样，将效率放在首要地位，这一思想是值得我们借鉴的。

2. 推行政府综合绩效管理，包括财政资金的管理绩效

新公共管理把一些科学的企业管理方法，如目标管理、绩效评估、成本核算等引入公共行政领域，这对提高政府工作效率是有促进作用的。经合组织国家公共管理改革的一项主要课题就是将预算的重点从投入转向产出，把产出作为计量和评估绩效的核心指标。通过将企业管理讲求投入和产出、讲求成本核算的精神引入政府公共管理中，在政府预算管理上实行绩效预算，从而降低政府提供公共产品的成本，提高财政支出的效率。

3. 引入竞争机制，提高公共产品和服务的效率

新公共管理将竞争机制引入政府公共服务领域，打破了政府独家提供公共服务的垄断地位。这一方面提高了公共服务的效率和质量，另一方面也缓解了政府的财政压力。为了提高我国政府在公共服务领域特别是基础设施行业的管理效率和水平，更好地发挥市场机制的作用，我们可以借鉴西方国家的做法，在加强对公共服务宏观管制的同时，将竞争机制引入公共服务领域，开放一些公共服务的市场，在一定范围内允许和鼓励私营部门进入公共服务领域。这有利于形成公共服务供给的竞争机制，提高公共服务的有效供给，从而产生更好的经济效益和社会效益。

4. 新公共管理理论为现代财政制度下的国库改革提供理论支撑

公共财政是与市场经济相适应的财政模式，它以公共物品为服务对象，市场机制力所不及的公共服务领域为公共财政的活动边界，逐步理顺政府与市场的关系，更为确切地给财政定位。财政作为政府的一种管理活动，在市场经济条件下的根本问题是如何处理政府与市场之间的相互关系，公共财政的作用领域只能是市场失灵的领域，即政府及财政的职能是负责市场不能实现却又是所有市场主体活动所必需的服务，加强对政府的财政活动的社会约束和监督，逐步构建适合我国社会主义市场经济体制的公共财政体系。公共财政框架一般可分为公共财政功能框架和公共财政管理框架两个部分。公共财政功能框架的任务是征集财政收入，保证政府提供公共产品和服务支出需要的资金；公共财政管理框架的任务是使财政管理公共化程度不断加深，形成公共选择的财政体系，确保财政收支运作法治化、财政收支决策科学化、财政资金使用透明化、财政活动效率化。公共财政是运用于市场经济条件下的财政管理模式，以"公共性"处理政府与市场之间的关系，其公共财政管理框架必须树立和运用市场经济管理理念。同时，公共财政还意味着由政府针对市场缺陷提供公共产品和服务，优化配置政府资源，提高财政资金效益。在市场经济环境下，公共财政的另一个重要职能是实施宏观调控，控制财政收支规模，对国民经济进行合理调控。

当前，公共财政正经历从功能型财政向管理型财政不断发展的过程。功能型公共财政明确了市场及政府各自应该发挥的作用，市场应在日常经济生活中发挥主导作用，只有市场不能发挥作用的地方，政府才能进行宏观调控。管理型公共财政是指发挥财政公共管理的职能，让财政资金在阳光下有效运行。改革后的现代财政国库管理体制实行统一管理，高效配置社会资源，强化资金安全意识，财政收支活动面向全社会公开，接受全社会监督，从这方面意义来看，财政国库集中收付制度改革充分体现了公共财政的理论思想。

2.2　委托—代理理论

委托—代理理论是信息经济学的重要理论。它是以信息不对称理论为基础发展起来的，主要研究在双方信息不对称的情况下，委托—代理关系中，代理人如何被委托人以最切合实际的方式激励，达到双方利益趋同。

2.2.1　委托—代理理论的产生和发展

委托—代理理论最早由美国经济学家伯利（Berle）和米恩斯（Means）于20世纪30年代提出。他们发现企业所有者兼任经营者的做法存在极大弊端，于是倡导将所有权和经营权分离，企业所有者仅保留剩余索取权，而将经营权利让渡，由此提出了"委托—代理理论"，这也是现代公司治理的逻辑起点。

罗斯（Ross，1973）将委托—代理的概念和理论从企业扩展到各种组织和事项，形成了一般化的理论，罗斯指出，"如果当事人双方，其中代理人一方代表委托人的利益行使某些决策权，则代理关系就随之产生"。委托—代理理论是以委托—代理关系为研究对象，从信息不对称条件下契约的形成过程出发，探讨委托人如何以最小的成本去设计一种契约或机制，促使代理人努力工作，减少委托代理问题，以最大限度地增加委托人效用的理论。

近二十多年来，委托—代理理论的模型方法发展迅速，从威尔逊（Wilson，1968）、斯宾塞和泽克豪森（Spencer and Zeckhauser，1971）、罗斯（1973）最初使用的"状态空间模型化方法"（statespace formulation），到莫里斯（Mir-

rlees，1976）、霍姆斯特姆（Holmstrom，1979）的"分布函数的参数化方法"
（parameterized distribution formulation），再到"一般分布方法"（general distri-
bution formulation），委托—代理理论不断充实。由于委托—代理问题在社会中
普遍存在，委托—代理理论被用于解决各种问题，如公司股东与经理、债权人
与债务人、病人与医生、选民与官员等。因此，财政管理也是委托—代理理论
应用的一个方向，在市场经济条件下，政府承担着为公众提供公共产品和服务
的职能，但政府行使这样的职能是社会公众（委托人）通过立法机构授权的，
以提供私人部门无法或不能有效通过市场配置而提供的公共产品，政府实际是
国家或社会的代理机构，承担着受托责任；同时，政府提供这些产品并不是利
用自己的资金，而是公民的缴税或缴费款，公共产品的成本是由需求方即公众
预先支付的。政府作为受托人，作为提供公共产品的供给方，其社会活动应该
受到公众的监督，其提供的公共产品应当符合社会公众的需求。然而，政府政
策由官员执行，官员有其自身的利益诉求，且往往会与作为委托人的民众的意
愿不一致。因此，有必要将委托—代理理论应用于财政管理实践，以解决其中
的矛盾和冲突。

2.2.2　委托—代理理论的主要观点

委托—代理理论认为，委托—代理关系是随着生产力的发展和规模化大生
产的出现而产生的。一方面，生产力的发展使得分工不断细化，权利的所有者
由于其知识、能力、精力等原因所限，不能有效行使所有权利；另一方面，专
业化分工产生了一大批具有专业知识的代理人，他们有精力和能力代理并行使
好被委托的权利。然而在委托—代理的关系中，由于委托人与代理人的效用函
数不同，委托人追求自身财富的最大化，而代理人追求自己收入、消费、闲暇
最大化，这必然导致两者的利益冲突。如果没有有效的制度安排，代理人的行
为将很可能损害委托人的利益，因此，委托—代理理论主要侧重于研究在利益
冲突和信息不对称的情况下，如何进行机制设计，以有效激励代理人。与财政
管理相关的委托—代理理论的观点主要有以下几种。

1. 信息不对称问题

信息不对称理论是由美国经济学家斯蒂格利茨（Stiglitz）、阿克洛夫
（Akerlof）和斯宾塞（Spence）提出的。该理论认为：市场中卖方比买方更了

解有关商品的各种信息；掌握更多信息的一方可以通过向信息贫乏的一方传递可靠信息而在市场中获益；买卖双方中拥有信息较少的一方会努力从另一方获取信息；市场信号显示在一定程度上可以弥补信息不对称的问题；信息不对称是市场经济的弊病，要想减少信息不对称对经济产生的危害，政府应在市场体系中发挥强有力的作用。这一理论为很多市场现象如股市沉浮、就业与失业、信贷配给、商品促销、商品的市场占有等提供了解释，并成为现代信息经济学的核心，被广泛应用于从传统的农产品市场到现代金融市场等各个领域。信息不对称导致的最大可能性问题就是逆向选择。

在公共支出过程中，不管是政府部门与社会公众之间，还是政府各部门之间，都存在着信息不对称的问题。一方面，政府（代理人）与公众（委托人）之间存在信息不对称。公众对于政府支出项目会如何影响他们的信息是不完全的，获得这些相应信息需要付出较高的交易成本，导致政府支出方案不能有效地反映社会公众的偏好。另一方面，政府各部门之间，特别是政府部门的上下级之间，同样存在信息不对称的情形。即使公众偏好能够通过一定的体制设置呈现出来，由于与委托人联系紧密的下级部门和机构拥有更多的信息，其倾向于要求尽可能多的资源，达到部门利益和个人利益最大化，处于信息劣势的上级部门就不能根据战略性的优先顺序分配资源，并最终阻碍将其转变为社会公众所希望的产出和结果，直接影响到政府支出的绩效。

2. 多层委托—代理关系问题

相对于企业而言，公共委托—代理关系是多层委托—代理关系。公众将公共事务委托给政府，政府是一个庞大的组织体，政府内设各层级政府、各预算部门，由此形成多层多级多类型的委托—代理关系。首先，"公众—议会—政府"之间的委托—代理关系。其中，相对于公众和议会，政府拥有公共产品供给成本方面的充分信息，同时，按照"经济人"假设，政府（代理人）与公众"委托人"的效用函数并不一致，因此必然会产生委托—代理问题，即政府为了自身利益而损害公众的利益。其次，"财政部门—预算部门"之间的委托—代理关系。财政部门作为财政资金的委托人，在公共产品成本方面处于信息劣势，而各预算部门作为受托人则处于信息优势的地位。由于各预算部门有自身的利益，所以在财政资金分配和使用中也会做出损害财政部门利益的行为。

多层委托—代理关系加大了政府运行成本，按照委托—代理理论，委托代理链越长，初始委托人的行为能力就越弱，中间的委托代理者更加容易产生"败德"行为，出现"寻租""设租"行为，增加了政府提供公共产品和服务的成本，降低了社会效率。这种多层委托—代理关系要求财政管理制度的设计对代理人的行为进行有效的激励和必要的监督。

3. 公共产品的垄断问题

政府作为公共产品的供给方，在市场上没有竞争对手，类似于垄断市场。在私人产品的垄断市场中，厂商按照边际收益等于边际成本确定产量，垄断产量会小于竞争条件下的产量，而价格却高得多。但在公共产品的供给上，政府并不直接面对需求，公众因获得公共产品而支付的税收或费用与其接受的公共产品是分开的，政府作为一个整体获得公共收入，而具体提供公共产品的各个政府部门或机构面对的却是预算拨款，而非公共产品"出售"的直接收入，这将使得各个政府部门忽视公共产品产出的质和量，片面追求扩大预算，导致政府支出呈扩大趋势。

4. 官僚预算最大化问题

官僚预算最大化理论认为，官僚并不服务于政治家而是服务于自己，将个人效用最大化，为达到这一目标，他们必将寻求其所在的官僚机构预算最大化。官僚机构实际上就是僵化的政府部门，被看作一国非营利性机构，使用财政预算拨款来提供市场交易无法供给的产品和服务，以满足社会公众偏好和需求。但是，官僚机构与财政部门之间存在信息不对称，导致官僚机构拥有绝对支配性的垄断权力，使得大多数情况下官僚机构追求预算最大化的目的都能达到，一定程度上带来了资源的浪费和低效率，即公共部门存在着"X—无效率"现象。

2.2.3 委托—代理理论对国库管理理念与制度的支撑

根据委托—代理理论，"信息不对称"和"激励不相容"是委托—代理问题产生的主要原因，代理人逆向选择的"败德"行为会增加政府成本、降低财政管理效率。对此，经典的委托—代理理论提出了"信息透明"和"激励相容"两种解决方案。

如果缺乏有效的制约机制，工作开展过程中各方追求自身利益最大化难以避免，其结果就是各方的目标都无法实现。为杜绝上述情况发生，就需要建立起一套高效、规范、透明的管理制度，对代理机构单纯谋求自身利益行为形成有效制衡。

与企业管理类似，国库资金管理中同样也存在复杂的、长链条的委托—代理关系，这种委托—代理关系主要存在于财政部门、预算单位和资金代理机构之间。财政部门、预算单位的目标是从不同角度提供公共服务，实现公众利益最大化；资金代理机构的目标偏重于追求自身利益最大化。如何使财政国库管理在充分实现公众的整体利益、满足预算单位需求的基础上，让资金代理机构也从中获益，则需要构建一套"激励相容"的财政国库管理制度体系。

2.3 流程控制理论

2.3.1 流程控制理论的主要观点

流程控制源于企业管理的思想。流程是指产生某一个结果的一系列作业或者操作，企业的生产经营活动正是由一个个流程有机结合而构成。这些为了完成某项任务而形成的所有流程的集合，包括全部流程、影响流程的战略和组织以及支撑流程执行的人员、培训、考核以及其他管理因素，这就构成了流程体系。流程管理体系的核心思想是把企业各方面的管理划分成以战略为先导、流程为核心、辅助执行为支撑的管理因素，通过对流程关键环节及支撑关键环节的辅助执行因素进行重点控制，进而实现对整个体系输出结果的良好控制。流程管理过程有以下要求：一是流程体系要具有完备性、范围清晰、层次结构化等特点，明确流程之间的上下游及对接关系，识别基于阶段性战略目标的关键流程进行重点监控等；二是准确识别关键流程的关键控制环节及关键支撑因素，并实施对关键环节和关键因素的控制，三是要有规范化的流程标准，并做到每个环节职责清晰；四是对流程各环节流转的信息流要进行准确充分的记录；五是要有流程执行的考核保障机制和执行效果后评估机制；六是根据评估结果对流程体系和流程环节进行持续的改进和优化。

综上所述，流程管理体系是遵从闭环管理机制的企业管理体系，流程管理体系对企业管理中的所有内容进行了细致的划分。基于详细划分的每一个环节，能够对企业管理的中间关键环节和重点问题进行精准定位，支持对企业进行精细化的管理。在某种程度上，政府也可以被视为一个大型企业，因此，流程体系的管理方法与财政管理息息相关，以使政府运行实现规范和高效。

2.3.2　流程控制理论对国库管理理念与制度的支撑

流程控制理论对于财政资金收支管理的借鉴意义主要体现在建立实时的、动态的财政资金监控体系，确保纳税人资金按预算来使用，在使用过程中的违规违纪现象能够被财政部门或立法部门实时监控得到。

1. 在预算编制环节，实现政府预算的全口径管理

现代预算制度的特征之一是确保预算的全面统一、准确规范和时效性，以保证呈现一幅完整的预算全景图给监督者，这是确保内部约束、外部监督的前提。因此，建设现代预算制度首先应从保证预算的全口径入手。党的十八大报告提出，要加强对政府全口径预算决算的审查和监督。目前政府交由人大审议的表格，主要涵盖了一般公共预算、国有资本经营预算、政府性基金预算、社会保险基金预算等内容，基本实现了阶段性的全口径预算框架体系。但是，像政府债务预算、未来反映政府由于某种政策而让渡收入及相应安排支出情况的税式支出预算，以及为体现财政政策的可持续性以及由此将产生的收入负担情况的中期（滚动）预算等似乎也应被纳入全口径管理；此外，一级政府各职能部门的部门预算也应逐步提交人大代表审查并向社会公开，以使我国财政预算由内部控制约束走向外部，接受更广泛的监督。这也是政府预算迈向更加民主公开透明的重要一步。

2. 在预算执行环节，实现对政府预算资金流的全流程控制

政府施政行为的开展必须有相应的预算资金作为保障，因此，控制了政府预算的资金流，也就对政府的行政权力形成了有效的监督和制约。在预算执行阶段，通过规范的政府采购制度改革旨在将政府的支出纳入合法合规的轨道；国库集中收付制度及公务卡制度的施行旨在将政府每一笔资金的流入流出纳入全方位的监督视野；预算管理的各种改革都是在朝着预算过程的公开透明、完整规范、利于监督的目标靠近。我国预算管理与监督的基本控制制度框架已经形成并取得了阶段性成果。但是，实践中与预算权力和利益相关的腐败事件仍然频出，从预算控制角度来说，主要原因有以下几点：一是制度的科学规范严谨有待进一步加强；二是制度的设计目标与实践应紧密相联；三是以往改革往往从预算过程的某一个方面进行，缺乏将碎片化的制度系统化整合于制度间的协同与组合拳的监督控制机制的构建。因此，解决问题的唯一途径是在深化改革的基础上进行制度建设，以预算控制为抓手，根据现实中的问题和制度缺陷与盲点，以预算控制相关理论为指导，在研究总结借鉴国内外经验的基础上，以搭建全方位的监督制衡机制和多维度、全覆盖的预算约束与监督基础平台为内容，进行全口径、全过程的预算控制制度设计与整合完善，以期在中国现行国情、政情背景下通过预算控制机制的整体解决方案。

3. 将绩效理念融入财政资金管理的全过程

在预算资金的分配、执行、调整、决算环节均强化对预算资金使用的绩效理念。借鉴流程控制理论的做法，剖析现行预算执行环节在控制政府行政权力方面可能存在的盲点，设计出有利于外部监督与内部控制的制度框架。

第一，在编制环节，要研究如何对影响财政资金绩效的因素进行识别、衡量和预测，并对要实现的目标进行评价，制订科学合理的支出计划；如何对绩效目标的确定采用科学的方法，对申请的项目实施必要性的说明，增加对备选方案的评估以及确定公共产品的提供方式，并实现人大等各方的参与，实现事前的绩效评价，这些措施将确保决策的民主科学，保证预算资金以最小的成本实现最大的产出，提高有限资金的使用效率。

第二，执行环节，在要求通过各方面的监督控制，确保预算资金在流转过程中合规使用。毕竟在资金使用合规的前提下，才有可能进一步提升纳税人资金的使用绩效。建立绩效跟踪检查制度，根据与支出对应的绩效指标，对比资金的使用与绩效，与合规控制形成合力，防止预算资金挪作他用。现代国库制度的特征之一就是能否有效控制预算的执行，确保财政部门对纳税人资金流向的实时动态监控。

第三，在预算报告与评价环节，要求增加报告的透明度，完善绩效问责机制，通过建立切实可行的绩效评价指标体系，详细说明预算执行的情况以及预期的效果，找出造成绩效差异的原因，为以后支出决策提供依据，同时做到评价环节的客观公正。财政管理有两大战略目标：合规性和绩效性。预算资金在政府体内循环的最终结果，需要通过政府绩效考评来反映，也就是说，花纳税人的钱，尽管在财务的合规性方面没有问题，并不代表预算资金使用的高效性，因此，预算全过程绩效监督链的建立，应由过去的事后绩效评价与监督向前延伸至包括事前决策绩效、事中执行绩效的整个预算绩效管理过程。在本部分，将以预算资金使用的绩效性目标为导向，剖析现行预算资金决算与产出考评机制在制约和监督权力运行方面的缺陷，构建起覆盖预算全过程的绩效约束与监督链条。

第四，在预算报告环节，丰富财政信息公开的内容，提升财政信息公开细化程度。公开透明是现代预算制度的核心特征之一，政府会计制度改革是预算公开的重要技术支撑。国库部门实时掌握着第一手的财政资金的收支信息，因此，权责发生制政府综合财务报告建设是现代国库制度建设中的重要一环。

2.4　ERP 系统理论

2.4.1　国际上 ERP 系统的主要观点

企业资源计划（enterprise resource planning，ERP）的正式命名是在 1990年，美国加特纳公司（Gartner Group）公司在当时流行的工业企业管理软件MRP Ⅱ 的基础上，提出了评估 MRP Ⅱ 的内容和效果的软件包，这些软件包被称为 ERP。从最初的定义来讲，ERP 只是一个为企业服务的管理软件，之后全球最大的企业管理软件公司思爱普（SAP）在 20 多年为企业服务的基础上，对 ERP 的定义提出了革命性的"管理 + IT"的概念：其一，ERP 不只是一个软件系统，还是一个集组织模型、企业规范和信息技术、实施方法于一体的综合管理应用体系；其二，ERP 使得企业的管理核心从"在正确的时间制造和销售正确的产品"转移到了"在最佳的时间和地点获得企业的最大利润"，这种管理方法和手段的应用范围也从制造企业扩展到了其他不同的行业；其三，ERP 从满足动态监控发展到引入商务智能，使得以往简单的事务处理系统变成了真正具有智能化的管理控制系统；其四，从软件结构而言，现在的 ERP 必须能够适应互联网，可以支持跨平台、多组织的应用，并与电子商务的应用具有广泛的数据、业务逻辑接口。

企业层面的 ERP，即通过信息技术等手段，实现企业内部资源的共享和协同，克服企业的低效，使得各业务流程无缝平滑地衔接，从而提高管理的效率和业务的精确度，提高企业的盈利能力，降低交易成本。其目标主要是将财务、人力资源、运营、供应链、客户信息等相关资料有效整合于一个信息管理系统中，对资源进行综合管理，并且能够有效地加强企业内部各业务部门之间的信息沟通，最终提升企业的综合竞争力。

政府和事业单位层面的 ERP 基于政府管理企业化的思想，以整合政府资源为核心，涉及政府的人员、物品、公共资金、信息管理等各个方面。通过ERP 提供的功能可以实现电脑化、集成化、自动化，为政府管理人员提供强大的技术支持。此外，ERP 也可以通过整合外部资源为政府所用。

2.4.2 ERP 系统对国库管理理念与制度的支撑

1. ERP 系统在财政国库管理方面的应用

ERP 系统下资金管理的特点是资金集中监控。通过 ERP 全面掌控财政资金动态，了解财政资金的运行情况，保障财政资金调度的科学性，并为日后资金管理、资金的使用提供决策，还可以为政府内部资金余缺数据提供参考。

ERP 系统在财政国库管理方面的资金掌控可以分为三个层次：第一，监控层。掌握实时资金动态情况，监控重大、异常资金调动，为资金管理决策，为资金使用提供参考依据，为内部资金余缺提供指导，为绩效考核和资金分析提供依据。第二，管理层。实现资金预算控制，对资金的日结算进行统一的管理，减少资金流动的频率。将 ERP 系统与网络相连，并与银行之间相互建立链接，实现数据间的共享与互换，实现资金的集中上收，根据预算自动下拨和内部自动转账。第三，决策支持层。通过智能分析采用数据库技术，对资金数据收集、管理、分析及转化，进行资金存量分析、资金流量分析、结算资金内部与外部比率分析、预算执行情况分析、资金头寸预测分析等。

2. ERP 系统在政府预算全口径管理方面的应用

ERP 系统的应用能够规范政府预算流程，贯彻实施全口径预算管理的要求。ERP 系统环境设置了预算编制子系统、预算控制子系统、预算分析及考核系统，将 ERP 应用到政府预算全口径管理的全过程中。预算系统能够为工作人员提供更直观的操作界面，并且相应的操作方式较为简单，可以有效缓解传统预算工作存在的弊端，提高工作效率；同时，还能为预算提供更多的模块服务，提高服务的准确性，提供全面的控制服务，实现对各项数据的储存共享。

3. ERP 系统在政府财务管理方面的应用

在会计核算环节和成本管理环节，ERP 系统均有施展的空间。第一，会计核算环节。ERP 系统融合到政府会计核算环节中，利用大数据的账目管理系统，将多个分散的步骤串联在一起，囊括了应收/应付账款、资产形式、流动资金以及资产情况等方面。ERP 系统中包含每日阶段性进行账目收益情况统计，系统自动实行进出款票据打印、银行资金账款管理、支付收据信息存根等环节；操作人员按照企业会计账务的具体需要，将所有系统归纳为总账统计模块、分账模块以及资产统计三部分；每日财务管理人员按照系统统计数据进行收益、成本支出以及生产资源处理等环节信息整合。第二，成本管理环节。运用 ERP 系统形成一个系统化、网格化的成本管理体系；同时，也间接地将财务收益这项数据变成了"动态化"的财务管理因素。

4. ERP 系统在财政信息化建设方面的应用

ERP 系统主要是进行扁平化的管理和集成化的信息处理，通过这样的处理方式，有利于扩充 ERP 系统内部的管理内容。通过 ERP 系统的运用，财务人员可以在第一时间内对信息进行管控和传导，从而快速获取信息。当获取信息后，ERP 系统迅速对数据进行分类整理，并把整合结果共享给各职能部门，从而避免管理者因信息失真和滞后而产生的决策失误。财政与行政事业单位在使用 ERP 系统进行管理的过程中，将不同的经营管理思路整合为严密的操作流程，系统内部的管理控制可以为其他部门提供相关的数据信息，通过系统流程化管理为各职能部门的决策者提供优质有效的信息，以便确认目标作出决策。

第3章

国库管理理念与制度的国际比较

3.1 国库管理理念的国际比较

理念是指人们对于事物的认识、看法、信仰等，是一种思想意识；而制度则是指人们为了实现某种目标而制定的规则、程序、体制等，是一种行为规范。在社会发展过程中，理念和制度相互作用、相互影响，共同推动着社会的发展。西方国家在国库管理制度的改革发展过程中，逐步发展成"制衡、监督、管控、效率、报告"等理念，并且进一步指导国库管理制度的改革。

3.1.1 美国国库管理理念

1. 强化权力制衡，明确权责划分

《美国财政财务手册》第4章规定"美国联邦储备银行是国库的代理机构"。《美国联邦储备法案》第15章规定"财政部普通基金账户中的资金……，存放在联邦储备银行，储备银行应按照财政部长的指令，履行美国政府财务代理的职能"。在委托联储制下，美国联邦储备系统（以下简称"美联储"）负责履行中央银行的职责。从美联储国库的实际情况看，中央银行的职能并不局限于资金的收支与日常清算或者之前大力倾斜的发行证券工作，而是更加重视国库中的现金流通，着力于实现国库资金的严格规范管理与高效使用。

2. 强调集中管理，加强使用监督

美国财政收支行为均通过国库单一账户进行，通过财政资金支付的电子化信息系统进行资金落实和使用监管，将财政监督落实到资金收缴、拨款到使用的全过程中，有效提高了美国财政资金收支运行的集中管理，极大程度避免了财政资金收支运行的操作风险。

3. 注重管理效益，严格风险管控

美国提高财政资金利用效率，通过商业银行存款、国债回购、企业债务和不动产投资等多元化的国库现金管理方式，以最优底库预测为基础，利用库存现金进行投资，获取收益。

在利用国库余额进行投资获取收益的同时，美国严格管控流动性风险、投资收益性风险和技术性风险。通过制度规范，严格投资品的界限，将投资方向局限于变现能力较强的金融产品；通过建立财政部门与金融机构间的良好合作关系，当财政资金不能满足支付需要时，财政部门能够按照协议利率从金融机构拆借到短期资金等一系列手段，美国国库现金管理中的风险得到了有效控制，近几年没有出现过因国库现金管理而导致的财政风险问题。

4. 坚持日报报告，预测信息反馈

美国财政部财政预测办公室通过长期的数学模型预测和短期收支信息获取预测的预测方法，建立起部门现金预测报告制度、部门大额交易报备制度、现金管理每日电话会议制度，利用现金流量预测的信息系统进行精准预测并将结果通过现金管理的信息报告制度进行每日反馈，保证了财政收支信息的前瞻性和及时性。

3.1.2 英国国库管理理念

1. 明确权责分配，强化资金集中管理

《英国预算责任与国家审计法（2011）》第1章"预算责任"中规定"英格兰银行作为财政部的代理机构管理官方储备"。英国通过完善的国库单一账户体系和财政资金收支控制程序，对政府资金进行集中化管理。财政资金管理完全独立于中央银行的货币政策操作，由财政部所属债务管理局接管国库现金管理职能。

2. 强化风险控制，注重政策目标协调

英国国库资金管理设定了两个主要目标：第一，确保有足够的现金流量，用以满足中央政府各部门预算执行的资金需求；第二，实现政府融资成本最小化，并在出现现金盈余的任何情况下，在保证风险最小化的基础上确保实现最好的运用，并避免与中央银行货币政策相抵触。

3. 模型预测和工作报备相结合，提高资金运营效率

进行国库现金流预测。英国财政部建立了现金流量基础数据库，通过信息系统向用款单位和收入部门获取基础数据和各部门预测信息，运用计量经济模型，结合历史经验对未来按日、按周、按月滚动预测。为保障预测的准确性，英国对预测结果进行绩效评估，财政部对部门支出预测设立考核奖惩机制。同时，财政部对各用款部门制订的按月分配用款计划实行考核奖惩机制，若用款计划和实际支付数的差额超出用款计划的5%，财政部按高于银行利率2个百分点的利率向部门收取利息。实行最优库底现金余额制度和国库现金投融资管理。在满足财政日常收支需求的前提下，为保证国库现金的安全性和成本最小化，在央行账户保留5亿英镑的现金余额（2006年后）。当英国国库中的资金高于或低于其规定的库底目标限额时，债务管理办公室通过市场借贷资金，来平衡国库现金的流入与流出。

4. 注重风险防范和绩效管理

英国财政部国库管理局要求所有现金管理操作的前提是风险最小化，不允许承担任何汇率风险。因此对债务管理办公室运用的各种市场操作工具的种类、期限、利率等都有明确要求。同时按照年度公开现金管理的具体情况，核算成本与收益，核定现金管理的绩效，以保证政府能够高效、安全地运用国库现金。

3.1.3 德国国库管理理念

1. 法律明确权责划分，资金实行集中管理

《德国中央银行法》第20条规定"德国中央银行被授权按照第19条第2款至第7款规定开展德国联邦政府业务"。德国中央银行官方网站指出，"作为联邦政府的财政代理机构，德国中央银行履行与联邦债券发行和偿付有关的各项工作"。德国所有财政资金收支均需通过国库单一账户体系进行。一方面，联邦税收和发债等收入，均应进入国库单一账户体系；另一方面，所有支出也必须通过该账户体系。

2. 统一性和灵活性相结合

德国的财政资金收支管理在各级财政具有相对独立性，德国中央银行在各级国库所起到的管理作用也不尽相同。央行在州及地市负责国库资金的收纳及流动性管理。但地方的财政支出不强制要求通过央行国库进行，德国地方财政支出一般通过地方政府在商业银行开立的账户进行，因此保证了国库资金流动的高效率，便于资金流的有效管理。对于国库闲置资金，德国中央银行不再负责流动性管理职能，而是通过隶属德国财政部的德国金融公司进行运营。

3. 注重库底资金的机会成本，主动开展现金管理

德国的联邦预算由财政部编制，并提交议会和参议院审批。德国国库部门负责监督每笔资金的合规性，并管理国库资金。相关机构受国库部门的委托运营闲置资金；德国中央银行需确保国库资金按国库部门的指令支出，每笔支出必须直接支付给收款方。联邦审计院及议会审计委员会负责事后检查。

3.1.4　日本国库管理理念

1. 法律明确权责划分，资金集中管理

《日本银行法》第 35 条规定"日本银行作为日本的中央银行，依法代理国库资金"。《日本会计法》第 34 条规定"日本银行必须根据有关规定，代理国库资金出纳业务"。日本财政资金收支管理有两个基本的原则：一是所有的政府现金都集中在日本银行的"政府账户"上；二是存放在日本银行的财政资金是计付利息的，政府视这部分资金为"存款"。

日本实行的是严格的国库单一账户管理，所有财政资金款项的收、支都必须通过国库单一账户，只有各部门的出纳官吏可以在审定限额范围内保留小额度的现金。

2. 控制导向的理念

日本银行作为国家机关负责国库金的收支保管事务。日本银行负责的国库金收支管理事务只是单纯的政府机构业务，金库的国库金与日本银行的营业资金严格区分保管。

日本允许预算单位在账户资金之外留有一定额度之内的现金用于零星支付业务，同时建立了全国联网系统，对预算单位账户进行统一管理，监控预算单位的资金流向，以防范财政资金的非法违规使用。

3. 效益导向理念的引入

日本银行作为负责国库金收支业务的银行，在保障日本政府各部门正常运转的基础上，考虑到平衡金融市场资金供给、减少对货币市场冲击，可以对国库单一账户的国库金进行投资性运作，以提高国库单一账户沉淀资金的收益。

3.2 国库管理体制的国际比较

国库管理体制，是现代国库制度建设的核心内容。国库管理体制是国家经济体制、财税管理体制的重要组成部分，是确定中央政府和地方政府、财政部门与央行部门之间工作职责和权属划分的一项根本制度。国库管理体制涉及一个国家国库单一账户的设置、中央政府国库与地方政府国库的关系、财政部和中央银行的关系等一系列核心问题。

3.2.1 世界范围内国库管理体制类型

国库管理的基本架构主要涉及国库管理体制，以及各相关机构的职能分工。从各国国库管理实践看，一般而言是中央银行根据财政部授权代理国库业务，库款的支配权属于财政部门。目前西方主要市场经济国家国库管理体制大体上可以划分为三类，即委托国库制、独立国库制和银行存款制。

1. 委托国库制

委托国库制是指国家不单独设立专门的国库管理机构，而是委托相关的机构履行国库职能的管理体制，如政府委托中央银行或政府委托商业银行办理财政资金的收缴、保管、拨付、政府债券的发行、兑付等业务。委托国库制下，由于委托银行机构办理国库业务，可以充分利用银行分布广泛的网点、业务熟练的人员和相关的信息管理系统，保证国库业务的顺畅办理，大大节约人力、物力和财力。但该体制也存在一定的不足，主要是由于国库业务涉及多个部门，若职责和权限划分不科学、不合理，将影响国库管理的有效运行。目前，西方市场经济国家普遍采用该体制。

2. 独立国库制

独立国库制是指政府行政序列通过设置专门的国库管理机构，独立负责财政资金的收纳、保管和拨付等工作的管理体制。在独立国库制下，由于政府行政序列设立专门的国库管理机构，实现了对预算执行的高度统一管理，可以减少中间环节和不同机构的多头管理，对预算执行进行严格控制和监督管理，避免出现分散管理和截留、浪费财政资金等现象，保证财政资金使用的效率和效益。但该体制下，由于单独为国库管理机构专门配备专业人员、设置专用的信息管理系统，将耗费政府大量的人力、物力、财力。国际上采取独立国库制的国家比较少，目前只有芬兰采用该体制。

3. 银行存款制

银行存款制是指将财政资金作为一般的存款存放于商业银行，商业银行将财政存款作为普通的存款，除按中央银行的规定比例缴存存款准备金外，还可以按商业化运营原则自由支配使用的管理体制。该体制很好地利用了商业银行的优势，可以为政府节省大量的人力、物力和财力，相比于其他两种体制，国库管理的运行成本最低。但在该体制下，商业银行将国库存款与商业性存款同等对待，可以根据自身需要自主运作，会给政府的国库存款带来一定的安全隐患，且商业银行的经营目标和政府的宏观调控目标并不一致，在一定程度上还可能由于资本的力量影响到国家经济的稳定运行。目前，美国的一些州和州以下的地方政府采用银行存款制。

3.2.2 国库管理体制历史变迁的国际比较

1. 美国

美国的国库管理历史大概经历了从委托银行制到独立国库制，最后实行委托联储制的渐进式发展过程。

（1）委托银行制。

在实行委托银行制的美国，中央银行还没有设立，国家银行的资本仍为私人大量持有。美国联邦政府委托私人银行代理国库，使私人持有大量资本。此时的国家银行实行政府融资的功能，代理发行债券，并进行税费的收缴工作，国家财政收入和支出也统一交由国家银行代理实行。在美国联邦政府早期发展阶段，没有中央银行，且政府奉行古典经济学派的"夜警政府"的角色，委托银行制符合当时的国情，在很大程度上有效改善了政府财务状况，但大量政府存款使得商业银行贷款数额急剧扩张，最终引发了金融危机。

（2）独立国库制。

在独立国库制下，政府的财政收入由国库独立管理，不存储于任何银行之中，由各政府部门自行设库管理地方财政收支。此时国库实际上同时承担了中央银行的管理职能。在独立国库制下，政府财政收支的变化牵一发而动全身，导致信贷市场出现震荡，而政府发行债券仅能解一时之急，最终形成恶性循环，使国家财政陷入更大的危机。银行改革启动，美国联邦储备系统建立，发挥着美国中央银行的职能，同时履行着美国"政府的银行"的职能。

（3）委托联储制。

在委托联储制下，美国联邦储备系统负责履行中央银行的职责。从美联储国库的实际情况看，中央银行的职能并不局限于资金的收支与日常清算，而更加重视国库中的现金流通，着力于实现国库资金的严格规范管理与高效使用。

美国国库设立单一账户，由财政部门对预算资金进行预算审核和批准后，中央银行将预算资金划入项目负责部门的账户，该账户余额必须在当天全部划走，结束时由央行进行清算。设立国库单一账户保证了资金集中在中央银行手中，同时提高了对国库中沉淀资金的利用效率，为国库加强现金管理提供了便利。国库单一账户制度下，美联储可以实时监测资金的流通情况，根据现金余额对未来流动走向进行合理预测，可以随时对财政支出的预算计划进行调整。

国库单一账户交由央行持有，既提高了国库现金的安全性，又便利了美联储通过流动性对政府收支的平衡调整，相比于商业银行持有而言的优越性更高。商业银行在央行对大部分国库项目进行统一的管理和处置后，对其余的工作自行灵活处理。但美联储和商业银行处理的政府财政收入，最后都会统一划入由美联储管理的国库单一账户中。政府的财政收入纳入国库，和国库的沉淀资金一起，为央行的储备增加了重要资金来源，提高了央行的货币调控和管理水平。

同时，在美国财政部的授权下，美联储也承担起了对全国范围内的国库税收与贷款（Treasury Tax and Loan program，TT&L）账户进行实时监督和管理的责任。美国中央银行与财政部国库部门一起发起了现金管理——国库税收与贷款项目，各部门TT&L账户下的资金可以在获得抵押担保的前提下，进行有条件的定期存款投资，定期的期限不能超过3个月，在投资的同时，国库要向中央银行缴纳一定数量的服务费用。国库税收与贷款项目将财政货币政策的执行和国库现金余额管理有机结合起来，一方面对美国现有银行管理体系进行了完善，另一方面也保障了国家的税收。

2. 日本

日本国库所包含的内容非常广泛，凡国家所有或保管的财产或财产性权利，都计入国库。国库的财产有现金、有价证券、债权、物品、国有财产等各种类型。经营和管理这些财产的制度就是国库制度。日本的国库制度始创于明治维新时期，是以法国国库制度为参照建立起来的，历经国有金库制度和委托金库制度直到 1921 年建立的存款制度。

（1）国有金库制度（1869 ~ 1890 年）。

1869 ~ 1890 年，日本国库资金由大藏省金库局保管，这一阶段属于独立国库制，也即国有金库制。国有金库制度是指国家在政府内部设置国库金收支机构，自行操作管理的制度。由于业务量的需要等，作为辅助性措施，许多国库金收支事务委托民间机构代理。这一时期，国库金收支机构设置变动频繁，各机构间的关系也极其复杂。

（2）委托金库制度（1890 ~ 1922 年）。

日本于 1882 年发布《日本银行条例》，正式建立中央银行制度。1890 ~ 1922 年，日本政府于日本银行内设置金库，委托处理国库资金出纳事务，日本银行总裁担任政府出纳职务的首长，这一阶段属于委托国库制。委托金库制度是国家将国库金的收支管理机构——金库作为国家机关设置，全面委托给中央银行的制度。1890 年《明治会计法》施行，政府废止了大藏省金库局，终止了由政府自行管理金库收支事务的历史。同时在日本银行设置金库，全面委托给日本银行，日本银行作为国家机关负责国库金的收支保管事务。在这一制度下，日本银行负责的国库金收支管理事务只是单纯的政府机构业务，金库的国库金与日本银行的营业资金严格区分保管。因此，委托金库制度中金库保管的现金与金融市场没有直接的关联，即使财政库存现金大量滞存也只能留在金库内部。

（3）存款制度（1923 年至今）。

日本存款制度从 1923 年（大正 12 年）开始建立，现行的"存款"体系是于 1923 年根据当时的英国体系而建立的。与委托金库制度相比，日本银行负责国库金收支保管事务这一点并没有变化，但是，国库金的性质发生了根本的改变。在存款制度下，国库金作为存款存入政府账户内，日本银行可以以银行经营者的身份对这部分资金进行运营，统一平衡金融市场资金供给等。

3. 法国

法国的国库制度不是一蹴而就的，而是随着历史进程由最开始的支离破碎逐渐走向完整统一的，这一历史进程主要划分为四个阶段。

（1）国库制度的萌芽阶段。

法国大革命之前，法国的国家财政管理并未统一。1806 年，主持设立服务银行（Caissedeservice）的国库部长莫利安（Mollien）伯爵将地方国库账目统一归他管辖，实现了银行间的统一。1814 年，法国财政部部长路易斯（Louis）男爵建立了国库的前身——"资金总体情况"部，用以管理上述银行，保障地方银行间资金流动与清算工作的正常运转。

（2）国库制度的发展阶段。

1857 年，法国撤销了第一个阶段中的服务银行，将运作和集中资金的具体责任托付给了法国国家银行。这一变化解决了地域间清算问题，发展了代表货币，使得法国国家银行的分支机构不断增加，资金的物理流动变得毫无用处。1940 年，国库局取代了原先的资金总动向管理局。

（3）国库制度的拓展阶段。

该阶段法国开放程度不断加强，综合经济发展水平不断提高，同时欧洲经济共同体也在不断强大，此时国库的职责也在不断扩大。在法国，国库的主要职能包括经济增长、货币发行与兑换管理等规范经济活动的职能；在国际上，1956 年，国库局与外部财政局挂钩之后，便将处理国际财政关系的职能也纳入麾下。此时的国库权利得到了较大的扩张。

（4）国库制度的转折阶段。

2004 年，国库局合并了经济部的外部经济关系局（DREE）与预算局，形成了新的国库总局。这两个局分别负责外部经济事务与经济分析和经济预算，在保存了前国库局的优越性特征之外，还解决了之前一直存在的机构职能划分不够清晰的问题，使得一个独立的结构来全权负责外部经济关系事务。不过这次改变并不是尽善尽美，其中，预算局在内阁和国库之间的划分仍旧存在一部分争议。

纵观法国国库管理体制的历史发展路径，可以看到，国库这一行使关键职能的政府机构的演变并非易事，从起初的机构设立，到后来的职能界定与融合，都需要根据经济社会时代的发展不断进行革新。

4. 英国

英国国库诞生之初，是为了英王出游便利所需，用于储存黄金、珠宝等贵重财物及稀有物品的场所。11世纪初（1000～1030年），英王下令在温切斯特修建国库，专门用于储存巡游过程中征纳的财物。到威廉一世和二世期间（1028～1100年），对原有的温切斯特中心国库进行扩建，继而设置了国库长专门负责中心国库所有事宜，开始具备相对独立性。后来，国库从内务府中分离出来，在很长一段时期内相对独立地专门负责王室的财政管理，职能范围也扩展到处理英王的绝大部分收入和支出、保管账簿。尔后，"财政署"沿袭之前国库的路径，从内务府中脱离，财政收支管理的职能范围也日渐扩大。总结而言，在过去，国库仅仅被视为政府（或者说国王）财政收支的出纳机关；而在现代，国库更像是一个"管理者"，其职能从根本上来说，可归纳为公共收支（财政）预算及管理。具体而言，主要是管理政府预算及借款、向各部门分配财政资金并监督其使用和制定经济政策，通过以上三种职能提高政府财政效能。

（1）盎格鲁—撒克逊时代（5～11世纪初）。

盎格鲁—撒克逊封建国家的财政有两个突出的特点：一是土地收入是国王家计财政的基础；二是财政具有明显的军事色彩。这一时期，"国库"是"王库"，由专门官员——司宫主管。起初只涉及国王的寝室、衣室等，后来负责管理财政收支。到了这一时代的末期，专门设置2～3个司宫为国王服务。这些专人除了保管国王的私人物品之外，还负责收取各项"财政收入"以及拨付各种款项用作"财政支出"，特别是军事开支。到末期，盎格鲁—撒克逊的国库已经具备财政收支的雏形。

（2）诺曼征服到大宪章时期（11～13世纪初）。

1066年诺曼征服开始，直至1215年《大宪章》登上历史舞台，英国式的封建制度得以确立，封建君主制逐步形成，同时，财政制度的基本架构也开始构建。这一时期，财政本质上还是国王意志之下的所谓"王权财政"。但在行政机关的设计上，诺曼征服有着划时代的意义，因为财政机关——"国库"开始具备独立性并正式登上历史舞台。在从王府内廷分离之后，国库作为中央财政机构在很长一段时期内较为独立地主理全国财务。

这一时期又可以分为以下几个区间：第一，从 11 世纪初到威廉二世前中期（1087 年），国库由原来单纯的储藏保管职能，发展到开始兼有王国的财政机构的职能；第二，威廉二世末期（1087～1100 年），国库正式设立国库长的职务，开始具备独立性；第三，亨利一世时期（1100～1135 年），内务府中孕育而出的国库——温切斯特国库作为正式的国家财政机关和财政中心登上历史舞台；第四，1135～1213 年，"财政署"效仿国库，作为内务府孕育的第二个"孩子"，取代"大哥"国库总理全国财政收支，国库的独立性开始丧失；第五，1213～1215 年，"锦衣库"横空出世，将国库和财政署的权力收于掌内，国库的独立性完全丧失。

（3）《大宪章》诞生到都铎王朝建立（13～15 世纪）。

《大宪章》的诞生意味着对王权的限制，呼唤着能够制约王权的组织机构的诞生。先是议会的诞生，再到两院制的形成，以及再后来下院权力的提高，在财政问题上，纳税人有了越来越多的议价权，慢慢地摆脱了"王权财政"。尽管这一时期国库的管理体制和职能未发生巨大的变化，但在对财政收入和支出的控制上，议会的诞生为国库的发展提供了土壤。

（4）都铎王朝时期（16 世纪）。

这一时期标志着现代国库的正式诞生，原因在于主权国家财政的形成。从议会中的下院取得财政的控制权开始标志着走向了现代国库的道路。国库的拨款必须经过议会下院，必须履行议会的工作程序，必须经由法令程序审批。同时，国王征税也必须经过相同的程序。国库的"进"和"出"的程序设计，在这一时期正式确立。

（5）从内战到光荣革命（17 世纪）。

与都铎王朝时期相比，这一时期最重要的一点在于经过长期的斗争确立了议会的最高财政权力。

（6）18 世纪至 19 世纪中叶。

这一时期先后经过君主立宪制的确立、内阁制和首相制的形成、政党制度的发展，以及通过对国王收入和支出的限制及其与政府行政收入和支出的区分，正式完成了"王室财政"到"国家财政"的过渡。此外，还确立了国家信用和公债控制，通过设立国库账户与统一基金，建立了国家审计制度。这一时期，国库正式登上现代舞台，职能几乎与现在的国库无异。

（7）20 世纪初期以后。

1911 年《议会法案》的签署标志着在财政方面，下院成为了唯一的"拍板人"。此后的财政制度有着明显的阶段性暂时性色彩。直到 1998 年的财政预算改革，颁布了《1998 年财政法》和《稳定财政发展法》，基本形成了现在的国库管理体制。近年来仍不断进行重大改革，原来由英格兰银行负责的债务管理和现金管理业务，分别于 1998 年和 2004 年划予财政部；又因英格兰银行于 2009 年底停止办理零售银行业务，财政部另于 2008 年 4 月设立政府银行服务部门，通过与苏格兰皇家银行及花旗银行签订合约，为政府部门与机构提供国库收付服务，以提高国库业务服务品质。①

5. 德国

在《经济稳定与增长促进法》下，德国国库采取中央金库、中等金库及初级金库三级金库管理模式，德国中央银行代理财政资金运转拨付。其中，中央金库下，德国按行政级别设立多个并立机构，分别负责联邦不同预算类别收支管理。例如，在税收方面，设立收支中央金库负责联邦税收；在支出方面，根据财政支出领域以及性质，设立专项联邦支出金库管理机构负责专项事务，包括专办宗教事务金库机构、教育专办金库事务机构、卫生专办事务金库机构等。中等金库作为地方行政总金库主要负责府县财政收支清算出纳工作，在《经济稳定与增长促进法》赋予联邦管理地方的新权利下，中等金库机构需按月编制会计出纳计算报告并上报总库，由总库负责审核监督，且年末结余预算金额上缴中央国家，由总金库进行管理。初级金库为中等金库的附属金库，受辖制于中等金库，同样负责地方财政收支管理，主要负责在府县行政级别，根据不同预算类别或者科目设立专门管理金库，如拘留所和监狱金库、大学金库、火车站金库等。根据金库机构管理领域以及性质的不同，也可将三级金库分为单一金库、行政金库和官厅金库。

3.3　国库管理制度的国际比较

目前，西方主要市场经济国家在国库管理方面，一般是通过建立国库单一

---

① 焦建国：《英国公共财政制度变迁分析》，经济科学出版社 2009 年版。

账户体系对财政收支实行国库集中收付管理，对暂时闲置的国库资金实行国库现金管理，以提高财政资金运行效率、透明度和使用效益。

3.3.1　国库账户体系设置

1. 国库账户体系设置一般规律

账户是资金运行的载体。财政资金账户作为国库管理的重要基础，其管理需要遵循财政资金收支运行的基本规律。目前，国际上的通行做法是根据财政资金运行特点和管理要求，设置国库单一账户体系（见图 3-1），统一管理、有效控制、全面核算财政资金。具体来说，就是各国在管理财政资金时，并不是单单使用一个账户，而是根据政策和管理需要设立一系列账户，如在中央银行开设国库单一账户，在商业银行开设部门收支账户、投融资类账户等，这些账户之间相互关联，共同构成了一个完整的财政资金账户体系，即国库单一账户体系。从各国情况看，国库单一账户体系一般由国库单一账户和功能性分类账户组成。

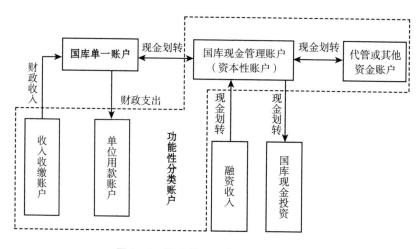

图 3-1　国库单一账户设置功能分类

国库单一账户是国库单一账户体系的核心账户，开设在中央银行。这类账户主要用于财政资金日常收支管理，所有的财政收入都要缴入此账户，所有的财政支出也都要经过此账户支付。各国对此账户的管理，一般都是控制账户的现金余额，即在能够保证支付需求的前提下，尽可能保持一个数额比较低的余额。同时，根据账户余额不足或过剩的情况与其他账户进行资金调入或调出。

由于此账户是国库单一账户体系的主账户，许多国家对此账户的基本功能进行了严格的法律规定，如澳大利亚在宪法中规定所有的政府收入都要缴入财政部设立的政府公共账户（即国库单一账户），并通过政府公共账户支出。

功能性分类账户（图 3 - 1 中虚线部分）是国库单一账户体系的辅助类账户，主要是根据资金用途和管理需要开设的，大体可以分为以下两类。一是收支类账户。这类账户与国库单一账户的资金往来比较频繁，一般实行零余额管理，每日营业终了，收入账户将当日收取的现金余额划入国库单一账户；支出账户将现金余额转回国库单一账户，并于第二个营业日开始时恢复其现金余额。有些支出账户一直保持余额为零，在营业日中需要通过该账户支付资金时，先由商业银行垫款，营业日终了时再通过国库单一账户补足。二是投融资类账户。这类账户主要用于国库现金管理，与国库单一账户之间联系密切，国库单一账户的资金余额超过保证满足财政支出支付的部分，或不足以保证支付的差额，都通过这类账户将资金转入或转出加以平衡。此类账户归集的国库现金包括国库单一账户中超出规定限额的现金余额、融资借入的资金余额等；该类账户的现金流出包括向国库单一账户调入现金、向货币市场上的金融机构借出资金等。

2. 美国国库单一账户设置

美国联邦政府国库单一账户体系中（见图 3 - 2），国库单一账户是指财政部在纽约联邦储备银行开设的支票账户，主要用于税收收入、发债收入等财政收入的收纳、归集，以及预算支出、买回国债支出等财政支出的支付与清算业务。该账户每日收支相抵后，除保留目标库底资金用于应急支付外，所有盈余全部以存款方式转入投资账户，若存在缺口，则从留存账户或投资账户调入资金弥补。功能性分类账户主要包括四类账户。一是其他支票账户。由财政部在除纽约联邦储备银行之外的 11 家联邦储备银行开设，主要用于办理部分财政资金支付业务；此外，该账户还用于税收收入的归集，当该账户收到代收账户划入的税收收入后，即时将资金划入支票账户，保持余额为零。二是代收账户。由财政部在商业银行开设，主要用于代收税收收入，实行零余额管理。当该账户收到税收收入后，将资金划入所在地储备银行的支票账户。三是投资账户。由财政部在商业银行开设，主要用于国库现金管理，当支票账户有资金盈余时，财政部以定期存款的方式存入该账户；当支票账户出现资金缺口时，从该账户调入资金弥补。此外，该账户还用于代收税款并以活期存款方式存储。
四是留存账户。由财政部在商业银行开设，主要用途是代收税款并以活期存款
方式存储，当国库单一账户出现资金缺口时，从该账户调入资金弥补。

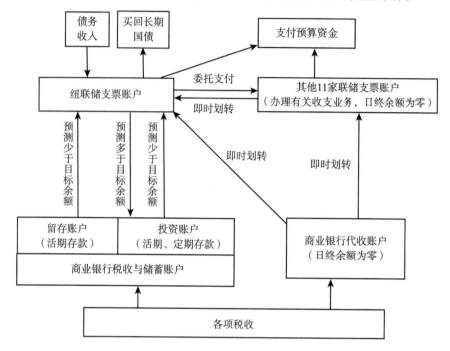

图 3-2　美国国库单一账户体系功能分类

3. 英国国库单一账户体系功能分类

英国国库单一账户体系中（见图 3-3），国库单一账户是指财政部在英格
兰银行开设的合并资金账户，主要用于所有财政收入（借款除外）的收纳和
所有财政支出的支付清算。该账户实行日终零余额管理，每日营业终了，余额
自动转入国家借贷资金账户，若存在缺口，从国家借贷资金账户调入资金弥
补。功能性分类账户由以下四类账户组成。一是代收账户。由英国国内收入署
下属的核算办公室在商业银行开设，用于接收税收收入，定期将资金划入合并
资金账户。二是支出管理办公室账户。由财政部所属财政支出管理办公室为所
有政府部门和其他公共机构在商业银行开设，专门用于办理日常支付业务，与
合并资金账户清算，实行日终零余额管理，每日营业终了时，账户资金余额自
动划转到合并资金账户中，第二日上午再从合并资金账户自动划回。三是国家
借贷资金账户。由财政部在英格兰银行开设，主要用于平衡合并资金账户每天

的盈余或缺口。当合并资金账户出现资金缺口时，该账户通过接收储蓄债券发行收入或从债务管理账户调入资金等方式予以弥补。该账户实行日终零余额管理，每日营业终了，余额自动转入债务管理账户。四是债务管理账户。由财政部在英格兰银行开设，主要用于国库现金管理，该账户每日保持5亿英镑左右的余额。每日营业时间，当国家借贷资金账户无法补足合并资金账户资金缺口时，由该账户进行弥补；当该账户资金超出5亿英镑时，对超出部分进行市场投资运作；当该账户出现缺口时，可以从金融市场上融入资金。

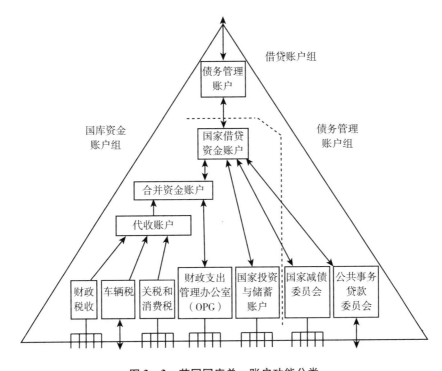

图3-3　英国国库单一账户功能分类

通过完善的国库单一账户体系和收支控制程序，对政府资金进行集中化管理，是国库现金管理的重要内容，也是国库现金市场运营操作的前提和基础。英国的基本做法是在政府各账户间建立联系，以确保当天各账户中的现金结余全部清算进入国库单一账户，并对账户的现金余缺在货币市场进行运营管理，从而使政府的现金管理和筹资成本最小化。

（1）基本构成。

英国管理国库现金的账户体系包括三级主要账户：债务管理账户（debt

management account，DMA）、国家贷款基金账户（national loans fund）和集中
基金账户（consolidated fund）。

债务管理账户是政府的现金和债务管理总账户，反映每日债务管理活动
（包括现券交易、回购交易和货币拆借）和国家贷款基金账户余额变动。英国
立法赋予该账户以下功能：一是弥补日常账户不足，融出日常账户盈余资金；
二是为满足中长期债务需求筹资；三是提高国债市场的流动性、稳定性和效
率性。

国家贷款基金账户是政府的借贷账户，反映国家储蓄账户向公众的零售借
债及偿付、公共工程贷款委员会（Public Works Loan Board）向地方政府放贷
及收回、政府机构融资和集中基金账户余额变动。

集中基金账户是政府的收支账户，反映税收部门的收入和政府机构的支出
活动。从法律依据看，集中基金账户集中体现了英国政府的征税权力和征税能
力，是运作国家贷款基金、债务管理账户和国家储蓄账户的最终资金担保。

（2）账户运行流程。

上述三个主要账户构成一个垂直的金字塔式的账户体系。每日日终，央行
自动清算各账户余额。政府账户体系流程如图3－4所示，图中箭头表示现金
流向，方框表示各类政府账户。

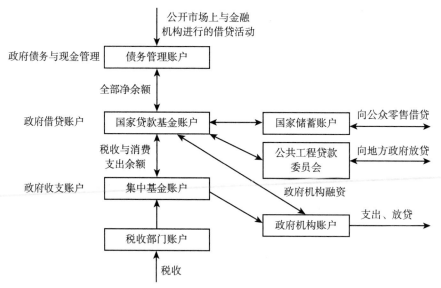

图3－4 英国国库账户资金流向

其一，关税和货物税账户清零，余额连同国内税账户全部结转到单一税收账户。

其二，单一税收账户清零，余额全部结转到集中基金。

其三，集中基金清零，余额结转到国家贷款基金，如果集中基金余额为负，则由国家贷款基金支付轧平。

其四，各政府机构的现金余额也全部结转到国家贷款基金，这时，所有级别低于国家贷款基金的账户净余额，无论盈余还是赤字，都转到国家贷款基金。

其五，国家贷款基金净余额清零，全部结转到债务管理账户。

该账户体系在央行开立，以此避免在商业银行开户的信用风险。各账户互相联系，可以把全部账户体系中的资金余额有效集中到指定账户（DMA）上，便于减少政府持有的总余额。

所有债务管理账户以下的政府账户的隔夜余额为零。日终若债务管理账户赤字，则由债务管理局借款弥补；若债务管理账户余额超过规定的预留金额，则由债务管理局贷出。预留金的目的是为可能发生的错误账目调整和日间赤字提供缓冲，2006年5月以前为2亿英镑，此后由于中央银行对商业银行存款准备金考核管理由按日进行调整为按月进行，债务管理账户现金余额标准相应调整为5亿英镑。

3.3.2　国库管理部门职责分工

1. 美国国库管理部门职责分工

美国财政部是美国国库管理的主要职能部门，所属财政管理局、财政预测办公室、债务管理办公室、公共债务管理局具体负责国库管理业务。

财政管理局主要负责财政收支业务的基本运行，包括账户管理、收入收缴、资金支付、国库现金余额投资、政府会计核算和编制政府综合财务报告等。

财政预测办公室具体负责跟踪每个工作日的现金收支情况，并进行国库现金流预测，为政府融资和债务管理决策服务。

债务管理办公室主要负责政府债务政策制定；公共债务管理局具体负责债务发行兑付操作，并与财政管理局等机构在收支预测、国库现金管理方面紧密协作，有1500多名工作人员。

联邦储备银行是美国财政国库业务的代理机构。《美国联邦储备法》规定，联邦储备银行作为美国政府的存款银行和财务代理机构，应按照财政部长的指令，履行美国政府财政的银行业务代理职能。其具体职责包括：一是充当政府资金保管人和财政收支代理人。政府的绝大部分收支活动是通过财政部在联邦储备银行的存款账户兑付和清算的。在一个财政年度内，财政收入不可能按均匀的速度流入到国库账户上，特别是在税收高峰期和大量发债时，国库有较大额度的净收款；而财政支出则相对比较均衡。如果把全部收入都存入联邦储备银行，那么国库净收额将导致缴款人付款行的存款等额减少以及整个社会货币供应量倍数递减；相反，国库较大额度的净付出则会导致商业银行存款等额增加和社会货币供应量倍数递增。由于财政短期内较大额度的净收入或净付出会对银行资金头寸和货币供应量造成波动，为了避免这种干扰，财政部通常将其存款余额的一部分存放在联邦储备银行，其余部分存于财政部在商业银行开设的税收与储蓄账户中。恰当地设计和运用税收与储蓄账户可以稳定金融操作，避免国库存款大量地、无规律地流出或流入银行系统。二是充当政府黄金和外汇交易代理人。美国财政部是国家黄金的唯一监理人，联邦储备银行在买卖黄金中充当财政部的代理人，纽约联邦储备银行充当财政部在外汇业务中的代理人。三是充当政府的金融顾问。财政直接从中央银行大量借款会诱发通货膨胀。为了避免这种危险，《美国联邦储备法》限制联邦储备银行直接向财政贷款的权力。财政筹款只能通过公开市场发行债券。在特殊情况下，联邦储备银行可以从财政部直接购买不高于 50 亿美元的短期联邦债券。联邦储备银行与货币、证券和外汇市场的紧密联系使其对货币流通状况和经济形势有自己独特的分析。因此，它既为财政部门和政府其他部门的经济决策提供金融情况和意见，从而协调经济政策、财政政策和货币政策，又在政府的债务管理和外汇交易中提供咨询服务。

2. 英国国库管理部门职责分工

英国财政部是英国国库管理的主要职能机构，负责公共收支预算及管理，内设宏观经济与财政政策司、债务和储备管理办公室，外设债务管理局，具体履行国库管理职责。

宏观经济与财政政策司负责整个政府国库账户体系、财政收入收缴和支出支付、政府部门和上下级政府间的资金借贷管理。债务和储备管理办公室主要负责政府债务管理政策和外汇储备管理；债务管理局主要负责政府债务发行兑付操作和国库现金的市场投融资运作，包括国库现金余额的市场投资管理、发行和兑付中长期国债、发行短期国债、促进国债市场发展、进行货币市场借贷等。该机构虽有一定的独立性，但与宏观经济和财政政策司保持密切联系，日常和年度均要向宏观经济和财政政策司汇报。英格兰银行是英国的中央银行，也是国库业务的代理银行，即国库单一账户体系的开户行。英格兰银行无下属分支机构，国库单一账户体系由英格兰银行内部的营业部负责管理。每发生一笔拨款，都由营业部根据财政部的指令付款；各项税收收入，由各征收机关收取后存入其在商业银行开设的代收账户，再划入国库单一账户。

英国国库现金管理的相关机构主要有财政部国库管理局、债务管理办公室和英格兰银行（英国的中央银行）。随着国库收支规模的变化，管理国库现金的大权也在这三个部门间变动。

最初这一职能由英格兰银行履行，国库现金管理不过是中央银行货币政策操作的一个组成部分，并没有成为一种以财政部门为主体的独立或直接的货币市场操作行为。随后，由于政府财政连年盈余，相应财政存款余额大幅增加，不仅造成政府持有资金的成本加大，而且现金流量的波动对货币政策实施的冲击也很大。因此，从 2000 年开始，英国财政部所属债务管理局从中央银行手中接管了国库现金管理职能，但未与中央银行完全独立。2006 年之后，国库现金管理完全独立于货币政策操作，英国国库现金管理进入一个新的阶段。

在从相对独立到完全独立于货币政策操作的过程中，英国财政部对国库现金管理目标做了重大调整和重新界定。英国设定了两个主要目标：一是确保有足够的现金流量，用以满足中央政府各部门预算执行的现金需求；二是实现政府融资成本最小化，并在出现现金盈余的任何情况下，在保证风险最小化的基础上确保实现最好的运用，并避免与中央银行货币政策相抵触。

现行国库现金管理制度下，财政部国库管理局的主要职责是确定国库现金管理的政策目标，批准债务管理办公室操作的风险限度，设定债务管理办公室现金管理事项，根据预算制定当年国债发行额度，及时为债务管理办公室提供政府现金状况的预测。

债务管理办公室的目标是在核准的风险参数范围内，使得平衡政府净现金流的成本最小化。它的职责是根据现金流量预测情况进行现金管理市场操作，向部长提出现金管理政策建议，并定期报告现金管理操作情况，采取措施避免与英格兰银行公开市场业务要求或者执行货币政策发生冲突。

英格兰银行则不再具体负责现金管理工作，但作为政府财政账户的开户银行和清算机构，要与债务管理办公室一起负责在每个工作日终了时轧平账户现金余额。

3. 法国国库管理部门职责分工

法国经济、财政和工业部（以下简称"财政部"）和预算、公共财会、公职和国家改革部（以下简称"预算部"）是国库业务的管理、监督机构，具体业务由财政部下设的国库总局和预算部下设的预算司、公共财政总局承担。其中，国库总局（债务管理局）负责国库现金管理和政府债务管理；预算司负责预算管理，同时向政府各部门或其他公共机构派驻财政监督员，其主要职责是按规定监督部门的支出，即在政府各部门或其他公共机构提出支付申请前，审核支付事项的合法性、合规性及准确性等，具体来说，就是审查每一笔支付业务是否符合相关法律法规规定、支出金额是否真实准确、是否超出预算限额、是否准确记录在相关预算科目下等。公共财政总局在政府部门、公共机构和全国各地区都派驻公共会计师，主要负责复核财政支出事项、办理财政支付业务、管理财政账目，即在政府各部门或其他公共机构提出支付申请后，审查每一笔支付事项是否经财政监督员审核通过、对财政监督员的审核事项进行复核，复核通过后签发指令支付资金，此外，各级政府的财政收支账目都要交由公共会计师管理。

法兰西银行是法国的中央银行，也是国库业务的代理银行。法兰西银行为政府开设并管理国库单一账户，即所有政府资金的收支都由法兰西银行通过国库单一账户办理，除国库单一账户外，法兰西银行还为所有的政府支出部门和机构开设分账户。法兰西银行通过对这些账户的运作管理，记录政府资金的变动以及各政府支出部门和机构的资金运用，并向政府提供相关信息。为了保证法兰西银行的独立性，《法兰西银行独立法》规定，法兰西银行是一个独立的机构，禁止向政府提供任何资助，并且法兰西银行应将政府视为银行客户，独立地向政府提供各种金融服务，收取相关费用，如账户管理人员工资、办理支票和转账的费用、设备折旧费及法律纠纷的诉讼费、律师费等。相应地，法兰西银行也要按照市场利率向政府支付国库单一账户资金余额的利息。

4. 澳大利亚国库管理部门职责分工

澳大利亚负责联邦政府财政管理的机构包括国库部、财政部、债务管理局。国库部，主要负责预算收入管理，包括制定财政税收政策、编制预算、管理政府与国际金融机构间业务往来、向政府提供有关宏观经济管理的财政政策建议等。财政部是 1976 年从国库部分离出来的，主要负责预算支出执行管理，包括预算支出管理、政府公共账户及分类账户的设置、财务信息资源管理系统管理、分析预测 6 个月以上的联邦政府收支情况，以及向国库部、政府内阁预算委员会及支出部门提供相关信息等。债务管理局成立于 1999 年，虽挂靠于国库部，但机构、人员相对独立，主要负责预测联邦政府 6 个月以下的现金流量，实施公共债务管理和国库现金管理。联邦储备银行是澳大利亚的中央银行，在每个州及直辖地区都设有分行。联邦储备银行作为政府的代理人，负责提供国库单一账户收支资金的清算服务，开设分类账户并对各类资金进行详细核算；对国库资金头寸盈余按债务管理局的指令提供定期和活期存款服务。

从以上四个国家的情况可以看出，各国财政部与中央银行在国库管理中的职能分工虽然在具体做法上略有差异，但有两个基本点是相同的：一是财政部是国库管理的主要职能部门；二是中央银行为国库业务代理机构。这种职能安排，主要是由财政部和中央银行在国家宏观调控中的职能分工决定的，财政政策与货币政策的相对独立，不仅有利于财政部完善预算执行管理，为有效实施财政政策提供运行机制保障，也有利于中央银行有效实施货币政策，从而形成科学合理的宏观经济运行管理格局。

5. 德国国库管理部门职责分工

德国国库管理涉及的部门主要包括联邦国库管理与会计中心、德国中央银行。

（1）联邦国库管理与会计中心。

联邦国库管理与会计中心包括国库办公室［基尔（Kiel）］、国库办公室［哈雷（Halle）］、国库办公室［魏登（Weiden）］、国库办公室［特里尔（Trier）］。

德国国库署在德国中央银行开立国库单一账户体系。所有预算单位（包括中央预算单位、地方政府以及地方预算单位）均需在国库主账户下开立子账户，但德国同时也实行委托国库制，即德国国库现金管理也在商业银行开设存款账户，但各联邦预算单位不得擅自在商业银行开立账户。联邦国库管理与会计中心负责联邦预算资金的管理、记账以及对国库办公室的监督等。由于联邦预算单位分布于全国各地，德国联邦政府分别成立了 4 个国库办公室，专门负责所管辖区域内联邦预算单位资金支出的审批。目前，联邦国库管理会计中心及国库办公室均接受财政部的管理。

德国所有国库资金收支均需通过国库单一账户体系进行。一方面，联邦税收和发债等收入，均应进入国库单一账户体系；另一方面，所有支出也必须通过该账户体系。大致操作流程为：通过预算单位子账户直接将款项支付给收款方，收款方向预算单位支出办公室发出支付指令，而后，预算单位支出办公室对该笔支出进行审核，并将支付指令提交给国库办公室进行审批，如无问题，再将支付指令交予联邦国库管理会计中心。联邦国库管理会计中心根据支付指令记账，并要求德国中央银行将资金直接打入相关账户。

（2）德国中央银行——德意志联邦银行。

德意志联邦银行成立于 1957 年，是德国的中央银行，同时也是欧洲中央银行系统（ESCB）的一部分。由于它的实力和规模，德意志联邦银行是此组织中最有影响力的成员，是第一个被赋予完全独立性的中央银行。德意志联邦银行因其在 20 世纪下半叶成功地控制了通货膨胀而受到普遍尊重，这使得德国马克成为最重要的货币之一，也使得德意志联邦银行对其他很多欧洲国家拥有实际上的潜在影响力。

首先，在联邦国库现金管理中，德国中央银行不负责国库沉淀资金的流动性管理，不再接受国库部门的委托对国库沉淀资金进行流动性管理，而是通过国库资金集中系统，依据规定将国库沉淀资金划拨给运营机构。大致操作流程为：德国中央银行在每个工作日结束前，将国库单一账户体系子账户中的资金全部划至主账户，随后，根据流动性管理的需要，主账户资金被划转至德国金融公司，由其负责资金的运作（见图 3-5）。在流动性管理方面，根据德国《联邦预算法》的规定：应确保一旦需要资金时，国库能及时进行拨付。

其次，德国中央银行主要负责地方国库的资金收纳及流动性管理。州、地方及联邦三级国库相对独立。州与地方均需在德国中央银行开立国库账户，用于收纳所有公共收入，但并不强制所有支出均通过德国中央银行国库账户进行。

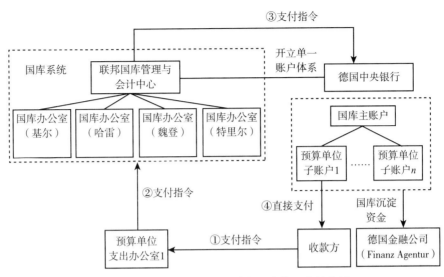

图 3 – 5　德国中央银行在联邦国库管理中的作用

地方国库资金支出方面，德国一般通过在商业银行开立的账户进行。如同上述国库现金管理目标中所提及，德国中央银行国库存款根据"适量余额"原则，将多余资金划入地方政府开立的银行账户中，所有国库资金支出均通过该银行账户进行。这一做法令地方政府在出现暂时性资金短缺的情况时能够在州立银行确保资金安全的前提下，从商业银行得到隔夜贷款等短期流动性资金的支持。在流动性管理方面，由于地方政府缺乏专设的投资机构及相关领域专业人才，德国中央银行会接受地方政府的委托，对其国库资金进行流动性管理。

6. 日本国库管理部门

在日本，从法律上明确了国库集中收付制度相关部门在预算执行过程中各自的职责和权限。根据《会计法》的规定，日本银行（日本的中央银行）必须承担国库资金出纳业务；日本银行国库资金的出纳业务，必须受到会计检察院（专职审计财政资金的独立机构）的审计监督；日本银行在保管国家资金时如造成损失，其赔偿责任按民法和商法规定处理。日本没有专门的金库条例，关于国库收支的各项规定分散于日本的宪法和各项法案中，但总体来说，日本在这方面的法律法规是较为完善的。各级政府的预算执行和各级国库的业务办理均独立进行，由日本审计局定期核对账务，保证会计账务准确、国库资金安全。

日本未设置独立国库机构，日本的国库管理制度在设计时主要效仿英国。通过日本银行来管理国库的缴入、支拨，行使代理国库业务功能。财务省是日本用来管理国库的机构，财务省又由多个级别的机构组成，财务省内主要设有财政局和预算局。

在日本，明治年采用了委托银行制，将所有的国库事务委托日本银行代理。在日本银行设立中央国库，在各府县设立分库，区域内各郡役所在地设支库。日本中央政府国库资金由日本银行代管，国库局负责对日本银行的国库资金账户进行监督。另外还有一个重要的财政资金运作职能部门——主计局，其主要职责是编制预算、监督预算执行和编制决算。日本国库管理制度的特点是由日本银行充当完全的政府财政代理，坚持国库统一原则，将政府所有资金的收入与支出通过在日本银行中的政府账户进行处理，是典型的委托代理制。

3.3.3 国库资金收缴管理

在财政收入收缴方面，目前西方主要市场经济国家一般采用由纳税人（或缴款人）先将资金缴入商业银行，再由商业银行划转至国库单一账户的方式。具体缴款方式，因参与收缴的商业银行的不同大致分为以下三种。

1. 代理银行直接缴库模式

代理银行直接缴库模式下，纳税人（或缴款人）将资金缴入指定的代理财政收入收缴业务的商业银行（以下简称"代理银行"），再由代理银行直接将资金缴入国库单一账户（见图3-6）。该缴款方式的好处在于，对商业银行与中央银行间的资金汇划清算系统要求相对较低，只要求指定的代理银行收到资金后都能自动即时划入中央银行的国库单一账户。但也存在一定的不足，主要是纳税人（或缴款人）办理缴款业务不是很便利，随着POS机刷银行卡、网上银行等多种方式缴款的引入，一定程度上弥补了该方式的不足。因此，这种收缴方式被西方市场经济国家普遍采用，如美国、英国、澳大利亚等国家都使用该方式。

图3-6 代理银行直接缴库模式

2. 商业银行直接缴库模式

商业银行直接缴库模式下，纳税人（或缴款人）可以将资金缴入任意一家商业银行，由商业银行直接将资金划转至国库单一账户（见图 3 - 7）。相对于第一种收缴方式，其最大的优势在于极大地方便了纳税人（或缴款人）办理业务，但是对商业银行与中央银行间的资金汇划清算系统有较高要求，需要任意一家商业银行收到资金后都能自动即时划入中央银行的国库单一账户。因此，这种收缴方式主要适用于商业银行与中央银行间资金汇划清算系统比较发达的国家，如法国。

图 3 - 7   商业银行直接缴库模式

3. 代理银行中转缴库模式

代理银行中转缴库模式下，纳税人（或缴款人）可以将资金缴入任意一家商业银行，由商业银行划转到指定的代理银行，最后由代理银行将资金缴入国库单一账户（见图 3 - 8）。该收缴方式下，纳税人（或缴款人）办理缴库业务很方便，但是对于商业银行间的资金汇划清算系统要求较高，且由于资金收缴中间环节相对较多，收缴效率受到了一定影响。因此，使用这种收缴方式的国家不多，只有意大利等少数几个商业银行系统较为发达的国家。

图 3 - 8   代理银行中转缴库模式

上述三种财政收入收缴方式，虽然流程上存在一定的差异，但都具有一个共同点，就是财政收入并不是直接缴入国库单一账户，而是通过商业银行收取后再上缴到国库单一账户。之所以这样操作，主要是因为由商业银行收缴比中央银行直接收缴有更多的优势：一是商业银行网点分布广，业务人员众多，能够为纳税人（或缴款人）办理业务提供方便；二是商业银行办理业务存在一定的竞争，客观上促进了服务水平的提高。当然，由于在资金收缴过程中多了商业银行这样一个中间环节，存在一定的安全隐患，因此，各国基本上都建立了一套完备的监控机制，如实现财政部门与商业银行的联网，使得财政部门能够实时监控这类账户的资金运行情况；对账户资金流向作出严格限定，即只能划转到指定的账户；对账户实行零余额管理，要求该账户收到资金后即时自动划转，或者日终自动划转等。

3.3.4　国库资金支付管理

目前，西方市场经济国家在财政资金支付管理上基本上都采取了集中支付的管理方式，但在具体的支付流程上存在一定的差异，大致可分为五种类型（见表3-1）。

表3-1　　　　　　　　　　　五种支付类型基本情况

支付类型	特点	优点	缺点	代表性国家
第一种类型	商业银行按财政部门指令先行支付，再与央行进行资金清算	利用商业银行资源，节约政府成本，提高服务水平	存在资金安全隐患，需要支付一定费用	意大利
第二种类型	央行按财政部门指令先将资金划转商业银行，再由商业银行按财政部门指令支付	利用商业银行资源，节约政府成本，提高服务水平	存在资金安全隐患，需要支付一定费用	巴西
第三种类型	央行按财政部门指令汇总将资金拨付到单位在商业银行开设的账户，由单位通过商业银行进行支付，并对单位账户实行"隔夜清零"管理	利用商业银行资源，节约政府成本，提高服务水平	存在资金安全隐患，需要支付一定费用	英国澳大利亚
第四种类型	财政部门通过电子转账或国库支票等方式直接进行支付	财政对资金控制力较强	未利用商业银行资源，政府投入较大	美国
第五种类型	央行根据财政部门指令直接进行支付	财政对资金控制力较强	未利用商业银行资源，政府投入较大	法国

上述五种财政资金支付类型虽然在具体流程上存在一定差异，但有一个共同点，就是都实现了财政资金支付的电子化管理，也就是通过建立财政资金支付信息系统，减少了支付中间环节，实现了财政资金"直达"收款人，大大提高了支付效率；同时，支付信息通过系统及时、准确地传递到财政部门，增强了财政部门对支付过程的监控能力，大大提高了支付的透明度，有效保障了资金的安全。

第 *4* 章

我国国库管理体制与制度变迁

4.1　我国国家金库管理体制变迁

国家金库管理体制，是现代国库制度建设的核心内容。国家金库管理体制是国家经济体制、财税管理体制的重要组成部分，是确定中央政府和地方政府、财政部门与央行部门之间工作职责和权属划分的一项根本制度。国家金库管理体制涉及一个国家国库单一账户的设置、中央政府国库与地方政府国库的关系、财政部和中央银行的关系等一系列核心问题。为全面评估我国现行国家金库管理体制形成的历史背景，以新中国成立以来涉及国库管理体制的关键文件出台时间（见表 4 - 1）为节点，本章以时间轴的形式（见图 4 - 1），梳理新中国成立以来我国国家金库管理体制的历史脉络，客观评价一定时期内国家金库模式选择的政治、经济、社会背景因素，按照党的二十大报告提出的"健全现代预算制度"、党的十九届五中全会提出的"建立现代财税金融体制"的目标导向，来剖析我国现行国家金库管理体制存在的问题及下一步改进完善的思路。

表 4 - 1　　　　　　　中国国库管理体制重要文件汇总

文件名称	颁布时间	主要内容
《中央金库条例》	1950 年	各级金库均由中国人民银行代理，金库主任由各级人民银行行长兼任。尚未设置人民银行之地区，得单独设立金库
《中华人民共和国国家金库条例》	1985 年	中国人民银行具体经理国库，国库在国家预算执行中，必须发挥促进和监督作用；明确规定了国库的组织机构、职责权限和国库办理库款的收纳、退付及支拨的原则要求

续表

文件名称	颁布时间	主要内容
《中华人民共和国预算法》	1994 年	明确指出"国家实行国库集中收缴和集中支付制度""中央国库业务由中国人民银行经理"。对库款的上缴、管理和拨付等问题作出了详细规定
《中华人民共和国中国人民银行法》	1995 年	明确了中国人民银行经理国库。这是第一次在法律上确立了我国的国库体制为央行经理国库制度
《财政国库管理制度改革方案》	2001 年	建立国库单一账户体系，规范收入收缴程序和拨付程序
《中华人民共和国预算法》修正案	2014 年	对于国库的管理权，延续了人民银行经理国库的表述
《中华人民共和国预算法实施条例》	2020 年	明确了国库职权分工，重新界定了财政部和央行在国库管理方面的职责

资料来源：财政部、中国人民银行。

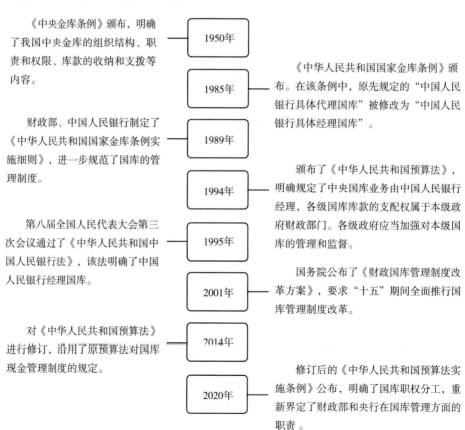

图 4-1　我国国库管理体制变迁的主要节点

4.1.1　我国国家金库管理体制变迁阶段划分

1. 1949～1985 年我国国库管理体制变迁

新中国成立初期，为了稳定经济和物价，我国财政实行的是高度集中的统收统支体制。1950 年 3 月 3 日，政务院在第二次政务会议上公布了《中央金库条例》，明确各级金库均由中国人民银行代理，金库主任由各级人民银行行长兼任。尚未设置人民银行之地区，得单独设立金库。这一条例成为我国在社会主义的探索阶段进行国库管理的指导文件。

从 1978 年改革开放开始，这种高度集中的体制已不再适应当时的财政政策，因而体制逐渐被放松，地方政府在预算方面也开始获得一定的自主权。也是从 1978 年开始，中国人民银行和财政部分离，开始真正发挥中央银行的作用，实现了中央银行与财政部的相互制约和相互合作。

为了进一步提高我国财政资金的使用效率和预算的执行效率，自改革开放以来，我国的国库管理体制经历了一系列的改革和完善，正逐步构建形成中国现代财政国库管理制度。1978～1984 年，我国的国库体制一直是委托国库制，我国的国库工作由中央银行代理，实行四级金库制，主要职能包括：一是办理国家预算收入的收纳、划分和留解；二是办理国家预算支出的拨付；三是向上级国库和同级财政机关反映预算收支执行情况。

这段时期的中国人民银行在国库方面进行的工作，只是字面意义上的代理国库业务，国库的管理工作更像是中国人民银行的附属工作，国库发挥的职能作用更像是国家的资金出纳员，而并没有过多地参与到资金的管理以及预算的执行与监督的过程中去。

2. 1985～1994 年我国国库管理体制变迁

（1）1985 年《中华人民共和国国家金库条例》主要内容。

从 1985 年开始，为调动地方发展经济的积极性，我国启动了"分灶吃饭"财税体制改革，新中国成立以来统收统支的高度集中收付体制不复存在。为了适应财税体制的转变，国库管理体制也相应进行了改变，1985 年 7 月 27 日，《中华人民共和国国家金库条例》（以下简称《国家金库条例》）颁布。在《国家金库条例》中，原先规定的"中国人民银行具体代理国库"被修改为"中国人民银行具体经理国库"，明确规定了国库在国家预算执行中必须发挥促进和监督作用；明确规定了国库的组织机构、职责权限和国库办理库款的收纳、退付及支拨的原则要求。这一修改强化了中国人民银行经理国库的职能，使人民银行不再只是简单地对资金的出纳进行管理，而是更多地参与到预算的执行和监管中去。

同时，将"金库"修改为"国家金库"，简称"国库"。此外，《国家金库条例》还规定，国库机构按照国家预算管理体制设立，原则上，一级财政设立一级国库。中央设总库，即中央国库；省、自治区、直辖市设分库；省辖市、自治州设中心支库；县和相当于县的市、区设支库；支库为基层库，支库以下设国库经收处，由当地专业银行办理，受支库领导。各分库、中心支库和支库都属地方国库，是总库的分支机构。尽管这一条例的颁布和实施加强完善了国库收支的管理，但还没有在法律上正式确立我国的国库体制。

（2）1989年《中华人民共和国国家金库条例实施细则》主要内容。

1989年12月13日，财政部、中国人民银行制定了《中华人民共和国国家金库条例实施细则》，进一步规范了国库的管理制度。新的国库条例规定国库业务实行垂直领导的同时，对国家金库管理体制做出明确规定。

第一，国家金库的组织机构。国库组织机构是经营国库业务的单位，应当与国家统一领导下的财务管理体制相匹配，进行分级管理。原则上，如果有一级财政，就要建立一级国库。1985年《国家金库条例》颁布后，国库的组织结构也随之发展。按照我国财政管理体制划分的传统规范，在各级行政区划设立了总库、分库和支库，并分别交由中国人民银行总行以及各分支行进行管理。在没有央行分支机构的地区，国库业务则由该地区受到央行委托的专业银行开展。

第二，国家金库的人员管理。各级国家金库的工作人员具体负责国库管理并操作业务流程。自土地革命时期创建以来，我国的国家金库一直是委托银行办理，因此国库工作人员如何配置、配置多少等规定，都由银行自主安排。

第三，国库业务工作实行垂直领导。1983年，我国金融体系发生重大变革，中国人民银行专门履行中央银行职能，银行的传统存贷业务交由各类商业银行开展。这标志着我国正式创立了以专业银行为中心、各类金融机构并存的金融市场体系。

3. 1994～2000年我国国库管理体制变迁

（1）1994年《中华人民共和国预算法》关于国库管理体制条款。

1994 年 3 月 22 日，第八届全国人民代表大会第二次会议通过了《中华人民共和国预算法》（以下简称《预算法》），这是我国预算管理的第一部法律，对组织预算收入、拨付预算资金以及决算编制和批复等预算执行问题作出了规定。

《预算法》规定，政府的全部收入应当上缴国家金库；对于法律有明确规定或者经国务院批准的特定专用资金，可以依照国务院的规定设立财政专户。县级以上各级预算必须设立国库；具备条件的乡、民族乡、镇也应当设立国库。《预算法》明确提出，中央国库业务由中国人民银行经理，地方国库业务依照国务院的有关规定办理。

对于财政部门在国库现金管理体制中的作用，《预算法》指出，各级国库库款的支配权属于本级政府财政部门。各级政府应当加强对本级国库的管理和监督，按照国务院的规定完善国库现金管理，合理调节国库资金余额。已经缴入国库的资金，依照法律、行政法规的规定或者国务院的决定需要退付的，各级政府财政部门或者其授权的机构应当及时办理退付。按照规定应当由财政支出安排的事项，不得用退库处理。

同年，我国实行了分税制改革。分税制改革调节了我国的经济结构，也调节了我国的社会分配关系，合理划分了中央与地方的财权与事权。在这种背景下，国家建立了一套新的中央和地方的税收征管体系，也分别设立了中央国库和地方国库两个工作机构。然而我的国库管理体制并没有随着财政制度的更新而更新，因此分税制给国库管理带来了新的挑战。在分税制背景下，纳税单位和纳税款项都增加了很多，而当时的国库实行的依然是分散管理，当资金经过层层审批，在多级国库机构中流转时，许多管理上的弊端就暴露出来了。

（2）1995 年《中华人民共和国中国人民银行法》关于国库管理体制条款。

1995 年 3 月 6 日，第八届全国人民代表大会第三次会议通过了《中华人民共和国中国人民银行法》，明确了中国人民银行经理国库。这是第一次在法律上确立了我国的国库体制为央行经理国库制度。然而，尽管已经在法律上确立了我国的国库体制，但那时在国库机构设置方面仍很不健全，我国的财政部门也还没有设立独立的国库机构。

随着社会主义市场经济体制下公共财政体系的建立和发展，我国过去长期以来实行的"分散支付"国库管理制度已经不能适应社会主义市场经济和公共财政的发展要求，出现了财政资金被截留、挪用，以及资金在部门沉淀等问题。具体来说主要有三个方面。

第一，资金账户多且分散。当时的各级单位都在商业银行开设了财政资金账户，还会按照资金性质的不同开设多个账户。账户数量过多导致了国库管理工作的进一步复杂化。同时，当资金下放到地方各级国库时，中央就丧失了对资金使用过程的监督，进而对预算执行监督的作用也大打折扣。

第二，资金收缴所经历的层级过多。《国家金库条例》中规定，一级财政设立一级国库，因此，财政收入需经过层层过渡性账户，才能从地方转到中央国库中。过渡性账户归执收单位所有，包括"待结算账户""待结算财政款项——待解税金账户"等，是收入入库时间延滞、退库不规范、收入流失的主要原因。财政部驻地方专员办 2000 年对 239 户国税机关收入征管情况进行检查，各类收入过渡性账户共有 174 个。

第三，资金拨付流程长。财政支出先由财政部门拨付到主管部门，再由主管部门拨付到所属下级单位，然后逐级支付到收款人或用款单位。资金拨付环节多。例如，某项建设资金从财政部门到用款单位要经过 7 个中间环节，平均每月有几十亿元资金滞留在相关单位的银行账户。资金拨付效率低。传统的财政资金拨付方式降低了资金使用效率，容易诱发腐败现象。在这样的背景下，对于国库管理制度的进一步改革呼之欲出。

4. 2000 年以来我国国库管理体制变迁

2000 年 6 月，根据国库改革的需要，财政部正式成立了国库司。作为独立的国库管理机构，国库司主要负责国库集中收付制度改革，其职责包括国家预算的执行，国债的发行、兑换和管理，以及政府采购的监督管理等工作。在 2000 年 7 月召开的全国财政工作会议上，李岚清副总理提出要建立国库集中收付制度。2000 年 8 月中旬，财政部选择中央粮库建设资金和车辆购置税交通专项资金作为财政直接拨付的改革试点。11 月 28 日，第一笔中央粮库建设资金按照新办法顺利直接拨付到项目建设单位，改革试点获得成功。从这一人起，新中国实行了 50 余年的传统拨付方式开始改变。

2001 年我国启动了财政国库管理制度改革。这是继分税制改革后财政管理制度的又一次重大变革，我国开始走上建设现代财政国库管理制度之路。2001 年 3 月，国务院公布了《财政国库管理制度改革方案》，要求"十五"期间全面推行国库管理制度改革。与此同时，第九届全国人民代表大会第四次会议通过的《中华人民共和国国民经济和社会发展第十个五年计划纲要》中指出，要建立以国库单一账户为基础的现代国库集中收付制度，这是今后一个时期财政改革的重点，也是加强财政支出管理的一项核心内容。具体来说，国库集中收付制度改革的内容包括：设立国库单一账户体系，实行国库集中支付制度，财政部门设立专门的国库支付执行和现金管理机构，以及建立预算执行动态监控机制。这一改革使得我国财政国库管理理念发生了根本性变化，同时，使得财政资金运行的调控能力显著提升，财政资金运行效率、使用效益以及信息反馈的速度和质量都有了大幅提高，财政资金运行安全也得到了切实的保障。

2003 年 2 月，十六届中央纪委第二次全会进一步提出，要继续扩大国库集中收付改革试点范围。至 2004 年底，已有 140 个中央部门实行了国库集中支付改革，47 个中央部门纳入了非税收入收缴改革实施范围，全国有 30 个省（区、市）、150 个地市、200 多个县实施了国库集中收付制度改革。

财政国库管理制度改革的核心要义，就是通过建立国库单一账户体系，对财政资金实行集中收缴和集中支付，对国库存款余额进行运营管理，依托资金收付信息和利用现代信息技术动态监控预算执行全过程，以权责发生制政府会计核算为基础，反映和报告政府财务状况、运行情况和财政中长期的可持续性。以"收支两条线"管理为契机，打破部门及预算单位"自收自支、收支一体"的利益链条，我国所特有的预算外资金成为清理的对象。2007 年，国有企业应缴利润纳入国有资本经营预算，使得国有企业预算外资金成为历史。2010 年，财政部印发《关于将按预算外资金管理的收入纳入预算管理的通知》，要求从 2011 年开始，将预算外资金全部纳入预算管理。2014 年 8 月 31 日，全国人大审议通过的《预算法》修正案，正式使得预算外资金这个概念退出法律舞台。另外，在 2014 年的《预算法》中，对于国库的管理权，延续了人民银行经理国库的表述，但人民银行和财政部之间的国库管理权之争，仍然是政府和学界激烈讨论的焦点。

2014 年，财政部会同人民银行制定了《地方国库现金管理试点办法》，开始地方国库现金管理试点。2017 年地方国库现金管理在省级财政全面推开。2018 年财政部印发了《关于进一步规范地方国库现金管理的通知》，指导地方规范有序开展国库现金管理操作。2019 年，财政部部署推进预算管理一体化建设，财政国库管理改革遵循统一的管理流程和规则，加强标准化和规范化建设及各业务环节之间的衔接，提高改革的整体性、协同性，通过将规则嵌入系统强化制度执行力，向着国家治理现代化又迈出了新的一步。

2020 年 8 月 3 日，修订后的《中华人民共和国预算法实施条例》（以下简称《预算法实施条例》）公布，自 2020 年 10 月 1 日起施行。其中，明确了国库职权分工，重新界定了财政部和央行在国库管理方面的职责。《预算法实施条例》第六十二、第六十三条规定：中央国库业务由中国人民银行经理。未设中国人民银行分支机构的地区，由中国人民银行商财政部后，委托有关银行业金融机构办理。地方国库业务由中国人民银行分支机构经理。未设中国人民银行分支机构的地区，由上级中国人民银行分支机构商有关地方政府财政部门后，委托有关银行业金融机构办理。中央国库业务应当接受财政部的指导和监督，对中央财政负责。地方国库业务应当接受本级政府财政部门的指导和监督，对地方财政负责。省、自治区、直辖市制定的地方国库业务规程应当报财政部和中国人民银行备案。

经过不懈的改革探索，我国财政国库管理框架基本建立；政府采购、政府债券、预决算管理、政府财务报告等方面的各项制度及机制得以完善；财政核心业务一体化建设推进工作蹄疾步稳；国库管理基础性工作进一步夯实，财政资金运行安全得到有力保障。我国已初步建立起符合现代财政改革方向的财政国库管理制度，这项制度也日益成为财政管理领域重要的基本性制度规范。

4.1.2　我国国家金库管理体制的问题剖析

1. "一级财政、一级金库"国库管理体制导致委托代理链条过长

随着财政国库改革信息化水平的推进，当前的国库会计数据集中系统（TCBS）、国库信息处理系统（TIPS）和国库管理信息系统（TMIS）组成的"3T 系统"实现了各级国库账户的相互联通，改变了之前实行的"层层报解、逐级上划"的操作方式，从而使得中国人民银行设立五级分行来办理五级财政国库业务的必要性大大减弱。国库集中支付制度的实现，使得全国所有的财政资金的收付都集中到单一账户体系，从技术上解除了中央与金库合并需要进行多账户合并、多方面协调的问题，也为精简合并地方国库机构、降低人员行政成本提供了可行性。

2. 国库集中收付制度下的商业银行代理制增加了综合成本

国库集中收付制度的改革涉及多个部门，各部门之间不仅存在资金收付的业务联系，还存在着利益关系。商业银行如果想要拿到代理国库集中收付这笔业务，首先要向中国人民银行申请，再由财政部门通过招投标的方式综合考虑商业银行的资质等因素确定。因此，代理国库集中收付业务需要取得"行政许可"，而在取得行政许可证的过程中无疑增加了社会成本。另一方面，由代理银行先行支付资金而又不能及时清算，造成大量的垫付款项，影响了代理银行的资金使用效率，同时财政部门需要向代理银行支付垫款利息和代办业务的手续费，增加了财政开支。

3. 现行国库管理体制不利于国库现金管理的深度开展

第一，目前地方国库现金管理开展多集中于省级政府、经济特区政府和计划单列市政府，限于资金规模和激励机制缺失等问题，地市级、县级政府基本没有开展国库现金管理。并且地方国库现金管理定期存款整体利率水平较低，市场化程度较低。在这种情况下，亟待科学优化业务流程、统一评价标准，确保实现地方国库现金管理公开招标工作的公平、公正、公开。第二，中央及地方国库现金管理操作工具以商业银行定期存款（1年以内期限）为主。由于操作工具单一，现行的国库现金管理不能充分满足国库资金收益性和流动性管理需求，也难与库存资金的长短期波动相匹配，反而在大额国库定期存款投放和收回的时点上加剧了国库库存波动，未起到平抑国库资金波动对市场流动性的影响的作用。

4. 中央国库和地方国库现金统筹管理的水平存在差异

在我国，相较于地方政府国库，中央国库的建立时间较早，在一些方面已经取得了显著成效。首先是国库集中收付制度，经过十多年的改革，国库收付集中制度已经有了初步的框架，制度性规定逐步完善，财政资金的分配效率大大提高。在国库单一账户体系下，财政部门可以通过一系列监控手段对国库资金进行监督核算，减少资金的不合理分配现象，加强对国库资金的控制。此外，中央金库从2001年开始对该年度的现金流入流出进行预测，到2020年已经能够较为准确地预测国库现金流量。地方金库流量预测体系由于起步较晚，现仍处于初级阶段，主要以收支总额为预测对象。随着地方金库建设的不断深入，这种预测模式还有很大的提升空间。

4.2 我国国库制度改革历程

2001 年，经国务院批准，我国开始实施国库集中收付制度改革，在建立国库单一账户体系的基础上，将财政收入直接缴入国库或财政专户，财政支出直接支付到收款人（商品或劳务供应者）或用款单位，财政收支由"中转"变为"直达"。国库集中收付制度改革是预算执行机制的重大创新，有利于提高预算执行透明度，提高财政资金的运行效率和效益，提升预算执行管理水平。下面主要介绍我国传统的财政国库管理制度、西方发达市场经济国家国库单一账户制度、国库集中收付制度改革进展情况以及 2001 年以来财政国库管理制度改革的主要任务。

4.2.1 我国传统的分散支付国库制度

我国传统的财政国库管理制度是以征收机关和预算单位设立多重账户为基础的，财政收入层层上缴、财政支出层层拨付。这种运作方式，中间环节多、效率低下、信息反馈迟缓、透明度较低，导致财政资金被截留、挤占、挪用等问题时有发生，甚至出现腐败现象。其主要具有以下几个特点。

1. 多重和分散设置财政资金账户

传统上，我国采取的是多重和分散设立财政资金账户的方式，各级税务机关、非税收入执收单位等财政收入征收单位，层层设置收入过渡性存款账户；各级预算单位按照财政资金的不同性质自行开设多个银行账户（见图 4 - 2）。财政部 2001 年对中央 125 个单位银行账户进行初步清理，单位自报账户 67006 个，其中中央本级 1997 个。由于预算单位多重、分散开设账户，导致财政收支活动透明度不高，财政收支信息反馈迟缓，不利于实施有效管理和全面监督。

2. 财政收入通过过渡性账户收缴

在我国传统的财政国库管理制度下，大量财政收入通过征收机关设置的过渡性账户收缴，而不是直接缴入国库。由于过渡性账户归执收单位所有，而且种类繁多（包括"待结算账户""待结算财政款项—待解税金账户""纳税保证金账户""银行解征税款账户"等），财政部门对其缺乏有效监督，收入入库时间延滞、退库不规范、收入流失的事件经常发生。

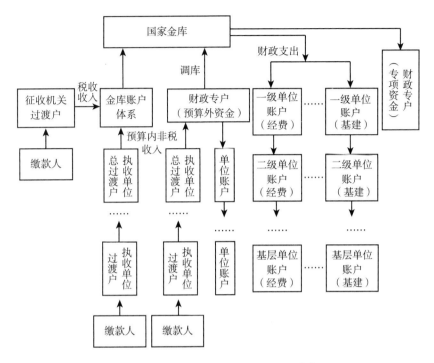

图 4-2　我国传统的财政资金银行账户体系

3. 财政支出层层拨付

在我国传统的财政国库管理制度下，财政支出通过各级预算单位层层拨付，即财政支出先由财政部门拨付到主管部门，再由主管部门拨付到所属下级单位，然后逐级支付到收款人或用款单位。这种拨付方式，使得资金在预算单位支付行为发生之前就流出国库，大量滞留在预算单位，财政资金使用效益低下。同时，资金拨付环节多降低了资金使用效率，也容易诱发腐败。

总之，这种分散收付制度的弊端十分突出：一是监管不严，不利于有效实施全面监督，挤占、挪用甚至是一些触犯刑律的事件一定程度上与此有关；二是透明度差，难以为预算编制、预算执行、财政宏观调控提供可靠依据，也不能满足社会公众的知情权；三是效率不高，层层沉淀，拨付和使用效率低。

4.2.2　启动国库集中收付制度改革

我国国库集中收付制度是在借鉴西方发达国家经验基础上，结合我国实际设计的。改革的主要内容包括五个方面：一是建立国库单一账户体系，将所有财政性资金都纳入国库单一账户体系管理；二是实施国库集中收缴制度改革，规范收入收缴程序，将所有财政收入直接缴入财政国库或财政专户；三是实施国库集中支付制度改革，规范支出支付程序，统一通过国库单一账户体系支付到商品和劳务供应者或用款单位；四是实施公务卡制度改革，使用公务卡支付公务支出，最大限度减少单位现金支付结算，强化财政动态监控；五是开展预算执行动态监控，利用动态监控系统全程监控财政资金支付过程，及时查处违规或不规范操作。同时，作为改革的配套措施，建立了各类财政国库管理信息系统，保证各类财政收支在国库单一账户体系中实现高效、安全运行，并为系统使用方提供及时、准确的信息服务。

1. 建立国库单一账户体系

（1）改革主要内容。

我国的财政国库单一账户体系，主要包括四类账户：一是国库单一账户；二是财政部门和预算单位的零余额账户；三是财政专户；四是特设专户（见图4-3和表4-2）。

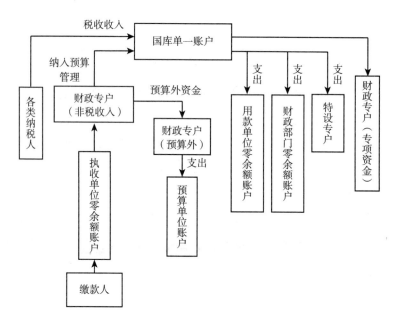

图4-3 我国现行国库单一账户体系

表 4 – 2　　　　　　　　　　　国库单一账户体系四类账户

账户名称	开设	作用
国库单一账户	国库单一账户由财政部门在中国人民银行或其分支机构开设，未设中国人民银行分支机构的地区在金库代理银行开设	用于记录、核算和反映纳入预算管理的财政收入和支出活动，以及与零余额账户进行清算，实现支付。国库单一账户按收入和支出设置分类账，收入账按预算科目进行明细核算，支出账按资金使用性质设立分账册核算
零余额账户	财政部门按资金使用性质在商业银行开设零余额账户，在商业银行为预算单位开设零余额账户	用于记录和反映预算资金的日常支付活动，并与国库单一账户清算。零余额账户分为两类：财政部门零余额账户和预算单位零余额账户。财政部门零余额账户用于财政直接支付，由财政部门在商业银行（代理银行）开设；预算单位零余额账户用于财政授权支付，可以办理转账、提取现金等规定的结算业务，账户由财政部门在商业银行（代理银行）为预算单位开设。财政部门和预算单位的零余额账户与国库单一账户相互配合，构成财政资金支付的基本账户
预算外资金专户	财政部门在商业银行开设预算外资金财政专户，按预算单位或资金性质设置收入分类账户，按预算单位设置支出分类账户	用于记录、核算和反映预算外资金的收入和支出活动，并用于预算外资金的日常收支进行清算
小额现金账户	财政部门在商业银行为预算单位开设小额现金账户	用于记录、核算和反映预算单位的零星支出活动，并用于与国库单一账户清算
特设专户	特设专户是指经国务院和省级人民政府批准或授权财政部门开设的特殊过渡性专户	用于记录、核算和反映预算单位的特殊专项支出活动，并用于与国库单一账户清算

资料来源：根据国库集中收付制度改革方案归纳。

第一，国库单一账户：财政部门在中央银行开设国库单一账户，用于记录、核算和反映纳入预算管理的财政收入和支出活动，并与财政部门在商业银行开设的零余额账户进行清算，实现资金收缴入库和资金支付。国库单一账户按收入和支出设置分类账，收入账按预算科目进行明细核算，支出账按资金使用性质设立分账册。

第二，财政部门和预算单位零余额账户：财政部门按资金使用性质在商业银行开设零余额账户，在商业银行为预算单位开设零余额账户。财政部门的零余额账户，用于财政直接支付和与国库单一账户支出清算。预算单位的零余额账户，在支出管理中，用于财政授权支付和与国库单一账户清算；在收入收缴管理中，财政汇缴专户作为零余额账户，用于非税收入收缴和资金清算。

第三，财政专户：财政部门为履行公共财政管理职能，按照规定的审批程序，在银行业金融机构开设用于管理核算特定专用资金的银行结算账户。按照规定，设立财政专户需有法律、行政法规或国务院、财政部门正式有效文件作为依据。按管理核算的资金类型分，我国设立的财政专户主要包括四类：专项支出财政专户、社会保险基金财政专户、非税收入收缴财政专户、外国政府和国际金融组织贷款赠款财政专户。专项支出财政专户主要是为满足服从公共财政等预算安排并按规定实行专户管理的专项资金核算管理需要，以及满足代管资金需要等设立的。例如，粮食风险基金、救灾资金以及捐赠款项等财政专户；社会保险基金财政专户主要是为满足基本养老保险基金、基本医疗保险基金等各类社会保险基金核算管理需要设立的；非税收入收缴财政专户主要是为满足广大缴款人缴纳款项和执收单位核对账务需要设立的；外汇专户是为满足外汇资金特殊管理核算需要而设立的；外国政府和国际金融组织贷款赠款财政专户主要是为满足国际贷赠款资金核算管理需要，根据贷赠款方要求开设的。

第四，特设专户：用于记录、核算和反映预算单位的特殊专项支出活动，并与国库单一账户清算。

（2）改革主要进展情况。

第一，清理整顿地方财政专户。为切实加强财政专户和专户资金管理，财政部于2011年印发了《关于清理整顿地方财政专户的通知》，部署清理整顿地方财政专户工作。根据地方清理整顿结果，2010年底地方财政专户有22.93万个，2011年上半年撤销5.32万个，保留17.61万个（含乡镇专户7.99万个）。针对清理整顿中发现的问题，财政部发布了《关于清理整顿地方财政专户的整改意见》，要求地方立即撤销违规开设的财政专户，全面压缩专项支出财政专户，建立财政专户管理长效机制等。由于乡镇基本不设国库，同时乡镇预算单位账户由乡财政所进行统一管理，因此，乡镇财政专户既有国库单一账户的功能，又有预算单位账户功能，情况比较复杂。财政部将对乡镇财政专户制定专门整改意见，进一步清理整顿，届时还可撤并一批乡镇财政专户。为进一步加强财政专户管理，2012年3月发布了《国务院办公厅转发财政部关于进一步加强财政专户管理意见的通知》，要求各地区、各有关部门认真落实财政专户管理职责，从严格控制财政专户设置、强化财政专户资金管理、健全财政专户开户银行管理机制、加强财政专户管理基础工作等方面加强财政专户管理。

第二，加强预算单位银行账户管理。一是进一步做好中央预算单位账户年检工作。为巩固账户审批工作成果，及时发现并纠正单位账户违规违纪问题，从 2004 年开始，对中央预算单位建立了账户年检制度，要求中央一级预算单位和基层预算单位按照规定的时间，将年度内开设的所有银行账户分别上报财政部和专员办进行年检；财政部和专员办按规定对单位上报的银行账户进行合规性审核，并及时下发年检审核结论；对存在账户违规问题的单位，限期整改并及时上报整改情况。近年来，账户年检工作不断完善，取得了积极效果。2010 年度预算单位申报年检账户 79211 个，年检合格账户 78111 个，不合格账户 1100 个，账户年检合格率 98.61%，单位参检率、账户合格率与往年比均进一步提高。二是研究推进中央预算单位银行账户动态管理。随着中央预算单位账户动态管理系统一期工程开发完成，建立了财政部、专员办和集中收付代理银行之间的账户信息网络平台，财政部对中央预算单位银行账户实施动态管理的目标初步实现。

2. 实施国库集中收缴制度改革

我国国库集中收缴制度改革主要包括两个方面：一是实施非税收入收缴管理改革；二是实施财税库银税收收入电子缴库横向联网。

（1）实施非税收入收缴管理改革。

鉴于我国非税收入中预算外资金收缴过程中存在问题较多，改革首先定位于对预算外资金的收缴方式进行规范。在预算外资金管理取得经验的基础上，逐步将改革范围扩大到行政事业性收费、政府性基金等已纳入预算管理的非税收入。非税收入收缴改革的主要内容包括：一是取消收入过渡户，由财政部门为执收单位开立财政汇缴专户。现行预算收入缴款方式中除就地缴库方式外，集中缴库和自收汇缴方式大多通过设立过渡账户进行，成为延迟收入入库时间、收入退库不规范的主要原因。二是为适应建立现代国库管理制度的要求，改革取消了现行各执收单位自行开设和管理的各类收入过渡账户，改由财政部门在代理银行为执收单位开设财政汇缴专户，该账户只能用于财政资金的收入收缴，不得用于执收单位的支出。财政汇缴专户实行零余额管理，每日营业终了，由代理银行通过资金汇划清算系统将缴入财政汇缴专户的资金划转到财政专户。

（2）规范收入收缴程序，取消按财务隶属关系层层上缴收入。

将传统的就地缴库、集中缴库、自收汇缴三种缴库方式改为直接缴库和集中汇缴两种方式，收入直接缴入财政专户。

第一，直接缴库。由执收单位开具缴款书，缴款人直接将资金缴入汇缴专户，汇缴专户每日与财政专户清零（见图4-4）。

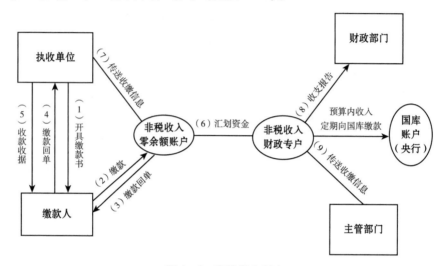

图4-4 直接缴库程序

第二，集中汇缴。执收单位收取缴款人的应缴款项，并按收入项目汇总后，集中缴入汇缴专户。主要适用于需要当场执收，同时不便于现场电子开具缴款书的情况（见图4-5）。

（3）使用统一、规范化的执收票据。

鉴于目前税收缴款书较为规范，而其他非税收入缴款书种类繁多，内容上难以满足信息化管理的需要，改革设计了规范化的非税收入执收票据体系，使用缴款凭单和执收票据合二为一的缴款书（非税收入一般缴款书）。通过代理银行与财政部门间信息传递，以信息手段实现对执收单位的监控管理，同时也方便有关部门对账。

（4）实施财税库银税收收入电子缴库横向联网。

财税库银税收收入电子缴库横向联网，是指财政、税务、人民银行国库利用信息网络技术，通过电子网络系统办理税收收入缴库等业务，税款直接缴入国库，同时实现税款信息共享的缴库管理模式。主要内容包括以下三方面。

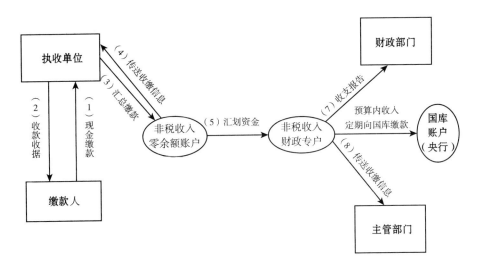

图 4 - 5　集中汇缴程序

第一，建立横向联网系统，实行电子缴库。由于传统的税收收入收缴方式下，纳税人需来回奔波于税务部门和商业银行之间办理相关缴税手续，十分不方便，而且收缴业务纯手工操作，税务部门和国库部门办理税款入库需重复录入相关信息并传送纸质票证，税款征缴工作效率不高，并且税款资金活动透明度不高，缺乏事前事中控制，延压税款时有发生，税款入库时间较长。为解决上述问题，改革按照统一业务标准、统一接口规范、统一软件开发的要求，建立了财政部门、税务机关、国库间的横向联网信息系统，并在此基础上，整合、简化了税收征缴流程，实现了纳税、审核、缴库等各个环节的电子化操作及征缴全过程的实时动态监控，既方便纳税人缴纳税款，又提高了税收收缴效率和透明度，能够保证税收及时、足额入库。目前，税收收入电子缴库主要包括划缴入库和自缴入库两种方式。

其一，划缴入库：税务部门根据纳税人委托授权，将电子缴款书信息发送国库和财政部门，国库通知纳税人开户行从纳税人账户扣划税款，直接缴入国库单一账户，并将扣划税款成功与否信息发送税务、财政部门（见图 4 - 6）。需要说明的是，如果采用划缴入库方式，纳税人需要事先与税务机关、开户银行签订授权划缴税款协议。

其二，自缴入库：税务部门按规定开具纸质税收收入缴款书，同时通过财税库横向联网系统将电子缴款书信息发送到国库和财政部门，纳税人以现金或转账方式自行办理缴税或税务部门汇总办理缴税，国库将收到的纸质税收收入缴款书与电子缴款书信息比对无误后，税款资金由商业银行向国库单一账户办理入库，同时国库将电子缴款书核销与否的信息发送到税务、财政部门（见图4-7）。自缴入库方式一般适用于农村集贸市场、个体工商业户和城镇居民等缴纳小额现金税款以及纳税人自行到商业银行缴税的情况。

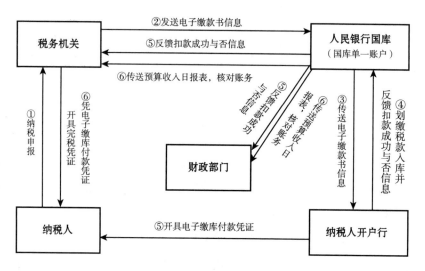

图4-6 划缴入库程序

第二，实行信息电子化传递，实现信息共享。由于传统的税收收入收缴方式下，税收信息通过纸质凭证进行传递，难以及时为财政经济形势分析和宏观调控决策提供准确依据。为改进税收收入信息反馈机制，横向联网通过利用信息系统，对信息进行了电子化处理，并按规定程序通过网络自动交换信息，实现对税收收入数据信息在财政部门、税务机关、人民银行国库间的共享。实现共享的税收信息包括缴款、退库、更正、免抵调通等各类明细信息、税收收入入库流水信息以及预算收入、退库、免抵调等各类国库报表信息。

3. 实施国库集中支付制度改革

我国国库集中支付制度改革主要包括两个层面：一是在"横向"上实现财政部门对同级预算单位资金支付的规范管理；二是在"纵向"上实现上下级政府间转移支付支出的规范管理。

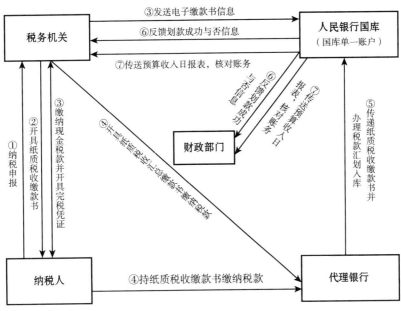

图 4 - 7　自缴入库程序

（1）规范财政部门对同级预算单位资金支付管理。

改革后，财政资金不再逐级分散拨付，而是改为财政直接支付和财政授权支付两种支付方式（见表 4 - 3）。财政直接支付，是指由财政部门开具支付令，

表 4 - 3　　　　　　　　　　　　　两种财政支付方式

支付方式	含义	使用范围
财政直接支付	按照部门预算和用款计划确定的资金用途和用款进度，根据用款单位申请，由财政部门开具支付令，通过国库单一账户体系，直接将财政资金支付到收款人（即商品和服务供应者）或用款单位账户	工资支出、购买支出、中央对地方的专项转移支付，拨付企业大型工程项目或大型设备采购的资金等，直接支付到收款人；转移性支出（除中央对地方专项转移支出），包括中央对地方的一般性转移支付中的税收返还、原体制补助、过渡期转移支付、结算补助等支出，对企业的补贴和未指明购买内容的某些专项支出等，支付到用款单位（包括下级财政部门和预算单位）
财政授权支付	按照部门预算和用款计划确定的资金用途和用款进度，由预算单位根据财政授权，自行开具支付令，通过国库单一账户体系将资金支付到收款人账户	未实行财政直接支付的购买支出和零星支出

通过国库单一账户体系，直接将财政资金支付到收款人（即商品和劳务供应者，下同）或用款单位账户。财政授权支付方式，是指由预算单位根据财政授权，自行开具支付令，通过国库单一账户体系将资金支付到收款人账户。

根据上述两种不同的支付方式，财政资金采取不同的支付程序。新的财政资金支付程序具体分为以下两类。

一是财政直接支付程序。预算单位按照批复的部门预算和资金使用计划，按照规定程序上报支付申请，由一级预算单位审核汇总后向财政国库支付执行机构提出支付申请，财政国库支付执行机构根据批复的部门预算、资金使用计划及相关要求对支付申请审核无误后，向代理银行签发支付令，并同时向人民银行国库部门发出支付清算信息。代理银行根据财政部门支付指令，通过财政零余额账户，及时将资金直接支付给收款人或用款单位账户。代理银行支付后，通过银行清算系统与国库单一账户进行资金清算（见图4-8）。

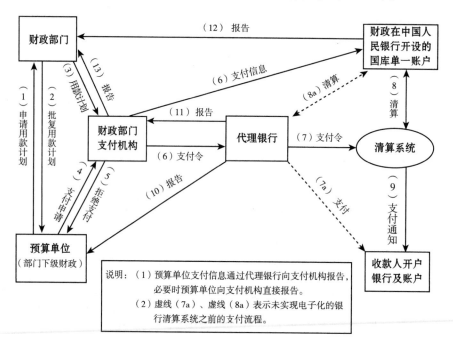

图4-8 财政直接支付程序

二是财政授权支付程序。预算单位根据批准的预算，按季分月向财政部门提出用款申请，财政国库支付执行机构批复后，通知代理银行下达财政授权支付额度，并通知人民银行国库部门。预算单位在财政部门下达的用款额度内，自行开具支付令，通过单位零余额账户将资金支付给收款人或用款单位，代理银行根据单位指令支付资金后，及时与国库单一账户清算（见图 4 - 9）。

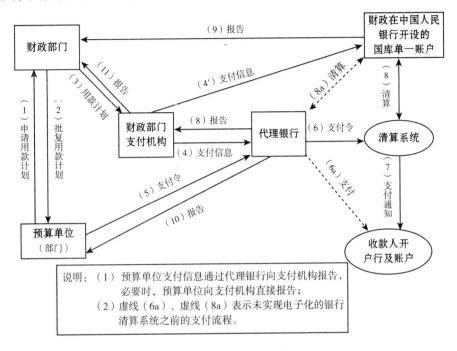

说明：（1）预算单位支付信息通过代理银行向支付机构报告，必要时，预算单位向支付机构直接报告；
（2）虚线（6a）、虚线（8a）表示未实现电子化的银行清算系统之前的支付流程。

图 4 - 9 财政授权支付程序

（2）规范政府间财政转移支付支出管理。

我国政府间财政转移支付主要包括财力性转移支付和专项转移支付，其中，财力性转移支付不规定具体用途，由接受拨款的政府自主使用；而专项转移支付则有特定的用途和使用要求，下级政府必须按上级政府规定的用途和要求使用资金，通俗来讲即"专款专用"。虽然这两类转移支付资金在性质和管理要求上都有较大差异，但在传统的支付管理方式上，二者采用的是完全相同的方式，即"打捆调度、层层转拨、年终结算、事后监督"。具体而言，就是在年度内将一定时期内各种类型的财政转移支付资金一起打捆，通过国库系统定期或不定期调度到下级财政，到年底时上下级财政之间再进行资金结算。对于承载着上级政府特定宏观政策目标并需要确保"专款专用"的专项转移支付资金而言，这种重分配、轻管理的粗放式资金拨付管理方式已经越来越难以适应公共财政改革与发展的需要，并逐步暴露出很多弊端，如资金拨付效率较低，资金运行透明度不高，资金截留、滞留、挤占、挪用等问题突出，为此迫切需要改革专项转移支付资金传统拨付管理方式，建立运转高效、信息透明、监控有力的专项转移支付资金运行管理新机制。这项改革的主要做法如下。

一是建立完善的专项转移支付资金银行账户管理体系。省级财政部门在财政部通过招投标方式确定的代理银行范围内，选择一家能够满足财政部和省级财政部门动态监控要求的代理银行，开设中央专项资金财政零余额账户，主要用于办理预算列省本级资金的财政直接支付业务和对市县财政部门的拨款。市县财政部门要在财政部确定的代理银行范围内，选择一家代理银行开设中央专项资金特设专户，主要用于办理专项转移支付资金国库集中支付业务，并按照资金类型分账核算。这种新的账户体系与传统账户体系的不同之处在于，新的银行账户是国库单一账户体系的重要组成部分，中央财政能够实时掌握该账户所有资金收付信息，并可以实施实时动态监控。

二是规范专项转移支付资金支付方式和支付程序。通过设计规范的支付方式和支付程序，按照财政直接支付方式或财政授权支付方式，将专项转移支付资金及地方政府相应承担的资金直接支付到基层财政部门、用款单位或收款人（见图4-10）。对于可以实现财政直接支付的支出，可以由省级财政部门或市县财政部门通过中央专项资金银行账户将资金直接支付到收款人。对于上下级政府之间的资金转移，可以通过中央专项资金银行账户将资金直接支付到最基层财政的中央专项资金特设专户上，从而实现收支直达。

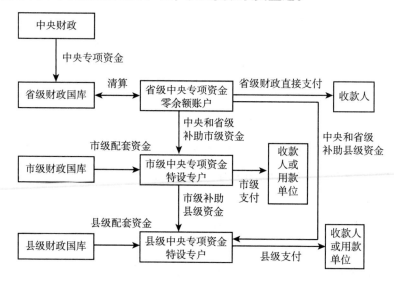

图4-10 专项转移支付资金国库集中支付流程

三是建立专项转移支付资金动态监控机制。在规范专项转移支付资金银行账户和运行管理机制的基础上，建立专门的动态监控系统，各级财政部门中央专项资金银行账户每一笔资金支付业务的详细信息，如资金支付时间、金额大小、收款人账户、资金用途等，都通过代理银行信息系统及时反馈到中央财政，中央财政可以及时掌握中央专项资金管理使用的具体情况。

4. 实施公务卡制度改革

公务卡，是指预算单位工作人员持有的主要用于日常公务支出和财务报销业务的信用卡（贷记卡），公务卡制度的直接作用是将传统现金支付结算改为用公务卡支付结算。

公务卡既具有普通信用卡所具有的授信消费等共同属性，又具有财政财务管理的独特属性。所谓共同属性，是指公务卡能够方便快捷地办理支付结算业务，是一种现代支付结算工具；所谓财政财务管理属性，是强调公务卡不是一般意义上的银行卡，而是将财政财务管理的有关规范与银行卡的结算方式相结合而形成的一种新型财政财务管理工具和手段。

建立公务卡制度的总体思路，是坚持公共财政改革方向，以公务卡及电子转账支付系统为媒介，以国库单一账户体系为基础，以现代财政国库管理信息系统为支撑，逐步实现使用公务卡办理公务支出，最大限度地减少单位现金支付结算，强化财政动态监控，健全现代财政国库管理制度。

总体思路包含了对公务卡目标取向、管理手段、制度基础、实施范围和监控要求五个方面的要求。第一，公务卡管理的目标，是减少现金支付，提高财政财务管理透明度，进一步完善现代财政国库管理制度；第二，管理的手段或者说工具，是消费支出具有"雁过留声"特点的银行卡及其与此相关的电子转账支付管理系统；第三，制度基础，是公务卡的消费支付及资金清算、信息传送等运作建立在国库单一账户制度的基础上，不能将资金提前转出国库单一账户体系；第四，实施范围，明确为预算单位日常公务支出，包括差旅费、会议费、招待费等日常公用支出和零星购买支出等；第五，监控要求，是强调必须满足财政动态监控需要，所有公务卡公务消费信息必须纳入财政动态监控系统管理。

5. 开展预算执行动态监控

财政部的中央预算执行动态监控，是定位于对预算执行的纠偏、规范、警示和威慑，以国库单一账户体系为基础，以动态监控系统为平台，全程监控财政资金支付过程，及时查处违规或不规范操作的监督管理活动。与传统的财政资金监督方式相比，预算执行动态监控的主要特点：一是实现了实时监控，能及时发现和纠正违规问题，效率高，威慑力大；二是实现了全过程监控，大大前移了监督关口，强化了事前、事中监控和事后跟踪反馈，资金运行透明度高，任何违规行为都难以逃过人们的眼睛；三是实现了监督成本最小化，通过信息网络等电子化手段，实现了动态监控范围与改革同步扩展，最大限度降低了监督成本。正是这些特点，有效克服了传统财政资金监督方式落后、监督时间滞后、监督手段单一等"先天性"的弊端，强化了预算执行控制，硬化了预算约束，防止了财政资金滥用行为，使用款单位（个人）"不敢腐、不能腐、不想腐"，确保了财政资金使用效果。

中央预算执行动态监控主要做法为：一是开发建设功能强大的动态监控系统。动态监控系统是开展预算执行动态监控工作的基本技术手段，离开这一技术手段，动态监控工作就无从谈起。为适应国库集中支付改革需要，财政部国库司在改革初期网上银行人工监控的基础上，于2003年8月建成了预算执行动态监控系统（一期），利用财政部门和代理银行的专线联网，将国库集中支付资金支付交易信息实时传输到动态监控系统，结合系统软件进行自动化预警。通过监控系统，监控人员能实时看到付款人、付款银行账户、付款银行、收款人、收款人开户银行、收款人账户、具体用途、付款金额、预算科目、收支管理类型等30多项支付要素。2006年5月，动态监控系统（二期）正式上线运行，进一步拓展了数据源，将预算指标、用款计划、预算单位银行账户等业务信息同步到监控系统，提升了动态监控系统智能化程度和系统综合分析水平，实现了多维财政业务数据校验和综合精确预警。在系统支持下，财政部国库司能够及时掌握每一笔资金的来龙去脉，对违规问题及时核实、分析、上报、处理，大大提高了动态监控的针对性和实效性。

二是建立规范高效的动态监控运作机制。监控工作注重工作流程的规范性、监控方式的有效性和法规适用的正当性。首先，坚持规范化管理原则，在动态监控系统的支撑下，建立起系统预警→人工监控→实时查询→综合核查→问题处理→要情报告→部门整改→跟踪反馈的链条型、可追溯的工作流程。其次，通过综合运用电话核实、约见商谈、现场核查、委托核查等多种核查方式，将实时监控和综合核查有机结合起来，提高了核查的及时性、针对性。最后，对于核查确定的违规问题，按照财政法律法规规定，在职能范围内及时处理纠正，应由其他职能部门处理的，移交相应部门处理。

三是建立多层次的动态监控互动机制。财政部国库司建立了与部门预算管理司的互动机制，制定了《国库集中支付动态监控部内衔接管理暂行规定》，加强与部门司的沟通，及时反映监控发现的问题，研究解决中央部门预算执行中存在的问题，促进部门司提高预算编制的科学性；同时，还建立了与中央部门的互动机制，利用监控互动信息平台，及时通报系统预警疑点，共同组织核查工作，迅速纠正和处理问题，调动中央部门参与预算执行监督管理的积极性，形成监管合力。

四是建立动态监控分析报告制度。坚持把查处问题与促进改革、完善制度、强化管理结合起来，深入分析问题成因，有针对性地提出意见和建议。将动态监控发现的带有普遍性的问题和典型案例，通过周报、月报、年报和专项报告的形式，进行归类梳理、综合分析、提出建议、反馈情况，为部门预算编制和决算分析提供参考。

4.2.3　拓展深化财政国库综合改革

2012 年党的十八大以来，围绕建立现代财政制度的改革目标，财政国库改革聚焦预算收支执行，提升资金收益，强化决策支撑，加强风险防控，协调推行了一系列的改革措施。

1. 稳步推进国库现金管理工作

库款精细化管理逐步推进，国库收支预测精准性稳步提高，库款调控和调度能力不断增强，财政国库运行绩效明显提升。一是科学实施国库现金管理。在中央财政实施国库现金管理基础上，于 2014 年推动地方财政部门开展国库现金管理试点，将 6 个省市纳入试点，2016 年试点进一步扩大到 15 个省市，2017 年地方国库现金管理在省级全面实施。二是加强预算执行、库款管理、债券发行和国库现金管理协调联动。2021 年，通过提高库款预测精准度，合理确定债券发行时间节奏和期限结构，压降国债筹资成本，全年减发国债 3400 亿元，节省付息支出约 82 亿元。同时，推动地方建立库款管理、地方债发行与国库现金运作统筹协调机制，指导有条件的地方先行先试。三是建立健全县级库款监测预警工作机制。将库款保障水平偏低、工资发放时间不能保持稳定的县区纳入重点监测范围，按日对重点县区库款保障情况监测预警，切实兜牢基层"三保"底线。

2. 持续推进财政核算和政府财务报告制度改革

第一，完善财政决算管理。建立与全口径预算管理相适应的财政决算报表体系，完整反映四本预算收支和政府债务情况，数据报送级次实现全覆盖。围绕预决算编报等财政管理重点问题，加强财政决算分析，充分发挥财政决算对预算管理的服务支撑作用。

第二，提高部门决算编报、公开水平。加强部门决算管理制度建设，完善部门决算报告体系，完整反映一般公共预算、政府性基金预算、国有资本经营预算财政拨款收支全貌。公开 2021 年度决算的中央部门达到 102 个，公开表格由 2 张增加到 9 张，由以往单纯地"摆数字"发展到展示绩效和成果，由各自不同时间公开发展到集中在同一天公开，由分散在各部门网站公开发展到集中在同一平台公开，受到社会各界广泛好评。

第三，逐步推开政府财务报告制度改革。2013 年，党的十八届三中全会明确提出"建立权责发生制政府综合财务报告制度"。2014 年，国务院批转财政部《权责发生制政府综合财务报告制度改革方案》，政府财务报告制度改革正式启动。至 2022 年，36 个地区及新疆生产建设兵团实现行政区政府综合财务报告全覆盖。

3. 启动预算管理一体化改革

为落实党的十九大和十九届四中、五中全会关于建立现代财税体制、深化预算管理制度改革的要求，财政部于 2019 年开始在全国部署推进预算管理一体化建设，目前已取得突破性进展和显著成效。一是预算管理一体化规范和标准体系建立健全。严格依据预算法制定发布全国统一、贯穿预算管理全流程的业务规范和技术标准，实现了全国各级预算管理"车同轨、书同文"。二是基本实现预算管理一体化全覆盖。中央本级、地方 36 个省（区、市）和新疆生产建设兵团均实现预算管理一体化系统上线运行，全国 3000 多个财政部门、60 多万家预算单位基本实现全流程在线开展预算管理业务，通过将统一的预算规则嵌入一体化系统，全面规范预算管理和硬化预算约束，推动了全国预算管理水平的跨越式提升。三是基本实现中央与地方财政信息贯通。中央与地方一体化系统衔接贯通，初步实现了预算数据的自动汇聚和转移支付资金自动追踪，为更好统筹财政资源、调整优化支出结构和完善常态化财政资金直达机制提供了有力抓手。

4. 建立和完善财政资金直达机制

2020 年党中央、国务院决定创设财政资金直达机制，当年纳入直达管理的资金达 1.7 万亿元；2021 年常态化实施直达机制，规模增加到 2.8 万亿元，基本实现中央民生补助资金全覆盖；2022 年将约 4 万亿元资金纳入直达范围，使基层更有能力、更有动力落实惠企利民政策。截至 2022 年 6 月底，中央财政已下达 3.99 万亿元直达资金，下达比例为 97.9%；除由地方统筹用于支持退税减税降费的资金外，各地形成支出 1.85 万亿元，进度达 57.9%。据不完全统计，各地除通过退税减税降费等冲抵收入方式支持企业外，还通过财政支出帮扶企业，相关直接惠企支出约 3500 亿元，惠及市场主体 68 万家，合计256 万家次；直接用于就业方面的支出超过 200 亿元，促进落实就业优先政策；用于养老、义务教育、基本医疗、基本住房等基本民生方面的支出达1.17 万亿元，助力兜牢兜实民生底线。[①]

4.3　我国国库制度改革取得的成效与问题

4.3.1　我国国库制度改革取得的成效

2000 年中国启动的国库集中收付制度改革，是分税制改革后财政管理领域的一次重大变革，拉开了中国现代国库制度改革的序幕。经过 20 余年的持续推进，国库集中收付制度已经实现"横向到边、纵向到底"的管理框架。截至 2021 年底，国库集中支付制度已覆盖中央、省、市、县、乡五级近 70 万个预算单位，占全部预算单位的 99% 以上，年支付各类预算资金 22 万亿元。"财税库银"电子缴库横向联网和非税收入收缴管理制度改革也在全国范围内全面推开，中央 101 个部门、地方近 40 万个执收单位实施了非税收入收缴管理改革，占到全部执收单位的 97% 以上。[②] 国库集中收付制度成为财政财务管理的核心基础性制度，并带来政府财务管理的革命性变化。

[①②]　财政部国库司：《十年笃行不息 踔厉步稳走好财政国库管理制度改革新征程》，载于《中国财政》2022 年第 11 期。

1. 财政国库管理理念发生根本性变化

改革前，我国的国库仅指国家金库，负责办理国家预算的收入和支出。改革后，我国国库的内涵和功能得到了全面延伸和完善：一是更加注重管理，强调对预算执行全过程进行规范管理和有效监控；二是更加注重绩效，强调按照市场经济的基本原则和市场经济体制下财政职能的内在要求，不断丰富和完善国库功能体系；三是更加注重服务，服务于财政宏观调控职能的发挥，服务于预算单位的管理需求等。

2. 财政资金运行调控能力显著提升

改革前，财政收入长时间滞留在各级执收单位的过渡性存款账户中，财政支出以拨代支，资金大量沉淀在各级预算单位银行账户中，财政库款则经常"捉襟见肘"，资金运行调控能力薄弱，财政政策执行和宏观调控功能受到很大制约。改革后，通过建立国库单一账户体系，财政资金由过去各单位分散管理转变为财政部门统一管理，财政资金调度能力发生根本改观，对各项重大支出的保障能力大大增强。

3. 财政资金运行效率和使用效益明显提高

改革前，财政资金分散缴拨，运行效率低，使用效益差。改革后，财政资金运行由"层层转"变成"直通车"，各类财政收入通过国库集中收缴方式直接缴入国库或财政专户，各类财政支出通过财政直接支付或财政授权支付方式，直接支付到最终收款人，大幅提高了财政资金的运行效率。同时，在确保财政资金安全和满足支付需要的前提下，对暂时闲置在国库的资金实施国库现金管理，既提高了财政资金使用效益，也在一定程度上弥补了财政融资成本。

4. 财政资金运行信息反馈的速度和质量有了大幅度提高

预算执行信息的生产机制发生了较大变化。在收入收缴方面，税收收入实行财税库银电子缴库横向联网，使得税收收入信息由过去从相关部门汇总获取，改为从纳税环节直接获取；非税收入信息由过去通过各部门层层汇总后获取，改为从缴款环节直接获取。在支出支付方面，由过去对一级部门批发式拨款获取支出信息，改为从各基层预算单位最终付款环节获取。这种预算执行信息生成机制的改变，为预算执行信息的准确性和及时性提供了机制保障，为预算执行的管理和分析提供了可靠的信息基础。

改革前，财政资金拨付到预算单位后，财政部门需要的有关信息只能采取基层单位人工编制、层层汇总上报的方式获取，其真实性、准确性和及时性很难保证。改革后，依托国库单一账户体系，基层单位的财政资金收付信息可通过信息管理系统生成，并及时传输到财政部门，财政收支运行信息的真实性、准确性和时效性有了机制保障，财政政策的制定和实施有了更为及时、可靠的信息支撑。

5. 财政资金运行安全得到切实保障

改革后，财政支出通过国库单一账户体系直接支付给最终收款人，预算单位"花钱不见钱"，从机制上解决了传统方式下资金被截留、挤占、挪用等问题；财政收入直接上缴财政，改变了此前通过收入过渡性账户层层上缴的做法，执收单位"收钱不见钱"，有效解决了传统方式下收入收缴透明度低、收入退库不规范等问题。同时，预算执行动态监控机制实现了财政部门对预算执行全过程的实时明细监控，每一笔预算资金的支付时间、金额、收款人账号、用途等30项信息全部纳入实时动态监控范围。通过对疑点信息实时预警，确保了违规问题能够得到及时发现和纠正，预算单位各类违规支付资金行为得到有效遏制。

6. 总预算会计管理基础得到加强

总预算会计管理是现代财政国库管理的基础和核心。总预算会计管理取得的成效表现在以下方面。一是财政资金专户管理得到规范。清理归并一批财政资金专户，实现了对预算单位银行账户的规范管理。目前，已对中央2.1万多个单位的9.4万个账户实行审批管理和年检制度。二是各级财政部门的资金安全防控意识和内部控制机制等进一步强化，建立了科学、严密的总会计业务流程。三是建立了国库现金流量预测系统，资金调度的及时性、准确性和可预见性逐年提高，确保了重点资金及时均衡拨付。四是及时修订完善总预算会计科目，以适应国库集中收付制度改革、政府收支分类改革、津补贴改革、国有资本经营预算管理等财政重大改革的需要。进一步加强和完善了对账制度，确保总预算会计账的真实性、完整性。此外，2003 年我国启动了政府会计改革研究。在深入研究分析我国预算会计制度现状，借鉴国际政府会计管理与改革经验的基础上，完成了《我国政府会计战略框架问题研究报告》。目前，正在抓紧制定我国政府会计改革方案，并以国际公共部门会计准则委员会委员国身份，参与国际公共部门会计准则的制定。

7. 财政国库管理信息化长足发展

在推进财政国库管理改革工作中，国库管理信息系统发挥了强有力的技术保障作用。目前，已建立起比较完善的国库总账系统，统一管理预算指标、用款计划、收支执行等业务数据；已建立起基本的系统控制机制，预算控制计划、计划控制拨款、拨款单信息自动对应，同时辅以对财政资金拨付各环节的信息校验、业务流程控制、权限管理、基础数据管理等一整套复杂的控制规则，形成了较为完善的安全制约机制；已建立起纵横、高速的网络体系，中央财政国库信息系统基本覆盖全国省级财政，并与中央部门和代理银行相连接。信息化手段的应用，提高了国库管理现代化水平。

4.3.2 我国国库管理制度仍存在的问题

经过 20 年的国库改革探索，我国已经建立起以国库集中收付制度为主体的财政国库管理制度框架，成为我国财政收支运行的核心基础。政府采购法律制度、体制机制、政策功能、监督检查、行政裁决及市场开放程度不断扩大，财政管理领域的重要宏观调控功能不断增强。国债地方债发行管理制度改革深入推进，规范透明的政府举债筹资机制日益成熟。预算执行和库款管理机制更加科学规范，有效保障了积极财政政策的贯彻落实。决算管理制度改革和政府综合财务报告制度改革稳步推进，现代财政财务报告体系日趋完善。财政国库管理的基础性工作进一步夯实，财政资金运行安全得到有力保障。中国已经初步建立起符合现代财政制度改革方向的财政国库管理制度，这项制度也日益成为财政管理领域重要的基础性、技术性制度规范。

但此前推行国库集中收付制度改革主要围绕国库单一账户体系和资金收付方式展开，基于当时的客观条件，未能统筹考虑资金收付与政府采购、现金预测以及权责发生制报告等业务之间的有机衔接。因此，我国国库集中收付制度改革在取得显著成效的同时，也在运行机制、权责划分、信息化建设等方面存在一些需进一步完善的问题。

1. 预算编制与预算执行之间的衔接机制还不够

一是预算资金的收缴、支付、政府采购、会计核算、财务报告等各项业务通过信息系统一体化衔接的程度不够，导致预算执行控制的有效性不足，预算执行的绩效导向不明显，决算公开的信息反馈机制还不是很及时，透明度还有待提升；二是预算执行对预算编制的反馈功能较弱，未能形成"预算编制控制预算执行、预算执行情况反馈并影响预算编制"的完整的业务闭环。

2. 国库管理在创新宏观调控方面的深度和广度还不够

国库管理是财政政策和货币政策相互协调配合的一个重要结合点。党的十九大报告提出创新和完善宏观调控，发挥国家发展规划的战略导向作用，健全财政、货币、产业、区域等经济政策协调机制。党的十九届五中全会进一步提出建立现代财税金融体制。国债管理是连接财政与金融的桥梁纽带，一方面，国债是政府筹资资金、弥补财政赤字的一种工具；另一方面，国债是发达国家宏观调控部门公开市场业务调节货币供应的主要操作品种，但目前来看，我国国债二级市场的交易活跃程度远低于欧美发达国家，国债还不是中国人民银行通过公开市场业务调节货币供应的品种。从库款管理方面来看，随着我国经济体量的壮大，财政收支规模不断扩大，库款规模也水涨船高，库款波动短期内对货币市场流动性产生一定影响，国债还没有成为中央银行调节货币市场流动性、开展货币政策操作的工具。

3. 国库大数据对财政政策提质增效的支撑度还不够

国库是财政收支运行的资金总枢纽，预算收支执行数据的真实性、准确性、完整性和相关性，对于发现经济运行、财政管理中出现的问题和服务决策发挥着重要的数据支撑作用。全国财政总账数据自动汇总、全国预算执行数据的集中管理和大数据分析机制还未有效建立起来，决算数据、非税收入数据、动态监控数据、差旅电子凭证数据等财政国库数据的深度分析应用还有待提升，部分征缴数据和明细信息获取滞后，对于支撑收入和国库现金流量收支预测的能力有限。中央库款调度统筹协调工作机制还未有效建立起来，库款管理与债券发行、预算执行等的联动衔接还有待完善。在落实"六稳""六保"等工作方面，更需要国库准确开展库款分月、分旬滚动预测，科学组织库款调度，及时准确办理资金拨付，切实保障支出正常需要，并为压降筹资成本创造条件。

4. 国库库底沉淀资金和债务管理协调还不够

自2001年国库集中收付制度改革以来，中国已经建立了以国库单一账户体系为基础、资金缴拨以国库集中收付为主要形式的财政国库管理制度。但随着国库改革的推进，国库单一账户沉淀的资金规模也越来越大，巨额资金闲置和巨额政府负债并存，国库沉淀资金管理效率低下。据中国人民银行资产负债表数据显示，2020 年，国库单一账户资金日最高余额为 47793.13 亿元，日最低余额为 30775.31 亿元。一方面大量资金闲置于国库得不到充分利用，另一方面政府还要通过发债来筹集资金，这不仅产生了高昂的机会成本，也无法提升财政管理水平，不利于财政部门职能发挥，也不利于财政政策和货币政策的相互配合。

5. 国库管理信息化水平还有待大幅度提高

财政各类信息系统是财政数据生产和汇集的枢纽，国库管理是先进管理制度与现代信息技术的深度融合，需要积极跟踪应用现代信息技术，不断提高国库业务的电子化、自动化水平。近年来，各级财政部门大力开发预算编制、执行、债务管理、资产管理等业务系统，但还存在各级财政部门信息化建设分散、全国上下级断层断档等问题。此外，国库集中支付电子化管理也存在一些问题，如支付流程不够规范、支付风险控制不够严格等。国库收支管理和统计中还存在数据标准、数据要求、数据口径不统一的问题，需要事后的数据调整和汇总，也影响了财政收支数据的准确性和时效性。为了解决这些问题，需要加强各级财政部门之间的沟通和协作，推进财政信息化建设，解决财政信息碎片化和共享程度低的问题，充分挖掘财政大数据的价值。

6. 国库在清晰完整报告政府财务状况方面的功能还未有效发挥

政府综合财务报告制度建设的初衷在于更加科学、全面、准确地反映政府资产负债、成本费用以及财政可持续性风险，以更有效地防范财政风险和推动财政可持续发展。政府综合财政报告的编制工作涉及面广、专业性强，工作难度大，政府综合财务报告的审计制度和公开机制还未有效建立起来。这是因为要真正实现政府综合财务报告制度财政风险管理这一功能，客观上就必然对政府财务报告审计制度构建提出需求，即政府财务报告审计应关注政府财务报告是否真实公允地反映了政府的资产负债和成本费用情况，是否全面揭示了财政风险。

第 5 章

我国国库制度改革总体框架展望

5.1 我国国库制度改革的理念导向

5.1.1 新时代的重要内涵

2017 年 10 月 18 日，在中国共产党第十九次全国代表大会上，习近平总书记郑重宣示："经过长期努力，中国特色社会主义进入了新时代，这是我国发展新的历史方位。"党的十九大报告中，习近平总书记深刻揭示了新时代的内涵，指出：新时代是承前启后、继往开来、在新的历史条件下继续夺取中国特色社会主义伟大胜利的时代，是决胜全面建成小康社会、进而全面建设社会主义现代化强国的时代，是全国各族人民团结奋斗、不断创造美好生活、逐步实现全体人民共同富裕的时代，是全体中华儿女勠力同心、奋力实现中华民族伟大复兴中国梦的时代，是我国日益走近世界舞台中央、不断为人类作出更大贡献的时代。站在新的历史起点上，我国社会主要矛盾已经转化为人民日益增长的美好生活需要和不平衡不充分的发展之间的矛盾。这就要求我们必须坚持和完善人民代表大会制度，助力实现为中国人民谋幸福、为中华民族谋复兴的初心和使命。

5.1.2 新时代关于财政国库管理的新要求

1. 财政国库在坚持以人民为中心的发展思想方面必须体现新的更高要求

以人民为中心的发展思想，要求我们及时回应人民群众的诉求，始终把人民群众的利益作为改革的出发点和落脚点。财政国库部门作为财政的运行保障和窗口单位，更要牢固地树立以人民为中心的发展思想。

从方便缴款人和收款人看，国库集中收付制度改革初步解决了缴款不便利、收款不及时等问题，但与人民群众的期待相比，还需要进一步深化改革。例如，一些民生资金仍然采取部门转拨的方式发放，没有由财政部门直接支付到个人银行卡中，不仅不及时，业务流程还不够优化，办事缴费"来回跑""多次跑"的问题时有发生。微信、支付宝等第三方支付方式已经被人民群众广泛使用，但如何引入国库集中收付管理中还涉及财政资金的安全问题等。优化国库集中收付流程，实现全部民生资金直接支付到个人银行卡，缴款人办事缴费"一站办理""一网办理"，让信息、数据多跑路，让办事人员少跑路，使人民群众切实享受到方便快捷的公共服务。

2. 财政国库在创新和完善宏观调控方面必须体现新的更高要求

党的十九大报告提出，创新和完善宏观调控，健全财政、货币、产业、区域等经济政策协调机制。现代国库管理是财政政策和货币政策相互协调配合的一个重要结合点，国库部门在宏观调控中能够发挥积极作用，但主动参与宏观调控的深度和广度还有待进一步拓展。

从国债管理方面看，国债兼具预算筹资和金融双重功能，目前金融功能发挥还不充分，体现在国债市场的深度、广度不够，流动性不高。市场经济国家中央银行普遍通过吞吐国债开展货币政策操作，既有利于节省货币政策成本，也有利于提高国债市场流动性。我国因种种原因，国债还没有成为人民银行货币政策操作的工具。

从库款管理方面看，随着我国经济体量的壮大，财政收支规模不断扩大，库款规模也水涨船高，库款波动短期内对货币市场流动性产生一定影响。为消除这种影响，人民银行开展公开市场操作进行对冲，中央财政和地方财政也通过实施国库现金管理以平缓库款波动。但是，目前国库现金管理操作的规模还有限，省以下还不能开展。从国际上看，市场经济国家为熨平库款波动普遍建立的财政库底目标余额管理制度，在我国尚属空白，每次国库现金管理操作由财政部门与人民银行"一事一议"，未实现常态化、科学化管理机制，与国际通行做法相比还需要进一步努力。

3. 财政国库在精准脱贫、落实"六稳""六保"方面必须体现新的更高要求

精准脱贫是以习近平同志为核心的党中央为决胜全面建成小康社会作出的重大决策部署，是三大攻坚战的重要任务之一。农村贫困人口脱贫是全面建成小康社会最艰巨的任务。扶贫资金量大、面广、点多、线长，监管难度大，社会各方面关注度高，要强化监管，做到阳光扶贫、廉洁扶贫。依托于现代国库管理信息系统建立的财政扶贫资金动态监控平台，实现扶贫资金监控到人到项目到企业，打通扶贫资金"最后一公里"，对于确保扶贫资金用在"刀刃"上，发挥着重要的保障功能。

为应对 2020 年初新冠疫情的影响，中央财政建立了特殊转移支付机制，中央财政新增赤字 1 万亿元和发行抗疫特别国债 1 万亿元，按照"中央切块、省级细化、备案同意、快速直达"原则进行分配，确保资金直达市县基层、直接惠企利民，主要用于保就业、保基本民生、保市场主体等，强化公共财政属性，绝不允许截留挪用。财政国库部门虽然不在抗击新冠疫情的第一线，但快速筹集、分配抗疫专项资金，依托现代国库管理制度的信息系统、预警系统、报告系统，对于确保财政抗疫资金的合规使用，评估上述资金的使用效果，发挥着重要的技术支撑作用。

4. 财政国库在财政资金使用提质增效方面必须体现新的更高要求

要认真贯彻习近平关于艰苦奋斗、勤俭节约一系列重要论述精神，坚决落实过紧日子要求，开源节流、增收节支、精打细算，执守简朴、力戒浮华，厉行节约办一切事业。2018 年 9 月，中共中央、国务院发布《关于全面实施预算绩效管理的意见》，更是吹响了我国全国实施预算绩效管理的号角。受疫情冲击"停工停产"的影响，经济停摆给财政收入增长带来很大的压力，而财政支出的刚性压力始终存在，这就要求财政部门在资金分配中"当好铁公鸡、打好铁算盘"，各级行政事业单位要有真正过紧日子的思想准备，提高财政资金的使用绩效。财政部门如何贯彻落实积极的财政政策提质增效的要求，既不搞"大水漫灌"式的强刺激，也不搞政府大包大揽，而是更好应用市场化、法治化的手段来调控经济，促进中国经济高质量发展，给财政国库管理提出了更高的要求。

5.1.3 我国国库制度改革理念导向

从理论分析和国际比较而言，我国国库制度改革的理念导向包括"控制、运营、报告"三个层次。控制主要包括预算控制、采购控制、现金控制、财务控制等多个方面；运营主要包括绩效产出导向和国库现金管理的构建，服务于宏观决策和风险预警，主动防范财政收支运行中的风险；报告则指全面反映政府财政财务状况和财政可持续性。

1. 控制的理念

强化预算执行的控制功能，保证财政资金流转的安全高效，是现代财政资金收支运行机制的基本特征。控制主要包括预算控制、采购控制、现金控制、内部控制等多个方面。

（1）预算控制。

预算控制是现代财政资金收支运行机制控制理念的最基本的控制原则。人大以预算来控制政府的施政行为，财政为政府施政提供财力保障，确保财政库款支拨正确执行，国库根据单一账户和集中支付特点，遵循分类支付原则、计划控制原则、集中支付为主原则和效率原则支付库款。

（2）采购控制。

政府采购制度建立以后，明确规定各单位需要的有些产品将被纳入政府集中采购目录，或者一次采购金额超过政府采购制度规定的限额标准，必须通过事先编制政府采购预算，由政府采购管理部门统一计划，实行集中采购，并由财政部门直接向供应商供应货款。政府采购制度的建立基本上改变了传统的财政部门只供给货币资金、不管理采购事务的状态，将财政预算支出管理直接延伸到了政府采购领域。

（3）现金控制。

现金控制是指对国库单一账户的现金流入和现金流出活动所进行的控制，确保在国库现金安全和资金支付需要的前提下，为提高财政资金使用效益，运用金融工具有效运作库款而进行的管理控制活动。财政部和中国人民银行在确保国库现金支出需要的前提下，按照安全性、流动性、收益性的原则，通过商业银行定期存款、国债回购、发行短期债券等方式运作国库现金，熨平国库现金流波动，使国库现金余额最小化和投资收益最大化。

（4）内部控制。

现代内部控制是市场经济和工业化发展的产物。早期的内部控制发端于企业管理领域，随着企业内部控制理论的发展，政府管理中，特别是经济管理中开始引入内部控制理论与方法，财政管理的内部控制也逐渐兴起。控制活动是管理活动的重要组成部分，有管理活动就有控制活动。控制有内外之分，外部控制主要是通过外在的压力促使内部运行纠偏和完善，使运行过程不偏离目标；内部控制则是系统的自动调整和自我完善。财政资金收支管理中的内部控制，是在财政运行过程中的控制，是为了有效地防范财政资金的损失、浪费，提高财政资金的使用效益而采取的主动性防范措施。及时发现和消除财政资金收支管理中的风险，及时进行处置和纠正，防止事件扩大和降低财政风险；及时发现财政运行过程中的失误与偏差，发出预警信息，使财政运行系统能及时调整有关计划与政策。

2. 运营的理念

以绩效为中心的新预算管理是结果主义取向的新财政制度，对以财政支出合规性控制为基础的国库制度提出了全新的要求，也对国库资金收支运行提出了全新的理念。国库资金同其他主体的资金一样，也应考虑"机会成本"，大量国库资金的闲置沉淀导致资金无法增值间接造成了损失，所以要对国库资金进行运营，减少"沉睡"资金量，在预测资金支付需求的基础上确保现金余额处于低水平，在保证资金正常运转的前提下对国库沉淀资金进行科学化经营，有效增加资金收益。

政府财政部门作为纳税人公共资金的管理者，有责任在按照预算拨付财政资金、保障支付的基础上，提高库存沉淀资金的效益。而政府预算在年度执行进程中，部门是财政资金的直接使用者，财政部门对于部门有预算的资金需求在部门提出用款需求的时候给予财力保障。尽管目前财政加大了对部门预算执行进度的分月考核，但受经济运行大环境的波动、企业所得税汇算清缴等因素的影响，财政收入会产生季节性波动，这样就带来了国库单一账户里的现金余额出现阶段性短缺或盈余。国库现金管理就是对短期现金盈余和短缺进行的积极管理，提高纳税人库存资金的收益率。

3. 报告的理念

（1）完整的信息记录与报告功能。

财政是国家的"钱袋子"，而国库就是把好"钱袋子"的关口，对每一笔进出的纳税人资金都要监控好、核算好、报告好。财政国库自动记录每一笔支出明细、合同协议、电子发票、现金预测等信息，自动生成财务报告和分类信息查询表，为预算执行管理、绩效评价、财政监督、综合财务报告等提供服务。

（2）科学的信息预测与决策功能。

国库部门负责对预算收支情况进行账务处理以及对财政总决算和部门决算数据的编审，履行此项职能过程中能够获得诸多第一手的数据，如果能够对这些数据进行分析利用、结合数据变化发现经济运行中的发展趋势和风险预警，进而对相关政策进行调整，最终可以通过密切结合财政政策和货币政策两大调控手段的实施，为宏观调控作用的有效发挥提供支撑。在财政资金的流转过程中，立法部门（或财政部门）能够实时动态监控到财政资金的流向，并且提供完整的、真实的预算执行报告。因此，高效的国库管理应该能够及时准确地提供完整的预算执行报告，为政府财政管理和宏观调控提供依据。

5.1.4 我国国库制度深化改革的定位选择

1. 打造服务保障型财政国库

财政国库部门是确保资金链从财政预算运行到各预算单位的关键环节，是资金顺利流转的中枢，衔接了前面的预算管理环节和后面预算单位的执行环节，直接影响了预算单位的资金支付需求能否得到满足进而影响其业务的正常开展。国库部门在工作中要突出自身的"服务"定位，坚决不越位、突出预算单位的主体地位；突出自身"保障"职能，规范执行审批拨付流程，确保资金及时准确拨付到位。

2. 打造决策支撑型财政国库

国库部门负责对本级财政收支情况进行账务处理以及财政总决算和部门决算数据的编审，履行此项职能过程中能够获得诸多第一手的数据，如果能够对这些数据进行分析利用、结合数据变化发现经济运行中的发展趋势和风险预警，进而对相关政策进行调整，最终可以通过密切结合财政政策和货币政策两大调控手段的实施，为宏观调控作用的有效发挥提供支撑。

3. 打造运营管理型财政国库

国库资金同其他主体的资金一样，也应考虑"机会成本"，大量国库资金的闲置沉淀导致资金无法增值间接造成了损失，所以要对国库资金进行运营，减少"沉睡"资金量，在预测资金支付需求的基础上确保现金余额处于低水平，在保证资金正常运转的前提下对国库沉淀资金进行科学化经营，有效增加资金收益。

4. 打造风险防控型财政国库

有效防控财政风险是财政国库管理工作的关键节点，风险包括内部风险和外部风险，两方面的风险防控都要不断加强；对于外部风险，要提高认识、识别和处理能力，提升预警和应对水平，对于内部风险要加强内控机制的建设，防患于未然。

5.2　我国国库制度改革目标与框架

5.2.1　我国国库制度改革的目标

党的十八大以来，党中央、国务院先后部署全面实施预算绩效管理、深化政府采购制度改革、建立财政库底目标余额管理制度、推进权责发生制政府综合财务报告编制等一系列财政改革任务，这也对现行国库集中收付制度提出了新的要求和挑战。

新时代现代国库管理制度建设的目标是：以习近平新时代中国特色社会主义思想为指导，围绕建立现代财政制度的目标，以制度创新、机制创新和管理创新为动力，以高素质人才和先进信息技术为保障，努力夯实财政国库管理基础，着力健全运行规范、安全高效的国库集中收付管理体系，互联互通、数据共享的国库信息系统管理体系，注重效益、防范风险的国库资金管理体系，完整可靠、服务决策的财政数据分析体系，科学筹资、市场基准的国债管理体系，机制健全、合规合理的地方政府债券发地管理体系，内容全面、公开透明的财政财务报告体系；全面建设和不断完善基础牢固、功能健全、体系完备、技术先进的现代国库管理制度。

新时代国库管理制度发展的目标，是国库管理水平又一次质的提升，是一个充满挑战、需要我们付出艰辛努力的目标，是一个为现代化经济体系和现代财政制度提供坚实支撑的目标。必须看到，新改革目标对财政国库各项工作提出了新的更高的要求。我们要对标新目标，正视短板和不足，把思想统一起来，把力量凝聚起来，上下共同努力，完成新时代赋予我们的国库改革新任务。

5.2.2 我国国库制度改革的原则

1. 服务大局原则

牢固树立大局意识是做好工作的前提和基础。我们坚持着眼于党中央、国务院的战略布局，着眼于经济社会发展大局，着眼于财政中心工作，切实提高政治站位，自觉站在大局、全局上考虑问题，保证财政国库工作始终服从、服务于大局。

2. 依法理财原则

坚持牢牢守住国库"钱袋子"不放松，始终把依法理财作为工作的一个重要原则，做到认真学法、严格守法、守住底线，不碰高压线，确保财政资金安全和干部安全。

3. 开拓创新原则

在已有国库改革成果基础上，坚持开拓创新，突破惯性思维，摆脱传统路径依赖，实现国库管理的制度创新、机制创新、技术创新，解决深化改革面临的各种复杂问题和挑战，推动现代国库制度建设深化发展。

4. 协作共赢原则

在推进各项改革中，充分考虑财政国库改革与其他改革之间的关系性、系统性和互动性，与财政内外各相关单位加强沟通协调，多做换位思考，建立互信基础，最大限度减少阻力、发挥合力，协同开创财政国库工作新局面。

5. 优化服务原则

牢固树立服务理念，坚持把搞好服务作为财政国库工作的出发点和立足点，服务领导决策，服务预算单位，不断提升财政国库服务能力和服务质量，树立财政国库良好的服务形象。

6. 工匠精神原则

坚持不断提升思想境界，力争把每一项平常工作做到精致，把每一项重要工作做到极致，敢于担当，甘于奉献，在平凡的岗位上做出不平凡的业绩，让每一份业绩都闪耀着国库部门的"工匠精神"，成为财政国库工作持续稳定发展的根本保障。

5.2.3　我国国库制度改革制度框架

围绕现代国库制度"控制、运营、报告"三大核心功能，以国库单一账户体系制度为基础，全面优化整合政府采购、资金支付、工资发放、政府债券管理、国库现金管理、收入管理、账务管理、决算与财务报告等业务流程，逐步构建"资金运行高效、控制体系完整、财务报告全面、单位权责清晰、绩效导向显著"五大特征的现代国库制度框架，打造运行规范、安全高效的国库集中收付管理体系，互联互通、数据共享的国库信息系统管理体系，注重效益、防范风险的国库资金管理体系，完整可靠、服务决策的财政数据分析体系，科学筹资、市场基准的国债管理体系，机制健全、合规合理的地方政府债券发行管理体系，内容全面、公开透明的财政财务报告体系七大支撑的现代国库制度。

1. 运行规范、安全高效的国库集中收付制度体系

财政国库收支管理涉及预算的执行、核算、报告等重要环节，是政府财政资金收支流转的总枢纽。财政国库管理高效、透明，就能很好地发挥掌控纳税人"钱袋子"的功能，确保纳税人资金合规、高效使用。而如果财政国库管理低效、"暗箱"，纳税人资金按预算合规、高效使用就得不到保障，政府的宏观调控能力也就大打折扣，进而也就弱化国家的预算能力和治理能力。

运行规范、安全高效的国库集中收付制度是现代财政资金收支运行的核心。财政国库部门对政府全部收入和支出实行国库集中收付管理。完善国库集中支付控制体系和集中校验机制，实行全流程电子支付，原则上实现无纸化管理，优化预算支出审核流程，全面提升资金支付效率。

2. 互联互通、数据共享的国库信息系统管理体系

财政国库环节是财政数据的信息中枢。互联互通、数据共享的国库信息系统管理体系，就是要全面梳理清国库制度的预算管理业务流程，形成标准化的国库业务基础数据规范，并且优化控制规则，强化动态管理，在横向业务维度实现预算管理与国库管理各流程、各业务的"一体化"，实现国库信息管理系统与预算一体化流程、业务模块的无缝嵌入和对接。

3. 注重效益、防范风险的国库资金管理体系

在确保国库现金安全和资金支付需要的前提下，提高财政资金使用效益，运用金融工具有效地进行国库资金的投融资运作。通过控制政府收支现金流，在国库单一账户保持较低的现金余额，包括：准确预测每日国库现金流入和流出；建立高效的信息系统和清算系统，快速准确地收缴和支付资金；实行国库单一账户管理，保持政府财政库底资金在商业银行的隔夜余额最小化；通过短期借贷弥补缺口，在央行国库单一账户保持较低的目标现金余额。在保持政府流动性需求的前提下，通过对现金余额的操作和运用，以获得适当的投资收益。

财政国库定期接收部门基于执行系统自动汇总生成的现金流量预测表，全面掌握各部门一段时间内的现金支出需求，并加快推进"财税库银"横向联网改革，实现从征管部门及时获取应征收入信息。在此基础上，逐步构建完整的财政国库收支预测及财政库底目标余额管理体系。

4. 完整可靠、服务决策的财政数据分析体系

完整可靠、服务决策的财政数据分析体系，首先要求预算执行数据必须完整、准确和相关，财政国库自动记录支出明细、合同协议、电子发票、现金预测等信息，自动生成财务报告和分类信息查询表，为预算执行管理、绩效评价、财政监督和综合财务报告提供可靠支撑；其次要求各级财政总账数据标准统一；最后要求进一步挖掘数据背后的决策价值。

5. 科学筹资、市场基准的国债管理体系

国债管理是现代财政资金收支运行机制的重要组成部分，是现代财政资金收支运行机制的财政筹资理财功能以及宏观经济调控功能的重要体现。随着国债余额管理的实行和国债市场化改革的不断推进，国债科学理财水平和政策协同能力显著提高，逆周期调节能力不断增强，市场化程度不断提升，国债在国家宏观调控和金融市场中的作用日益彰显。

科学筹资、市场基准的国债管理体系就是要统筹国债发行与中央财政收支、库款管理，以中央财政收支预测及库款保障目标余额为依据，科学拟订国债发行计划，强化国债应急筹资能力，合理控制国债筹资成本。打通预算执行、库款管理及国债管理等财政资金、债务管理全链条，提升预算执行效率，不断提高财政资金管理效益，实现国债发行与中央财政收支、库款管理的一体化、科学化、精细化。

6. 机制健全、合规合理的地方政府债券发行管理体系

机制健全、合规合理的地方政府债券发行管理体系，根据预算收入进度和资金调度需要等，合理安排地方政府债券的发行规模和节奏，节省资金成本。完善财政收支和国库现金流量预测体系，建立健全库款风险预警机制，统筹协调国库库款管理、政府债券发行与国库现金运作。强化地方政府债券的市场化发行约束，引导信用评级机构完善信用评级指标体系，增强地方债信用评级结果区分度，充分发挥信用评级在债券定价参考等方面的应有作用。

7. 内容全面、公开透明的财政财务报告体系

内容全面、公开透明的财政财务报告体系是形成现代国库管理制度的重要支撑。完善权责发生制政府综合财务报告制度，全面客观地反映政府资产负债与财政可持续性情况。财政总预算会计制度将财政财务信息内容从预算收支信息扩展至资产、负债、投资等信息。推动预算单位深化政府会计改革，全面有效地实施政府会计标准体系，完善权责发生制会计核算基础。

5.3　现代国库制度改革路线图

5.3.1　推动国家金库管理体制的顶层设计

国家金库管理体制，是现代国库制度建设的核心内容。从国家治理的角度而言，加强制度变革的顶层设计，选择与一个国家政治体制、经济体制、财政管理体制和宏观调控能力提升相适应的国家金库管理体制，也就显得尤为重要。

1. 推进中央金库与地方金库机构合并

1994 年的分税制改革，国家建立了一套新的中央和地方的税收征管体系，也分别设立了中央国库和地方国库两个工作机构。随着税收征管电子化、信息化工作的推进，在机构上设置两套税务人员的弊端也逐步显现出来。2018 年 6 月 15 日，全国各省（自治区、直辖市）级以及计划单列市国税局、地税局合并且统一挂牌。国税地税机构合并后，实行以国家税务总局为主与省（区、市）人民政府双重领导管理体制。

为整合全国国库资金资源，提高中央政府的宏观调控能力，降低国库管理的服务成本，提高库款资金拨付效率，随着国库集中支付业务无纸化水平的提高和支出控制体系、预警体系的建立，第一步先在机构层面上推进调整"五级财政、五级国库"国家金库管理体制。建议在与《中华人民共和国宪法》《中华人民共和国预算法》条款不冲突的前提下，在各级政府国库单一账户的设置上仍然是"一级政府、一级财政、一级国库"的管理模式，但在机构设置上，合并省以下国家金库，实行"中央金库—省金库"的两级管理体制或"中央金库—省金库—地市金库"的三级管理模式。

2. 探索中央金库与地方金库业务合并

世界范围内提升国库沉淀资金效益的模式主要有分权型、集权型和混合型。按照党的十九届五中全会《决定》中"深化预算管理制度改革"的要求，强化预算编制环节的统筹能力，在执行环节也需要强化库底沉淀资金的统筹能力。集中的国库现金管理模式可以使得中央对国库现金流量有较为明确的把握，并利用其金融市场的准入优势提高资金管理的效益，同时克服部分地方政府积极性不足等问题。

目前国家金库管理体制在"中央—地方"与"财政—央行"之间的职责权限、利率形成机制、市场准入机制、信息共享和监督机制等方面还存在许多亟须完善的环节，未来需要统筹考虑，加强顶层制度设计。通过制定相关法律法规、指导意见、操作规程等，明确中央与地方、财政部门与中央银行的相关职责、权限，理顺各方关系；进一步完善和明确各方权责，在确保地方国库资金绝对安全的前提下，实现地方财政国库资金的保值增值，积极支持地方经济社会发展。

3. 构建财政部和人民银行既有分工又有协作的工作机制

国家金库管理体制的调整涉及宏观调控的两大部门——财政部和人民银行的分工与合作机制构建问题，因此，有必要在《预算法》和《预算法实施条例》的框架下，构建财政部和人民银行既有分工又有协作的工作机制，将日常国库的收支业务、国库现金操作管理、政府债务管理和货币政策相协调，运用政策工具化解对货币市场的冲击。强化国债、地方政府债券发行与国库现金管理操作的配合。

4. 提高国库内部业务处理的信息化水平

合并省以下国家金库，实行"中央金库—省金库"的两级管理体制或

"中央金库—省金库—地市金库"的三级管理模式后，中央财政对全国库款的实时掌控力、资金调拨力将大幅度提升，也势必会倒逼国库业务处理效率水平的提升，国库信息汇集的速度会更快，资金流动效率也会更高，提高财政库款资金拨付的电子化水平。除特殊支付外，部门、单位、财政国库和代理银行的国库集中支付业务逐步实现全流程无纸化管理。上述国库业务信息化水平的提升，也可以对财政的工作起到规范作用，推动各级财政业务的标准化与规范化。

5. 开展国库数据管理工作，保障财政资金运行安全高效

一是大幅提高预算执行数据的完整性、准确性和相关性，为预算执行管理、绩效评价、财政监督和综合财务报告提供可靠支撑；二是根据预算管理一体化进展情况，推动各级财政总账数据标准统一，逐步实现全国财政总账数据自动汇总，建立全国预算执行数据的集中管理和大数据分析机制；三是加强决算数据、非税收入数据、动态监控数据、差旅电子凭证数据等财政国库数据的分析应用，为改进财政财务管理、服务领导决策提供参考；四是以公开促规范，以公开促效率，研究制定适合我国国情的政府决算和财务报告公开制度。

6. 加强国库管理团队建设

加快建立一支具有专业素养和综合能力的操作团队，不断提升地方国库现金管理水平。建议由财政部和人民银行开展相关培训，总结中央国库现金管理及地方试点管理的经验及不足，积极学习国际先进做法。同时利用现代科技手段，进行国库现金流量预测相关业务再造，实现相关信息共享，提高国库现金流的监测、预测分析和监控水平，抓紧构建国库分析与预测系统，提高国库决策服务效力。

借助专业大数据公司等力量，设计开发国库大数据分析软件，构建国库大数据分析模型，使国库分析、预测更及时、更准确、更有效。具体而言，一是要继续加快国库收入现金流量预测体制建设，完善国库管理部门内部机构设置、运行机制，建设高效安全的信息系统，以实现国库账户余额、跟踪银行的国库存款余额、国库现金投资余额的实时监测，加强国库现金流量的有效分析预测，推进质押债券的监测和处置、国库现金流量预测和资金管理市场竞标操作结果的确认、资金的划拨、到期资金催缴收回等功能落地；二是实现政府收入收纳和资金划拨的信息网络和共享机制，注重积累数据，保证数据的真实性，实现对国库收支资金全程的监测和资金的实时划拨，提高对国库收支变动预测的准确程度，为国库管理部门进行资金投放、开展国债正逆回购、发行短期债券等市场化运作提供支持。

5.3.2 深化国库集中收付制度改革

党的十九大报告提出，建立全面规范透明、标准科学、约束有力的现代预算制度。国库集中收付制度作为预算收支执行的基本制度，必须保障预算收支执行全流程、全环节规范透明。

1. 进一步提高国库集中收付制度的覆盖面

财政资金支付要兼顾效率和安全的有机统一，确保财政资金承载的政策目标能够切实实现。所有预算资金都要实行国库集中支付，不仅要实现对预算单位的全覆盖，而且要实现对预算资金的全覆盖，一般公共预算、政府性基金预算、国有资本经营资金预算都要按照规范模式实行国库集中收付管理。稳妥开展社保基金国库集中收付改革试点，不改变社会保险经办机构的资金支付主体地位，社会保险基金在没有最终支付到社保最终受益人之前，全部保留在财政专户。

2. 优化国库集中支付业务流程，提高支付效率

从支付效率而言，合理划分国库集中收付的财政直接支付和财政授权支付的标准，科学合理地划分国库集中支付方式，减少审核环节，扩大预算单位的用款自主权。完善资金支付控制机制，逐步实现由预算指标直接控制资金支付，用款计划主要用于现金流量收支预测，避免预算单位为满足资金支付需要而反复调整用款计划的问题，切实提高财政资金支付效率。

3. 深化国库集中收缴制度改革

在资金收缴方面，配合国税地税征管体制改革，实现统一的财税库银横向联网全覆盖，提高税款征收效率和税收信息的共享利用。做好非税收入征管职责划转等有关具体工作。财政部门仍然要履行好非税收入管理政策和制度制定、收入收缴制度制定和组织实施、监督非税收入政策实施和收缴管理等财政管理职责。对于明确划转税务部门征收的非税收入，积极配合税务部门按时完成征管职责划转，协助原执收单位做好与税务部门的业务交接工作，明确资料移交、收缴管理、系统联通、信息传递、退库管理、清欠清缴等事项，确保划转后非税收入征缴工作平稳运行。会同税务部门完善社会保险费的收缴管理，保证社会保险费收入及时缴入社保基金财政专户。不断提高缴费便捷性和收缴管理效率，并积极创造条件实现非税收入直接缴入国库。

4. 完善国债地方债管理，推进政府债券市场化改革

现代政府债券管理制度，应当遵循市场规律、遵守市场规则、遵照市场决定形成政府债券一级市场和二级市场相辅相成、相互促进的良好格局。一是强化国债收益率在金融市场的基准地位。统筹兼顾财政筹资需要和金融市场公共产品需求，以基准成本和可控风险持续供给高质量的国债产品，着力构建国债市场核心地位。扩大单支可流通国债规模，大幅度减少市场碎片化程度。进一步完善国债做市支持机制，在全国银行间债券市场有序开展国债随买、随卖操作，增加操作频次，扩大操作规模，提高国债二级市场流动性。进一步健全国债收益率曲线和利率传导机制，充分发挥国债收益率定价基准作用。借鉴国际经验，立足中国国情，推动中央银行通过吞吐国债开展货币市场流动性的调控。二是提高地方政府债券发行市场化水平，推动地方政府债券投资主体多元化。地方政府债券发行管理已成为地方财政部门的一项长期工作，应当更加系统地采取措施，不断健全和完善地方政府债券发行管理机制。要进一步提高发行定价市场化水平，不得以财政存款等对承销机构施加影响人为压价。进一步加强专项债券管理，科学制定发行实施方案，并结合当地情况积极创新专项债券品种，充分发挥专项债券在生态保护、打赢污染防治攻坚战等方面的政策功能。研究试编地方债收益率曲线，逐步将其作为地方政府债券发行、交易定价参考基准。研究建立科学有效的信用评级制度，强化信用评级行业自律管理。积极推进地方政府债券柜台业务，吸引个人及中小机构投资者购买地方债，拓宽地方债发行渠道。

5. 进一步深化公务卡制度改革

（1）明确公务卡的使用范围。

政府公务卡仅可用作政府公务方面的开支，严禁用于任何个人消费。而我们国家为了提高公务卡的使用率、便于前期推广，允许持卡人使用公务卡进行私人消费，这部分消费由个人进行还款。这样做尽管有助于提高公务人员办理公务卡的积极性，但却人为地将公务消费与私人消费相混杂，不仅增加了事后财务人员对消费记录的审核工作，也间接提高了"公款私用"这一行为发生的可能性。同时，公务卡兼顾公务消费与私人消费还会导致个人信用与政府信用相混淆，当由于公务消费未及时还款从而影响到个人信用时，还会给持卡人带来一些不必要的损失，会在一定程度上弱化持卡人使用公务卡的积极性。因此，要让公务卡专注于公务消费，使其更加"名副其实"。

（2）统一公务卡的代理银行。

发达国家在发行公务卡时都是由中央政府出面，通过谈判选定若干家银行进行合作，这样可以充分发挥政府自身的体量优势，在进行公务卡相关细则的谈判时，能够争取到更大的利益，可以让银行为公务卡提供更加专业化、定制化的服务，提高用卡的便捷性；同时，选择统一的发卡行，更加便于后期消费数据的汇总与整理，对于利用大数据进行分析、提高财政资金的效率，有着非常重要的意义。然而目前，我国公务卡代理银行的选择权下放到了具体预算单位。各个单位选择了不同的发卡行，导致相关财政支出数据难以汇总，给后期的数据整理与分析带来了许多客观上的困难。同时，对于各家银行而言，发行公务卡将会带来一笔可观的收益，在利益的驱使下，很容易滋生腐败等违法行为。

（3）丰富公务卡的种类。

发达国家会根据具体的需要设置不同类型的公务卡，应对不同的消费场景，这样既方便监督与管理，又能够满足不同的公务消费需求。而目前，我国的公务卡仅是一张普通的信用卡，功能单一，并没有针对不同消费场景设置具有针对性的卡种，难以满足一些多样化的需求。而细化卡种，通过对诸如差旅、用车等特定消费需求开发专用的公务卡，不仅在制定管理规定时能够更加具有针对性，在后期分析财政支出时效果也会更好。

（4）完善与公务卡相配套的监管措施。

公务卡制度的推广，的确能够优化政府采购的各项环节，从而降低政府行政成本，强化财政资金效益，进一步提高财政透明度。但这一切都建立在严格监管的基础上。否则，便捷的支付方式反而会成为滋生公款消费的土壤。英国、美国都从顶层设计出发，建立起一整套包括事前、事中、事后的全过程监管体系。同时要看到，公务卡制度的建立绝不会一劳永逸，随着经济的发展、社会的进步，公务卡在使用过程中会不断面临各种各样新的情况。因此，公务卡制度要建立相应的动态调整机制，在面对使用过程中出现的新问题时，能够及时完善相关规定，补上政策漏洞，避免公务卡成为财政资金监管的薄弱环节，从而最大限度地发挥公务卡的优势与作用。

（5）衔接好政府采购的政策功能。

作为小额政府采购的重要支出手段，公务卡消费同样要积极发挥政府采购的政策功能。例如，美国就有相关规定，鼓励使用公务卡采购时更多地倾向于小微企业。因为公务卡的消费金额往往不高，购买的商品与服务往往附加值较低，这种采购活动对于小微企业而言，降低了参与政府采购的门槛。因此，应该发挥好公务卡这一特点，通过政策引导的方式，来促进公务卡消费发挥政府采购的相关政策功能。

5.3.3　开展国库现金管理创新高质量发展

国库现金管理是指在确保国库现金安全和资金支付需要的前提下，为提高财政资金使用效益，运用金融工具有效运作库款的管理活动。

1. 加强国库现金管理与债务政策、货币政策的配合

根据国内外实践经验，适度的国库现金管理操作规模、频次和时间节点能够有效地控制对央行货币政策的影响。中央和地方财政部门以及央行在进行国库现金管理过程中应当建立完善的制度框架和规章规范，将国库现金操作管理、政府债务管理和货币政策相协调，运用政策工具化解对货币市场的冲击。

一方面，强化政府债券发行与国库现金管理操作的配合。政府债券发行和国库现金管理操作都会对库底余额带来短期波动，应该在加强现金流预测的基础上，充分协调政府债券发行与国库现金管理的时间节点、规模和期限，在实现国库资金保值增值、最大限度熨平国库资金波动的同时，将筹资成本控制在最低目标。

另一方面，财政部门与中央银行部门应统一对国库现金管理目标的认识，建立密切配合协调机制。地方财政、人民银行应加强对国库现金流的预测沟通、信息共享，提高预测精度及操作水平，避免频繁调整操作计划对货币政策调控的不利影响和对市场流动性的冲击，形成地方国库现金管理服务于货币政策的长效机制。地方国库现金管理的操作时机、操作规模以及操作频率应符合货币政策意图，而不能随时随意操作，中央银行与财政部门应当建立起密切的配合机制，对地方国库现金管理的目标形成统一认识，避免地方国库现金管理业务对货币政策工具的使用形成干扰。

2. 建立科学的现金流预测机制，合理设定最优库底余额

现金流预测是国库资金增值保值的关键环节，准确预测国库现金流量和国库现金余额是有效开展地方国库现金管理不可缺少的前提条件。同时，地方级和中央级国库现金管理特性以及配套金融设施差异明显：地方财政收支类目较多，国库储存现金量变化频繁，其现金流预测难度较大等。科学的地方国库现金流预测机制更凸显其必要性和迫切性。建立地方预测信息数据库，为分析政府收支项目的运行规律及其与经济运行的关系奠定基础，提高预测科学性和准确性；有效利用基础性数据信息，建立科学连贯的国库现金收支基础数据库，统筹运用计量模型、历史数据经验分析、未来收支预测等方法，提高国库现金收支预测的精准度和实用性，保留最优库底余额，确保最大增值；建立部门大额资金需求报备制度，各部门根据本单位的预算批复情况，每月末最后5个工作日向财政滚动报送未来90天的部门分月用款计划，在部门分月用款计划的限额内，对于部门月度内的大额资金收支需求，建立个案报备制度，并规定部门个案大额交易报备的信息质量要求，做到及时掌握各部门大额支出需求；以庞大的电子信息化系统作支撑，加快平台的构建，促进现金流数据库在各主体间的共享。

建立最优库底余额制度有利于简化国库现金管理的决策和操作，同时能够自动实现与货币政策的协调与配合。考虑到我国预算收支对称性不强、预算支出集中拨付、国库现金月波动较大的现状，可以通过"两步走"建立最优库底余额制度。第一步，先实行最优库底余额区间制度管理。各地因地制宜科学设定库底余额的上限与下限，将国库现金余额维持在合理的目标区间，一方面有利于维持库底余额的相对稳定，另一方面能减少国库现金管理的操作频率、降低操作成本；第二步，随着现金流预测精度提高和预算管理水平提升，适时确立最优库底余额。

3. 加快金融市场改革，丰富现金管理操作工具

受金融市场发展水平限制，目前国库现金管理还面临着投资工具单一、质押品可选范围窄等问题，制约着国库现金管理的纵深推进。第一，建立健全货币市场结构与制度，扩大债券市场规模、交易品种和市场主体范围，丰富货币市场融资方式和融资工具，为地方国库现金管理提供更多的选择。第二，丰富国库现金管理投资工具。目前国库现金管理操作工具为 1 年期以内的商业银行定期存款，期限选择只有 3 个月、6 个月和 9 个月，期限选择比较单一。对于短期地方国库现金管理并没有可供选择的操作工具。而短期地方国库现金管理可以更加灵活地调控国库库存余额和基础货币投放量，是地方国库现金管理走向科学化、精细化道路的内在要求。建议研究短期地方国库现金管理操作方式（如通知存款及短于 3 个月的定期存款品种等），与现行商业银行定期存款方式相配合，进一步完善地方国库现金管理。第三，丰富质押品种类。可考虑将信用度高的央行票据、政策性金融债以及安全性高、流动性好的货币市场工具等纳入质押品范围，丰富国库现金管理的投资工具。金融市场环境是国库现金管理工具发挥作用的主要影响因素，因此要促进国库现金管理工具与市场的对接和融合。

4. 建立严格的市场准入机制

首先，严格遵循市场化原则，在选择交易对象时要按照公开、公平、公正的原则，通过招投标程序，规范地开展地方国库现金管理，优先选择资产规模大、信用度高、风险控制能力强的金融机构。其次，建议由人民银行总行、财政部与银保监会建立相关信息交互机制。目前各省份地方国库现金管理综合评价指标体系中的安全性、流动性指标基本相同，当这些通用指标的监管标准发生变化时，可由银保监会负责通报给人民银行总行和财政部，再由人民银行总行和财政部传达给各省份，实现顶层信息交互机制与地方信息交互机制并行，堵住地方信息交互机制运行中可能出现的疏漏，进一步促进地方国库现金管理工作合规、有序开展。

5. 注重国库现金管理风险管理，建立应急处置机制

国库现金管理过程中可能存在投资风险、操作风险和流动性风险等。第一，促进国库现金管理投资工具多元化，优化投资组合，规避投资风险。第二，在招投标环节建立客观的评标体系，鼓励利率市场化，努力规避政府寻租行为，同时严格招标环节的管控，建立统一招标平台和招标指导规范，减少国库现金管理操作风险。第三，适当丰富质押品的品种要求，加强对质押品质押期间价值变动风险监控和管理，规避由于市场波动引起的质押品价值贬值风险。第四，在完善政府现金流收支预测的同时，建立国库现金临时应急机制。探索建立委托第三方机构（如中央国债登记结算有限公司）的质押品快速处置机制，制定质押品处置预案，确保风险现象发生时地方政府可以及时支取财政资金，同时将对货币市场的不利影响降到最低。

5.3.4 推进政府综合财务报告制度改革

政府综合财务报告以权责发生制为基础，反映一级政府整体的财政财务状况、运行情况和财政中长期可持续性，是财政部门进行资产负债、成本绩效等方面管理的一个有效抓手。在编制政府财务报告过程中，进一步清查政府资产负债，全面清理往来事项，切实提高会计信息质量，夯实编制的数据基础。做好与国有资产管理情况报告、政府债务管理等工作的衔接。加强政府财务报告分析利用，研究形成一套适应我国国情和各地管理实际的政府财务报告分析指标体系，更好地发挥政府财务报告在开展政府信用评级、加强资产负债管理、改进政府绩效监督考核、防范财政风险等方面的重要作用。

进一步完善政府财务报告制度体系。政府财务报告编制工作涉及面广、专业性强、工作难度大。加强对公共基础设施、政府股权投资、政府运行成本等重点项目的研究，为适时修订完善财政总预算会计制度、政府财务报告编制办法和操作指南等制度提出建议。加强与有关部门的沟通，推动制定政府财务报告审计制度，推动政府财务报告公开制度，适时选择部分中央单位和地方开展政府财务报告审计和公开试点。

5.3.5 构建国库信息系统管理系统

财政国库环节是财政数据的信息中枢。近年来，各级财政部门致力以"横向到边，纵向到底"为原则织起国库管理制度的"一张网"，横向上不断以国库集中支付为统领建立与完善多项管理制度、不断标准化各业务流程，纵向上不断延伸主体责任至基层预算单位，与此同时，还以"制度＋技术"模式大力推进国库信息化建设，实现了国库制度业务的全方位信息化改革。但国库制度的信息一体化建设仍存在一些明显短板，信息系统建设呈碎片化状态，业务模块之间存在信息割裂，使信息整合度与共享水平较低，难以充分挖掘数据价值，国库数据对宏观调控的决策支撑度还不够。

第6章

控制视角的国库集中收付制度改革

6.1 推动国库单一账户体系改革

政府的银行业务是政府现金控制与管理中重要的一部分，它对于确保税收与非税收入以恰当及时的方式进行收支以及政府现金余额通过积极管理来降低借贷成本是至关重要的。通过国库单一账户（TSA）系统，政府建立一个统一的银行账户来实现其目标。

国库单一账户是现代现金管理的先决条件，也是财政部门建立监督和集中控制政府现金资源的有效管理工具。它带来了许多其他益处并因此而提高了公共财务管理（PFM）的整体效率。因此，建立国库单一账户体系应该置于公共财务管理改革计划的优先位置。

6.1.1 现代国库制度下的国库单一账户设计

在国库单一账户系统，至少有四个关键问题需要解决：一是国库单一账户的覆盖范围；二是银行财政账户的结构；三是交易过程安排与现金流管理；四是在国库单一账户管理和提供银行服务中中央银行和商业银行的角色。

1. 国库单一账户的覆盖范围

国库单一账户覆盖范围应当包含所有财政拨款部门，包括自治的和法定的政府机构以及预算外基金和特殊账户。这是为了确保国库单一账户能够尽可能地动员所有相关政府现金资源。与政府财政相关的资金流动，包括财政收入、支出、捐赠资金、债券发行及摊销（包括外债），应当纳入国库单一账户。预算外资金因其独立的法律地位或公用身份（如健康基金）可能难以纳入国库单一账户，然而仍需在预算外资金合法操作自主权和由分散管理引起的风险上升的潜在成本之间进行考量。

应当积极推动捐助资金纳入或整合到国库单一账户体系，至少应当通过国库单一账户进行支出，然后政府需要在向供应商或者受益者支付来自捐赠资金账户的资金时，就国库单一账户中捐助资金的交易进行解释和报告。

如果会计制度是完善和有效的并且足以防止信托基金资源被滥用，那么社会保障基金和其他基金都应纳入国库单一账户的考虑范围。将许多政府管理的信托基金纳入国库单一账户目前已经成为国际通行的良好做法。为了达到这个目标，政府会计制度应该充分可靠和足以准确区分分类账户中的信托资产。由于这些信托基金是由政府作为唯一受托人进行管理的，财政可以统筹信托基金的短期流动性需求、长期负债以及法定义务（如使用养老金支付），而使政府不必再用现金储备为预算赤字融资。在实践中，信托机构应当通知财政部门未来的现金流出。

2. 银行账户的结构

在国库单一账户下的政府银行账户可以是集中式、分散式或两者结合式。集中式的银行账户结构是一个完全集中的结构，国库单一账户是由在中央银行设置的单一账户和分支账户（可以没有分支账户）组成的账户体系，由集中的单位（财政部或其附属区域性机构）或者独立支出单位负责。在这两种情况下，所有的交易都可以通过会计系统的开发对单一账户进行跟踪和管理。

分散式的银行账户结构是一个分散的银行账户结构（如瑞典），有的由一系列机构或支出部门各自对几个独立的银行账户（通常在商业银行设置零余额账户）进行交易。资金在这些账户的转移（通常在一天的开始或者结束）通常由负责国库单一账户管理的中央银行作出支付批准许可。同时，中央银行在每一天的结束提供合并的现金余额。

集中与分散相结合的银行账户结构。完全集中式与完全分散式是银行账户结构组成中的两种极端形式，有多种对于两种方式的组合形式。在所有的这些安排中，最关键的是要使在银行系统中的所有余额在停止交易后归集到国库单一账户中。

3. 交易过程安排与现金流管理

国库单一账户中对于政府收支的处理系统有多种可选择方式。交易处理系统应是基于对预算执行、会计控制和收支管理责任的分配。在某些国家，所有的支出批准集中由财政部或国库做出并由国库单一账户支付。或者，如果个人消费单位/机构负责支付，那么他们可能在银行系统有专门的交易账户。有几个国家采用了混合的方式，主要收支直接通过 TSA，但规模较小的交易完全依赖商业银行体系。然而在这些安排中，如果银行账户中所有的余额在停止交易后都能够返回国库单一账户，那么资金的使用成本将实现最小化。然后，由政府现金管理部门决定如何管理所有的净余额，如利用银行系统的临时盈余进行投资。

一个集中式的交易处理系统意味着在国库部门（或一个集权部门）对现金交易和国库单一账户操作的绝对权威（见图 6 - 1）。在这种情况下，集权部门（如果有必要扩展为一个网络区域部门）为财政支出部门提供支付业务并且有排他性的运行国库单一账户的权利，包括区域级交易账户。财政支出部门向中央部门提出付款请求。该系统可以为每个区域财政部门或者个体支出部门设置单独的子账户。这样的交易处理系统可以与集中式（如巴西和法国）或分散式（英国的零余额账户是分散式的，不需要中央的支付批准，但是对于大多数有支出责任的部门需要进行集中谈判竞价）银行账户机构相衔接。

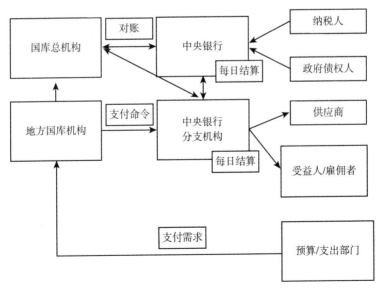

图 6 - 1 集中式的交易处理系统

分散式的交易处理系统意味着每个支出部门处理自己的交易和直接操作国库单一账户系统下各自的银行账户（见图6-2）。如果有必要，国库单一账户中的分类账户与交易账户可以为每个支出部门设置现金支出上限。现金管理的目标是由国库单一账户的主账户——在账户结构中的最顶层掌握这些分类账户与交易账户中正向或负向的结余。这是一个集中的资金控制但是分散的委托、支付和会计责任模式。这样的交易处理模式可以与集中（例如，印度的中央银行设置单一账户，由个体职能部门通过附属的交易账户去记录与控制支付）或分散（例如，瑞典每个分散的预算部门拥有一个或多个银行账户）的银行账户结构相联系。

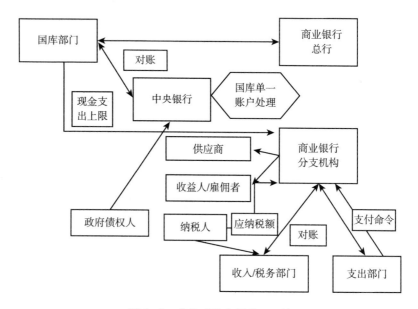

图6-2　分散式的交易处理系统

高效和可靠的通信网络和银行间结算系统对于集中式或分散式的国库单一账户是至关重要的。这将使中央银行国库单一账户系统中的主要账户获得交易账户（由支出部门运行）中的结余。如果一个商业银行有几个交易账户（中央合同），那么由银行在网内进行最初核算以便于获得国库单一账户全部网内的交易。在一些银行业与信息基础设施比较薄弱的发展中国家和低收入国家，有时汇总现金余额是十分困难的。一个典型的发展道路是先进行集中式管理然后分散交易。

电子交易（如 IFMIS）与支付系统的引入促进了国库单一账户的建立。现代化的支付过程越来越依赖于电子交易，通过有限几家机构集中进行收支和用最少的中间步骤处理政府交易。这避免了现金的不必要使用，从而降低了营运风险。

4. 零售银行业务的提供

国库单一账户系统的设计应该反映中央银行和商业银行在零售银行业务方面各自的角色。一个关键的问题是，政府收支活动是全部通过商业银行完成银行交易业务还是部分交易通过中央银行直接完成。然而，在这两种情况下，国库单一账户的主账户都应该设置在中央银行。

通常在中央银行，尤其是在拥有发达商业银行网络的国家的央行，维护国库单一账户未必维护主账户代理特定交易。在这些情况下，由中央银行承担政府的零售银行交易业务是不合适的，尤其是政府通常是它的唯一直接客户。中央银行不希望自己成为一个存在大量交易业务的持续供应者，因为它不能与市场上更大的竞争者在业务规模和规模经济方面展开竞争。虽然它不会从现有客户中撤回服务，但是中央银行不太可能为了商业活动而在竞投标活动中进行竞争。因此，交易业务服务会逐步转到商业银行而只留下少量高标准财政账户在中央银行的国库单一账户中。

一个相关的问题是银行体系流动性的管理，包括商业银行发行的税收现金支票。政府的存款波动通常是影响货币市场整体流动性的主要和不稳定因素。在大多数国家，商业银行通常被用于对薪酬进行征税，国际良好做法是将税款在到账日当日转移到国库单一账户。在一些国家，银行对税收的汇付业务可以通过几日的无息商业票据获得一定的利润，这种酬劳体系不透明并且不能体现通过银行进行征税所产生的成本。

6.1.2　丰富国库单一账户体系

分散的政府银行管理安排阻碍了有效的现金管理。国库单一账户的主要目标是确保政府现金余额的有效聚合控制。通过国库单一账户实现现金资源的整合有助于避免有的部门向一些机构借款和支付额外的融资利息，而其他部门的银行账户余额趴账。有效现金聚合控制也是货币、债务和预算管理中的一个重要元素。

国库单一账户应该体现以下原则：一是政府银行的安排应该是统一的，以确保政府的现金资源可互换；二是没有国库部门的监管，任何政府机构都不得操作银行账户；三是国库单一账户的报告应该是全面的，包括所有的政府现金、预算内和预算外资金。

一个国家的国库单一账户设计应该基于公共机构和金融管理系统发展阶段以及银行的成熟程度，包括用于银行间清算结算系统的技术。一个具有完善的公共财政管理系统和先进银行网络的国家，最好的做法是在中央银行设置国库单一账户，通过完善的会计体系，记录不同实体在商业银行零余额账户基础上，通过交易账户完成的所有交易。

加强国库单一账户现金管理的问题不应与会计控制的分布和收支处理问题相混淆。国库单一账户可以分散和集中运行去处理交易和会计控制系统。国库单一账户的引入不应被视为一个独立的活动，而应与其他财政改革包括预算执行过程的改革结合起来。

6.1.3　国库单一账户体系改革思路

1. 国库单一账户体系设置

在中央银行开立国库单一账户和资本性账户。国库单一账户用于处理日常收支，资本性账户负责投资运作。在集中收付代理行开立国库备付资金账户用于存放备付资金和按需上划补充库底余额，其他闲置资金面向各商业银行招标，由中标银行负责国库现金的投资操作。

在日终结算轧差完毕后，根据不同情况，进行不同账户间的资金操作，具体模式为：

第一，如库底余额超出最优库底规模及备付资金规模，则将超出部分通过资本性账户全部划转至商业银行备付资金账户和国库现金管理账户进行投资操作；

第二，如库底余额超出最优库底规模但备付资金规模较少，则视需求由单一账户向备付资金账户补充，如无须补充，则维持当前规模；

第三，如库底余额低于最优库底规模刚性红线，则必须由备付资金账户在日内上划资金进行补充；

第四，临时性大额资金需求，均首先由备付资金账户进行供给，无法满足需求的，由单一账户库底余额供给，如仍有缺口则由商业银行直接面向同业资金市场进行拆借。日内必须补足刚性库底余额；

第五，地方省级财政部门在人民银行分行开立地方国库资本性账户，对应各商业银行分行国库现金管理账户开展操作；

第六，中央和地方资本性账户之间可建立互通机制，但仅可在特定情况下进行资金划转。

2. 国库单一账户体系清算模式

目前我国财政收支仅在日终进行一次入库、出库清算，财政部门难以预测轧差后的库底资金规模，也就无法建立高效的库底余额运营模式。因此，在建立国库单一账户 + 资本性账户体系的同时，必须升级清算模式，由当前的日终单次清算改为每日多次清算，最终实现实时清算。

（1）12∶00 第一次清算。

对当日发生的财政收支进行第一次轧差清算，如净额高于 1500 亿元则冗余部分暂存国库单一账户，如净额低于 1500 亿元则由第二次清算进行补足。

（2）3∶30 第二次清算。

对第一次清算后的库底余额进行补足，冗余部分暂存国库单一账户；如仍无法补足，则在第三次清算时由商业银行国库现金管理账户上划补足。

（3）17∶00 第三次清算。

通过清算净额或商业银行国库现金管理账户上划来完成目标余额的最终补足；或将三次清算后的冗余资金经资本性账户一次性转至商业银行国库现金管理账户进行投资操作；如同时还有买回国债等其他操作方式，则在第三次清算中统一进行。

上述体系和清算模式如图 6 - 3 所示。

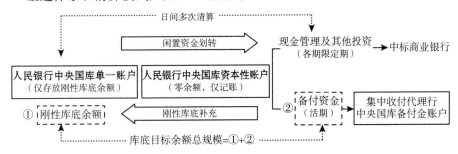

图 6 - 3　国库账户体系及清算模式

上述体系和清算模式的合理性在于：第一，中央银行及商业银行的清算体系较为完善、处理效率高，早已实现实时清算，并且经过数十年的演进，积累了非常丰富的运营经验和流动性管理经验，可对相关账户的设立、清算等提供及时有效的指导和配合。

第二，目前财政的国库代理收支、国库现金管理等均已通过商业银行的清算体系运行，建立基本结构一致的国库单一账户体系，在数据统计、监控以及业务操作等方面均可做到无缝对接，不必大幅调整。

第三，商业银行受央行直接监管，资本性账户开立在商业银行后，国库现金并未脱离央行的管辖范围，并且央行能够通过货币政策工具实现更为灵活的调控运作，与财政政策的配合也更加顺畅。

第四，从国际经验来看，美国、德国等财政效率相对较高的国家，国库资本性账户均开在商业银行。我国的大型商业银行资金实力和管理水平与发达国家相比并不落后，可胜任国库管理的角色。

6.2 深化国库集中收付制度改革

6.2.1 明确库款拨款过程中的职责划分

财政国库集中收付制度的改革深化与传统资金运作模式存在本质上的不同，且政策性强，涉及面广，情况复杂，需要各方面的支持与配合，改革才能取得成效。

1. 预算单位在库款拨付过程中的职责

预算单位作为改革参与者，必须转变观念，认识到改革改变的只是预算资金的缴拨方式，财务管理权、资金使用权及会计核算权均不发生变化。预算执行的主体仍然是预算单位，改革对单位的财务会计管理提出了更高的要求，财务管理将由重视资金管理转向重视预算管理，财务管理目标由偏重于经费使用的合法性转向经费使用的效益性。

2. 财政部门在库款拨付过程中的职责

财政部门作为改革的推行者，必须明确职责，认识自身在财政国库改革中的地位和作用，多研究多思考，构建改革的制度框架。制度改革并不是为了增加自身权力，而是政府行使管理职能的一种方式，对财政性资金实行统一的集中管理，真正建立公开、透明、规范、高效的运行体制，加强财政资金使用，将财政资金全部处于全社会监督之下，不断提高政府工作效率、树立政府良好形象、切实服务社会。在发挥财政职能作用的同时，进一步深化国库管理改革，主动适应经济发展新常态，完善管理制度，加强自身建设，提高管理改革效益，盘活存量资金，强化风险防控，着力打造服务保障型、决策支撑型、运营管理型、风险防控型的现代国库管理制度，从国家长治久安的高度建立制度体系，提升财政资金运行的安全性、规范性和有效性。

6.2.2　提升库款拨付效率，完善支出控制体系

1. 进一步构建高效的资金拨付体系

单位根据政府采购合同或相关协议、公务卡还款和对自然人支付等需求，向部门提出支付申请。财政国库接收各部门汇总的支付申请并进行必要的安全性校验后，及时向代理银行发送支付指令。部门、单位、财政国库和代理银行的国库集中支付业务原则上实行全流程无纸化管理。

2. 完善支出控制体系

部门建立涵盖预算指标、政府采购、资金、工资发放、现金控制、账务核算、决算和报告的预算执行管理系统，对预算执行结果的合规性负总责。部门（单位）通过系统对支出合规性进行自动审核和控制，并保证支出信息的相关性、真实性和完整性。财政国库建立资金支付安全性校验、信息追溯和定期对账机制。

6.2.3　构建有效的预算执行监督体系

在部门建立完善支出控制体系的基础上，财政国库通过明细信息追溯及预警监控机制，简化对预算支出的过程审核，逐步强化事后监管。预算执行动态监控机制实现了财政实时监控、智能预警支出，规范支付行为。通过动态监控，设置科学规范的预警规则，有利于提高资金支付预警的准确性、针对性和有效性，充分发挥动态监控系统的监督、纠偏、规范作用，进一步促进财政资金安全运行，也是从源头上防止腐败的一种措施。

尽快建立覆盖各级财政的一体化动态监控体系，有利于提高预算执行效

率和质量。一是不断扩大动态监控范围。研究逐步将所有预算单位的所有财政性资金纳入改革范围，从目前只监控预算内资金延伸到财政专户管理资金。二是精心设置符合地区实际的动态监控预警规则。预警规则的设置直接关系到动态监控运行是否顺利，科学的规则能够决定预警是否准确、信息是否完整。根据财政改革的不断深入和强化财政预算管理的需要，应结合形式及时调整、补充、修订、完善预警规则，做到实事求是，使其更加科学合理，动态监控也更加准确有力。三是加大人工核查力度。结合系统自动预警，进一步加强人工核查力度，健全问责机制，提高核查的针对性和敏感性，迅速纠正问题，提高核查效率效果。四是出台相关制度文件，如管理办法、操作指南等，理顺工作流程，分清部门职责，为动态监控工作的顺利开展提供强大的制度支撑。五是加强动态监控和数据分析。健全联动机制和市区统筹机制，特别是对中央和市级专项转移支付资金，纳入共享的财政应用支撑平台纳入监管，立足财政综合数据支出监控平台"大数据"系统，充分挖掘数据信息，加强分析利用，实现全过程监控的综合管理目标，为决策提供参考，促进预算管理。

6.2.4　推进公务卡制度改革

建立公务卡制度，记录公务消费的所有具体信息，使每一笔公务支出透明化，促进阳光消费，对于预防腐败和减少违法违规行为具有重要意义。

1. 加大宣传培训，提高单位人员对公务卡改革的认识

联合中国人民银行、中国银联、发卡行通过各种渠道加大宣传督导力度，消除单位使用公务卡的种种顾虑，提高单位领导和财务对公务卡改革在加强财政财务管理方面重要意义的认识，让单位能从思想上接受公务卡这样一种新型的结算方式，最终形成良好的主动用卡、自觉用卡的氛围，进而让单位领导和工作人员学会用卡，提升刷卡支出取代现金支出的意识，打消用卡顾虑，主动、正确地使用公务卡。

2. 促进银行业服务质量提升，不断优化刷卡环境

提高 POS 机的普及率，同时积极协调银行提供更多的优惠条件，如手续费减免、银行卡不收年费等。加强财政和银行的信息系统建设，保证公务卡系统的网络畅通，确保各环节传递数据及时准确，减少单位还款不便的情况。

3. 加强多方监督，规范公务卡管理

制定公务卡实施管理办法、公务卡强制结算目录、公务卡问责办法，确定科学、规范的公务卡操作流程。预算单位、财政、审计、银行各负其责。预算单位应按照公务卡强制结算目录自觉使用公务卡，财政审计部门应加强对改革单位使用公务卡情况进行日常检查，加强对现金支付的监管，对单位大额、频繁提取现金进行实时监控，对监测到的违规情况及时进行处理，严格控制单位现金的提取和使用，银行部门应为单位公务卡开卡用卡还款环节提供便利，多方共同努力推进公务卡制度建设。

6.2.5　加强非税收入收缴管理

非税收入收缴改革是国库集中收付制度改革的主要内容。信息技术的不断更新进步，为完善非税收入的管理工作提供了支撑，非税收入的收缴与管理模式也需相应变革。

1. 扩大非税收入收缴范围

包括纳入改革的单位范围和纳入改革的收入项目范围，逐步推开最后全部纳入改革，达到非税收入应收尽收。

2. 改进非税收入收缴模式

一是扩大直接缴库的比重，对于那些金额较大、对缴款人约束力较强、收缴程序较为简便的政府非税收入，适宜采用直接缴库方式收取。二是将集中汇缴信息纳入非税收入管理系统中，对于金额较小、需要当场收取现金等必须采用集中汇缴方式收取的非税收入，也要将票据信息录入非税收入收缴管理信息系统，以实现对非税收入收缴的全过程监控。三是非税收入收缴系统不仅包括通过非税系统收缴资金，还应将就地缴库纳入管理，通过对就地缴库管理模式的进一步规范，使得非税收入收缴管理系统能够体现缴款信息。

3. 完善非税收入收缴管理信息系统的建设

当前，非税收入改革工作进程缓慢，非税收入的收缴管理仍主要为手工操作方式，只有部分执收单位实现非税改革，通过非税系统进行收缴。当前这种模式不仅降低了非税资金的收缴效率，难以保证非税资金收缴的及时性，更加难以确保非税资金的安全性。因而，在今后的改革过程中，应加快和完善非税收入收缴系统建设，积极推进非税收入电子缴款，将通过非税收入收缴管理信

息系统收缴非税收入作为主要方式，利用现代信息技术手段，将财政总预算会计系统和非税收入系统建立接口，实现每日自动传数，提高系统接收和读取数据的效率，优化非税收入收缴流程，推进财税库银电子缴库横向联网，提高收缴效率。

4. 发挥收缴管理系统的监控职能

对执收单位非税票据领用、收入收缴实施全过程监督，每一步非税收入的收缴明细都能全程追溯，包括非税收缴的票据编码、收费科目、缴款时间和缴款人信息等。通过非税收入收缴系统，缴款单位、财政部门和审计部门能实时查询以及监控、统计和分析，从而全面把握收入入库信息，为进行科学合理的决策提供有效的基础数据。

6.2.6　全面提升国库管理信息化水平

信息化系统是国库集中收付制度改革的工作平台和技术支撑，只有系统功能强大，信息传递才会更加快捷准确。改革实践证明，信息化水平越高，各项改革工作的推进越顺畅，因此我们应发挥信息化建设对改革的推进作用，不断加强信息化建设，为改革提供技术支撑。

1. 着力建设统一的信息平台

统一规划，整合资源，将预算编制、国库集中收付和宏观经济预测结合起来，借助先进的信息技术，沟通各预算部门、财政部门和代理银行，对财政资金运行实现专线网络布控。在金财工程专网下，国库集中收付改革实现了平稳运行，借助专网建立了非税收入收缴系统，实现了非税系统与执收单位业务系统、代理银行代收系统的数据交换和对接，非税收入实现了全过程监管。资金的支付从编制用款计划到审核到实际支付，借助金财专网在国库执行系统中安全运行，同时动态监控系统对每一笔资金进行实时监控，详细记录每一笔财政资金的来龙去脉。这些改革都以统一的信息平台为支撑，可以说没有金财专网的建设，所有的改革都无从谈起。统一信息平台的建设推进了国库集中收付制度改革工作。

2. 推进国库业务电子化改革工作

随着国库改革的日益深化，支付业务"无纸化"管理提上了日程。电子化改革不再进行传统盖章、传递纸质单据等活动，一切业务通过财政、银行和预算单位的联网系统进行，取消了纸质凭证，改革大大提高了财政资金运行的效率，同时也不断增强了资金运行的安全性。财政资金支付的每个环节都必须严格按照规定的程序和步骤进行，各环节真正做到无缝衔接，信息传输唯一和不可更改，充分保证了资金支付业务处理的可靠性和安全性。

为确保国库集中支付电子化管理工作的质量和效果，要做到以下几点：一要坚持标准化，构建统一的标准化体系，电子数据能够在形态各异的硬件、软件、网络之间自由交换，实现财政部门、人民银行、代理银行、软硬件供应商等跨部门、跨地区的互联互通；二要加强规范化，电子化管理要建章立制，完善内控机制，严格遵循有关制度规定；三要提高安全性，从保障财政资金安全的高度，弥补短板，查漏补缺，特别是要按照国家要求抓紧开展信息安全等级保护测评，加快建设容灾备份和电子审计系统。

3. 重视信息系统建设的安全性

国库集中收付制度改革后，所有的收支数据都存储在信息系统中，因此必须要重视信息系统的安全建设。一要做好硬件设备和软件的维护及数据备份，定期进行检测，避免出现设备老化，结合工作需要进行软件优化和升级改造，定期做好数据备份，按照电子档案管理的规定管理好备份数据，一旦出现数据丢失的情况，能够及时恢复，保证数据的准确安全；二要注重关键环节的规范性，认真梳理财政资金安全管理的关键环节和风险点，一个一个的环节加以规范，筑牢资金安全防线；三要进一步强化信息安全管理机制，除了要加强技术手段的安全维护，更要重点加强制度规范建设，消除管理缺失的安全隐患，定期进行信息安全检查，切实提高信息技术对国库管理的支撑和保障作用。

6.3　借力预算管理一体化，提升国库管理水平

当今世界正在经历一场更大范围、更深层次的科技革命和产业变革，数字经济、数字政务蓬勃发展，对财政管理的数字化、信息化水平提出了更高要求。2019 年，财政部启动预算管理一体化改革，以系统化思维和信息化手段推进预算管理工作，构建现代信息技术条件下"制度＋技术"的管理机制，全面提高各级预算管理规范化、标准化和自动化水平。

党的十八大以来，财政部将预算制度改革作为现代财政制度建设的重要内

容率先启动、率先突破，在全面实施预算绩效管理、推进预决算公开、实施中期财政规划、完善转移支付制度、加强地方政府债务管理、深化政府采购制度改革、建立政府综合财务报告制度等方面，密集推出了一系列重大改革举措。为落实党的十九大和十九届四中、五中全会关于建立现代财税体制、深化预算管理制度改革的要求，2019年财政部统筹谋划预算制度改革和财政工作数字化转型，以"建立全面规范透明、标准科学、约束有力的预算制度"为改革目标，部署推进预算管理一体化建设，运用系统化思维和信息化手段将管理规则嵌入信息系统，构建现代信息技术条件下"制度+技术"的财政管理机制。

6.3.1 预算管理一体化与财政管理信息化

1. 预算管理一体化的内涵

预算管理一体化是指以统一预算管理规则为核心，以预算管理一体化系统为主要载体，将统一的管理规则嵌入信息系统，提高项目储备、预算编审、预算调整和调剂、资金支付、会计核算、决算和报告等工作的标准化、自动化水平，实现对预算管理全流程的动态反映和有效控制，保证各级预算管理规范有效。

相对于过去的财政电算化、金财工程，预算管理一体化工作是财政信息化建设的一次大的跃升。一是传统的财政信息化是面向流程，而先进的理念则是面向规则。所以，当规则变化时，流程就必须重新进行设计，系统也要重新调配。因此，转变理念，从着眼事务流程处理转向决策支持，是财政信息化建设必须要考虑的问题。二是如何在保证安全的前提下，使财政信息化变得更为开放，能够同其他宏观经济管理部门，如国家发展和改革委员会、审计署、国家税务总局、中国人民银行等，进行数据的协同与共享，同时接受社会公众的监督，这也是财政信息化建设要考虑的问题。三是如何处理好财政资金特别是中央财政资金的安全保密性和对外开放这对矛盾，同样是财政信息化建设的当务之急。

预算管理一体化改革正是适应新的形势要求，通过动态管理将管理规则、监督机制嵌入财政管理中，这对原有的"金财工程"是一种提升。作为预算管理的基础，预算管理信息化改革不仅可以提供先进的数字化技术，还蕴含着数字化治理的先进理念，在"规则+技术"的双重驱动下实现财政数字化转型，全面助力预算管理水平再上新台阶。

2. 预算管理一体化的背景

2014 年 8 月 31 日《预算法》修订以来，按照党中央、国务院决策部署和预算法规定，财政部会同有关部门和地方积极改进预算管理制度，大力推进中期财政规划、预算公开、地方政府债务管理、预算绩效管理等一系列重大改革举措落地实施，为建立现代预算制度提供了基础条件。2020 年 8 月《预算法实施条例》正式发布，更是中国加快迈向现代财政制度的坚实一步。如何巩固 2014 年以来预算管理领域的改革成果，将相关制度、规则以系统的形式固化下来，强化预算约束，加强各层级政府预算之间、各预算管理环节之间，以及政府预算、部门预算和单位预算之间的有效衔接控制，加强对部门和单位各项资金资产的统筹管理，需要信息技术的大力支撑。

预算管理一体化是进一步深化预算管理制度改革的突破口。当前，预算制度改革进入深水区、攻坚期，过去出台单项制度和规则的管理方式，已无法适应改革发展要求，难以实现改革预期。各级预算管理基础工作中仍然存在许多薄弱环节，预算管理的规范性还不够，财政部门对预算运行信息的掌握也不充分，履职尽责的能力和水平有待提升。因此，进一步深化预算管理制度改革，必须紧紧围绕标准科学、规范透明、约束有力的要求，系统制定切实可行的方案。要科学制定支出标准、全面规范预算管理和切实硬化预算约束，就必须实现各层级政府预算之间、各预算管理环节之间，以及政府预算、部门预算和单位预算之间的有效衔接控制，加强对部门和单位各项资金资产的统筹管理。因此，预算管理一体化既是深化预算制度改革的重要内容，也是支撑预算制度改革得以有效实施的重要手段。

3. 预算管理一体化实施进展

2019 年财政部开始部署推进预算管理一体化建设，旨在以系统化思维和信息化手段推进预算管理工作，构建现代信息技术条件下"制度 + 技术"的管理机制，全面提高各级预算管理规范化、标准化和自动化水平，意义重大，影响深远。为此，财政部制定发布了《预算管理一体化规范》（以下简称《规范》）和《预算管理一体化系统技术标准》（以下简称《技术标准》），明确了一体化系统的建设标准，部署中央和地方分步建设实施预算管理一体化系统。

目前，第一批实施省份工作进展顺利，已经取得了突破性进展。各地财政部门按照规定的时间节点，严格对标统一的《规范》和《技术标准》，加快推进本地预算管理一体化系统建设实施。同时，中央预算管理一体化试点也已启动，中央预算管理一体化系统预算编制和执行主体业务现已成功贯通。财政部将加强对预算管理一体化建设的督促与指导，对各地建设的一体化系统进行严格评估。根据预算制度改革实际，研究拓展《规范》和《技术标准》，持续推进各地预算管理一体化系统升级完善，实现预算管理一体化建设螺旋式跃升。

6.3.2 预算管理一体化改革对财政信息化提出的挑战

财政各类信息系统是财政数据生产和汇集的枢纽。近年来，各级财政部门大力开发预算编制、预算执行、债务管理、资产管理等各类信息系统，不断完善各项管理制度，不断优化各项业务流程，各项财政核心业务均实现了单点突破，我国财政管理信息化水平大幅提高。但财政信息化建设仍存在一些明显短板，"车不同轨、书不同文"问题仍然存在，"各自为政、不联不通"问题亟待解决，财政信息系统碎片化和业务模块信息割裂的状态导致财政信息整合度与共享水平较低，难以充分挖掘财政大数据的价值。

1. 央地财政管理信息系统建设的顶层设计还不够

目前，虽然全国有统一的预算法和实施条例，国务院、财政部也印发了相关的制度规定，但是预算管理编制、执行过程中很多具体的流程、规则和管理要素基本都由各级财政部门分别制定，没有形成全国统一的预算管理和执行规范，导致中央和地方预算管理的具体程序、时间要求、分类标准、数据口径上存在差异，难以有效衔接。由于上下级之间的管理制度不衔接，数据标准不统一，也就难以通过生产数据动态收集汇总各级预算执行情况，各级财政部门对下级预算单位的预算执行情况基本上停留在汇总报备的层面。虽然有的地方出于工作需要，也对下级动态上报的统计表格有一些制度要求，但基层填报数据的质量不高，财政收支数据的时效性和真实性都难以保证。

2. 财政各业务模块之间的数据传输还不够顺畅

预算编制系统与国库支付系统、政府采购系统、各单位财务管理系统之间还缺乏有效连通。基层预算单位的财政资金从预算申报到资金支付涉及多环节、多部门、多人员，如涉及财务申报系统、办公 OA 系统、国库支付系统、预算管理系统、政府采购系统、银行柜面系统等。以国库支付系统与单位预算系统的关系为例，基层预算单位主要通过预算管理系统来管理财政资金的收支计划，其财政资金额度按照项目管理的具体要求进行分配，但实际支付时通过"零余额账户用款额度"科目，仅显示项目的名称，与国库支付系统的指标设置不一致，不仅导致国库支付难度增加，而且导致预算执行进度只能依靠预算管理系统的会计核算进行监督，无法依靠国库支付系统进行实时动态监控，使得预算执行监督的及时性、有效性减弱。与此同时，还存在国库支付系统与政府采购系统不畅通需反复沟通确认采购信息、与财务管理系统不同步需二次录入数据、与代理银行清算系统不衔接需人工审核支付等情况，这些均增加了业务办理难度，并一定程度上带来内控风险。究其原因，一方面在于财政各业务流程未梳理清晰，尚未形成标准化、精细化的业务指标体系设计，另一方面在于技术的不成熟，二者共同导致了财政内部业务系统之间较低的数据共享水平。

3. 碎片化的收支信息无法支撑财政宏观决策和绩效管理

总体来说，横向维度与纵向维度的财政收支信息的碎片化和部门化，使得信息整合程度较低。大量数据分散存储于各部门、预算单位等，财政部门对本地区及下级预算单位的资金执行情况缺乏全面准确的了解，也就无法把握财政资金收支运行的实时信息，不能提前发现问题、警示风险，从而难以从全局的角度为科学决策提供合理依据。

6.3.3 深化预算管理一体化改革的预期成效

1. 央地财政信息纵向互联互通将大幅增强财政政策执行力

央地之间各类问题的根源是信息不对称。通过预算管理一体化改革，可以实现中央和地方财政系统信息贯通，打破部分政府间财政信息壁垒，实现"全国政府预算管理、各部门预算管理、预算全过程管理、预算项目全生命周期管理、预算数据管理"的五个一体化，将大幅提高财政政策执行力，以财政管理效能提升来促进实现财政政策的宏观调控目标，即发挥财政管理乘数效应。

要实现央地间财政系统的信息贯通，前提是要有统一的业务规范和技术标准、数据标准等，这些规则需要由中央统筹考虑后予以制定。现实中，各地财政数字化转型程度不一，信息基础设施和人员配备不同，这项工作的实施难度较大。为了促进央地间的预算管理数据共享，在具体建设中，中央要充分考虑到各地的实际情况，给予必要的督导和技术援助，帮助地方妥善处理好已有系统与新系统之间的数据对接、业务对接等，探索一条各方共赢的实施路径。

2. 财政与各部门、单位间信息横向互联共享将提高资源配置效率

财政与各部门、单位间的信息不对称，容易带来预算碎片化以及资金使用效率低下问题。财政与各部门、单位都依据各自的管理、需求和规则产生大量信息，这些信息是实现有效财政监督控制的基础，也是政府决策的基础。目前，各部门、单位预算编制与预算执行没有形成一个整体，预算执行信息反馈的时效性不强，无法为预算编制和调账调剂提供有效参考，财政不能准确掌握单位预算项目执行信息。为此，应统一各主体的预算管理流程和规则，推动财政信息系统的整合和财政收支数据的集中。例如，推进单位会计信息集中存放，推动各部门信息的动态反映和集中管理。除部门、单位预算信息外，还需要经济统计、税收征管、银行账户、人事编制等外部系统信息。加强这些方面信息的收集与分析对于准确编制预算、提高预算执行分析效率、加强单位资金管理等具有重要作用。同时，应加强政府预算、部门预算、单位预算相衔接，保证政府预算安排给本部门的资金落实到具体单位和项目，建立自上而下的支出控制措施，实现政府预算对部门和单位预算的支出限额控制，防范财政风险，也促使财政资源从低效益领域转向高效益领域，激励各部门和单位提高资源配置效率。

3. 构建预算管理全流程顺向控制与逆向反馈闭环，更好接受监督

预算管理是公共资源获取和使用的过程，需要接受监督。为更好接受党内监督、人大监督、民主监督、审计监督，就必须加快预算管理一体化建设，保证"车同轨，书同文"，统一预算管理流程和规则，设置统一的预算管理要素，破解预算管理控制要素的含义、适用范围、分类标准、控制口径不一致导致传递或理解出现偏差的问题。同时，为进一步发挥财会监督的"利剑"作用，满足实时监督和控制需要，预算管理在事前就需细化数据记录规则，从生产系统完整准确地提取数据，防止部门、单位仅靠事后填报和汇总预算信息，从而出现人为干预和信息冗余影响控制效果的局面。在实现各级预算管理统一规范和细化预算信息的基础上，应不断丰富预算公开内容，提高预算公开及时性，满足人民群众对财政透明度和政府履职尽责情况日益增长的关切,将外部监督压力转化为内部改进管理的动力,促进财政、部门和单位不断改进预算管理。

4. 预算信息互联互通将进一步提升预算监督工作绩效和质量

中国特色的监督体系非常丰富,需要发挥多种监督方式的协同效应。在党内监督的主导作用下,实现财会监督与党内监督、监察监督、行政监督、司法监督、审计监督、统计监督、群众监督、舆论监督的协同配合,形成大监督合力。这样的监督体系形成了一个监督网络,覆盖众多环节,其中人大预算联网监督在人大和财政部门间建立起高效的数据共享系统,将政府各个部门、单位的预算执行情况置于人大全方位、全过程、实时监督之下,将社会大众对公共服务的诉求及时反馈给政府部门,可以促进预算资金安排更加有效,进而改进人大预算监督的效率和质量。

为了落实监督协同,就需要实现数据协同,各级财政部门要建立监督的长效机制,在数据互联互通的基础上多运用现代数字技术,建立起日常监管与专项监督协调配合的监督机制,实现以数监督、以数问责。

5. 预算管理一体化有助于打造完整可靠、服务决策的财政数据分析体系

首先,通过预算管理一体化改革,打造完整可靠、服务决策的财政数据分析体系,要求预算执行数据必须完整、准确和相关,财政国库自动记录支出明细、合同协议、电子发票、现金预测等信息,自动生成财务报告和分类信息查询表,为预算执行管理、绩效评价、财政监督和综合财务报告提供可靠支撑;其次,打造各级财政总账数据标准统一;最后,进一步挖掘数据背后的决策价值。

6. 实现预算管理一体化与数字财政建设的良性互动

数字财政是以财政大数据价值为基础、财政大数据应用为支撑,通过优化财政收支,促进效率与公平统一的政府收支活动。预算管理信息化是数字财政建设的核心,预算信息化以数字化为预算管理赋能,我们将迎来一个和以往不一样的预算管理体系,预算管理效能会有质的变化。预算管理信息化的任务是双重的。从生产系统看,预算管理信息化促进了内、外生数据生产,有利于汇聚形成财政大数据。从应用看,未来要加快财政大数据的应用,将财政大数据应用与预算管理业务有机融合在一起,才能凸显预算管理信息化对财政业务和政府决策的支撑作用。

未来，数字财政可以继续拓展数据聚合领域，在隐私计算保障多方安全的前提下，实现宏观、中观、微观数据的共享，不断夯实财政大数据基础，充分发挥财政对公共资源优化配置的引导作用。一是数字财政可以促进政府公共品或公共服务提供更好地匹配服务对象需求，减少财政资源浪费或无效配置；二是数字财政可以实现政策—项目—资金—服务对象的四位一体，既可以发挥财政精准调控的结构性政策目标，又可以实现对财政资金的穿透式监管，保障稀缺财政资金的安全、高效、规范运用，提高资金使用效益。

6.3.4 借力预算管理一体化，提升国库管理水平

新时代深化财政体制改革，必须更加注重各项改革措施的互相协同配合，以"积极的财政政策要提升效能"为目标，采用系统化思维进行制度设计，创新制度执行机制，增强预算管理制度的规范性、协调性和约束力。通过预算管理一体化系统，整合完善预算管理流程和规则，并实现业务管理与信息系统紧密结合，将规则嵌入信息系统以提高制度行动力，为深化预算制度改革打下坚实基础。

1. 以系统论思想构建数据互联互通的预算管理体系

从系统管理的思想来看，政府预算管理业务层面涉及"基础信息管理、项目库管理、预算编制、预算批复、预算调整和调剂、预算执行、会计核算、决算和报告管理"等八个主要环节，还涉及预算管理主体流程与资产管理、债务管理、绩效管理等业务的衔接问题，必须以系统化思维建立健全"预算项目全生命周期管理机制，财政预算管理要素的统一管理机制，上下级财政间预算衔接机制，政府预算、部门预算、单位预算衔接机制，国库集中支付管理机制，结转结余资金预算管理机制，预算管理与资产管理的衔接机制，预算管理与债务管理的衔接机制"八大机制，提高政府预算的制度效能。

要运用系统科学的整体性原理，强化预算管理体系各个组成部分的有机联系，全面梳理清预算管理业务流程，形成标准化的业务基础数据规范，并且优化控制规则，努力实现预算数据的自动汇聚和转移支付资金的自动追踪，为更好统筹财政资源提供有力抓手。用系统化思维全流程整合预算管理各环节业务规范，通过将规则嵌入系统强化制度执行力，为深化预算制度改革提供基础保障，推动加快建立现代财政制度。

2. 以预算管理一体化为契机，畅通上下级政府财政收支的衔接

首先，着力完善制度体系。聚焦国务院《关于进一步深化预算管理制度改革的意见》规定的各项工作要求，完善相关配套制度，逐步形成中央与地方、地方上下级相互衔接支撑的制度体系，使预算、国库管理工作更加规范。其次，以项目为预算管理基本单位确保上级转移支付预算项目有效落实。建立上级转移支付预算项目与下级具体预算项目的衔接关系，通过具体项目执行数据及时反馈上级转移支付预算项目执行情况。最后，在上下级转移支付中，将财政资金直达机制和相应的监管机制融合于预算管理一体化系统，使包括直达资金台账、核算对账和监控系统在内的相应功能迁移至预算管理一体化系统，实现财政资金"管得严，放得严，用得准"。

3. 以预算管理一体化为规范，实现预算管理制度主体流程数据、主要业务数据的环环相扣

一方面，通过预算管理一体化工作将预算规划与准备、预算编制与批准、预算执行与控制、决算报告与评价等主要环节紧密联系起来，改善预算管理；另一方面，通过预算管理一体化工作整合政府采购过程与资金支付、整合单位财务管理与会计核算工作等，实现预算执行流程优化、安全高效。因此，应全面梳理清预算管理业务流程，形成标准化的业务基础数据规范，并且优化控制规则，强化动态管理，在横向业务维度实现预算管理各流程、各业务的"一体化"，实现信息管理系统与预算管理业务流程、业务模块的无缝嵌入和对接。

4. 以预算管理一体化的项目为联结点，加强制度与政策规划和实施的衔接

以预算管理一体化的项目为抓手，突出"先谋事再排钱"和"先有项目后有预算"的理念。强化主管部门加强行业领域事业发展谋划，先提出切实可行的干事方案，再研究论证资金需求，确保预算执行时资金"用得出、用得好"。重点抓实项目库建设，提前做好项目储备，坚持预算安排与项目入库情况挂钩，落实未进入项目库的项目原则上不得列入预算安排的"硬约束"，推动实现预算管理方式由"以资金分配为主线"向"以项目管理为主线"转变。

预算管理一体化能够实现横向维度与纵向维度预算信息与业务整合，构建起以项目为基本单位的预算管理模式。依托预算管理一体化系统，以预算项目为联结点，将预算项目的全生命周期与年度预算周期有机衔接，并持续加强对全项目周期的监测和管理，实现对预算信息的全流程记录，为后续加强项目实施结果的跟踪打下基础，以更好实现财政宏观调控职能，并全面提升财政资金使用绩效。

5. 加强数据共享和决策辅助，提升数字财政建设

预算管理一体化系统集中反映单位基础信息和会计核算、资产管理、账户管理等预算信息，实现财政部门与主管部门共享共用。

强化财政部门数据密集型综合管理部门定位，推进财政与组织、人力资源和社会保障、税务、人民银行等跨部门数据连通，夯实预算管理基础。加强大数据开发应用，为财政经济运行分析、资金安排使用、制度优化设计提供参考，辅助提高政府决策的科学性、合规性。

6. 运用信息化技术提升监督精度和效率

构建"制度+技术"的监督框架。建立全覆盖、全链条的财政资金监控机制，实时记录和动态监控资金在下级财政、用款单位的分配、拨付、使用情况，探索自动控制和实时预警，实现资金从源头到末端全过程流向明确、来源清晰、账目可查，确保资金直达基层、直达民生。加强财会监督与人大、审计等监督的协同，主动对接人大联网监督、审计部门数据审计系统等，形成多层次的综合监督体系。

打造"中央+地方"的一体化格局。做好预算管理一体化的顶层设计工作，实现系统省级集中、数据标准统一。解决纵向上各级财政管理规范和数据标准不统一、难以实现数据追踪和汇总，横向上财政核心业务链条不通畅、各环节业务联动和信息共享不充分等问题。未来财政部可通过"全国预算管理数据汇总系统"，采集各省预算管理一体化系统数据，实现全国数据汇总和实时反映，进一步强化上下级财政间、财政与部门间的联动和协同，打造"中央+地方"的一体化格局，为推进财政数据治理和大数据分析创造条件。

第 7 章

运营视角的国库现金管理改革

7.1 国库现金管理概论

国际上衡量一个国家国库管理水平的主要指标包括：第一，能否有效控制预算执行，及时准确地提供完整的预算执行报告，为财政管理和宏观调控提供依据；第二，能否高效管理国库现金与政府债务。自 2001 年中国国库集中收付制度改革以来，已经建立起以国库单一账户体系为基础、资金缴拨以国库集中收付为主要形式的财政国库管理制度。但随着国库改革的推进，国库单一账户沉淀的资金规模也越来越大，巨额资金闲置和巨额政府负债并存，资金管理效率低下。

据中国人民银行资产负债表的数据显示，2017 年，国库单一账户资金余额最高为 41410.36 亿元，最低为 28112.90 亿元，日均余额为 32272.06 亿元。一方面大量资金闲置于国库得不到充分利用；另一方面政府还要通过发债来筹集资金，不仅产生了高昂的机会成本，也无法提升财政管理水平，不利于财政部门职能发挥，也不利于财政政策和货币政策的相互配合。因此，深入推进国库现金管理改革，是贯彻落实《预算法》的精神，进一步盘活财政存量资金，提高财政资金效率的必然要求。

7.1.1 国库现金管理内涵与目标

1. 国库现金管理内涵

国库现金管理是指财政部门为提高财政资金效益、降低财政筹资成本，运用金融工具有效运作财政库款的管理活动，是现代财政国库管理制度不可或缺的组成部分。2015 年 1 月 1 日实施的新《预算法》以及国务院 2014 年下发的《关于深化预算管理制度改革的决定》第一次写入国库现金管理内容，明确要求"各级政府应当加强对本级国库的管理和监督，按照国务院的规定完善国库现金管理，合理调节国库资金余额"，为实施国库现金管理提供了法律和制度依据。

2. 国库现金管理的目标

国库现金管理的首要目标是确保能够适时地为政府开支提供资金支持，并履行政府到期应付的义务（见图 7-1）。然而，成本效益、降低风险、提高效率、减少银行体系中持有现金余额的成本也很重要。具体包括：一是确保有足够的现金可供必要的支出，通过将收入集中在国库单一账户来保证；二是仅在有需要的情况下借债，最小化政府的借贷成本；三是闲置现金收益最大化，即避免无偿或低收益政府存款在中央银行或商业银行的积累；四是通过投资有效的临时盈余来管理抵押品风险。

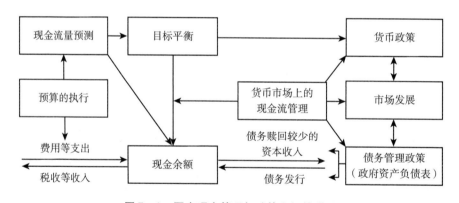

图 7-1　国库现金管理与政策之间的联系

7.1.2　国库现金管理的主要特征

有效的现代现金管理至少具有 9 个重要的特征：6 个基本特征和 3 个理想特征（见表 7-1）。这 9 个特征是在 OECD 国家实践中的共同选择。

表 7 - 1　　　　　　　　　　　　现代现金管理的 9 个特征

基本特征	政府现金余额的集中以及国库单一账户结构的建立
	清晰理解现金计划框架的内容
	能够准确预计短期现金流入和流出
	具备完善的交易程序和会计框架
	及时与中央财政部、收入收缴部门、支出机构、财政部下属部门等进行信息共享
	适当的制度安排和责任
理想特征	利用现代银行、支付、结算体系
	利用短期金融市场工具进行现金管理
	整合债务和现金管理

1. 有效现金管理的基本特征

（1）政府现金余额集中，建立国库单一账户（TSA）系统。

在大多数发达国家，几乎所有的收入每日都综合在国库单一账户，由财政部严格控制。通过国库单一账户，财政部可以在任何时间监控中央政府各部委和机构的所有现金资源。国库单一账户制度的主要银行账户由中央银行控制，用于所有政府收入的汲取和政府支出的支付。通过建立国库单一账户，政府可以将所有直接从央行 TSA 操作账户（少数除外）支付的功能集中起来（如法国、德国和美国）。

另外，支出也可以分散，由支出部门在商业银行开立的账户支付。部门每天的银行账户余额均归集到 TSA 中，政府现金管理者确保每天只有一个最小余额存留在央行 TSA 的主账户中，暂时的现金盈余通常由中央银行给予报酬或投向金融市场工具。

（2）现金管理框架的覆盖范围有着明确界定。

"一般政府"（GFS 定义）的综合宏观财政框架通常包括未纳入中央政府年度预算的收入和支出。例如，在 OECD 国家，社会保障预算外资金是司空见惯的事。在一些发达国家，现金管理资金的范围大大超过了中央政府预算。在低收入国家，一些靠捐助款项或多边贷款负担的支出可能被排除在议会通过的年度预算之外，即使捐助资金纳入年度预算，可供相关支出融资的现金通常放在专用账户，与政府在央行的 TSA 分开。更一般地，为了有效地汇集政府的资金，财政部应该具有动用预算外资金现金结余的权利。因此，可用于现金管理的资金覆盖范围需要明确界定。

（3）短期现金规划和预测。

要实现有效的现金管理，必须具有记录、监测和预测国库单一账户短期流入和流出的能力。

（4）完善的交易处理、会计框架、制度安排、信息共享。

为了进行短期预测，现金管理者需要准备足够的历史数据以预测 TSA 的所有流入和流出（收入汇款、支付费用、债务交易等）。在发达国家，高质量、及时、全面的政府现金交易数据通常很容易从政府会计系统获得，这是完全计算机化的。对于短期现金预测，相关的参与者贡献了一些必要的数据。信息共享网络已经建立起来了，并且明确了各政府单位职责和现金管理各方面的内容。

（5）现实的预算预测和保守的收入预测对于避免现金管理出现问题是有帮助的。

一些发达国家故意低估了经济增长和预算收入，虽然这主要是为了避免或减少过大的财政赤字，但是这样的做法对现金管理，特别是在有限制（或没有）进入短期金融市场的国家有良好的作用。当财政收入低于保守的预算预测时，不太需要缩减财政支出，这是用于低收入国家现金管理的工具。

2. 管理日常现金余额的良好做法

（1）重视持有闲置现金的机会成本。

将钞票或政府资金放在无偿的银行账户会带来较高的成本，将临时性的现金盈余放在低收益的工具上，也给政府带来了金融成本。同样，收入浮动（即将收入从商业银行账户转移到国库单一账户造成的延误）也是一种效率低下的表现。在一些国家，收入到达国库单一账户需要几天的时间，这是政府对商业银行的一个隐性补贴。同样地，在支出发生前一天将 TSA 内资金转移到"过渡"账户，政府支出账户的这一波动也为商业银行提供了一种隐性补贴（当政府从央行账户付款时，是对央行的隐性补贴）。最终，纳税人承担了银行浮动和无偿政府存款的机会成本。认识到政府资金的时间价值，现代现金管理者采用了如下做法：

- 政府现金资源汇集在 TSA。

- 闲置余额最小化，从而避免不必要的政府借贷。避免无息的政府银行存款。

- 不存在收入和支出浮动。在每个工作日结束后，所有非 TSA 政府银行账户余额为零。

- 通过银行系统进行交易。电子交易最大化，以减少交易的延迟，并逐渐取代支票结算。这些做法与支付系统低效率、银行系统不发达的国家做法相反，那些国家甚至可能涉及实物现金（钞票）的运输。

- 银行提供财政服务的报酬以每一个交易为基础，与交易的价值无关。合格的银行通过招标选定，为政府提供收入传输服务以及代表政府进行支付。银行把余额归集到 TSA、将闲置余额减少到零的能力是十分重要的。

- 实时付款。从而避免了支付延误和延迟付款的处罚。

- 通常设置年终 TSA 余额目标。任何意外的现金需求（如由于时间差导致的需求）可以通过政府证券市场短期借款或银行系统融资得到满足，从而最大限度地减少持有大量低收益的现金结余的需求。

- TSA 的临时盈余投资于附息工具，通常有足额的抵押担保以降低风险。为了实现可用余额收益最大化和避免时间错配的目标，财政部在二级政府证券市场的参与度逐渐提高。

（2）利用现代银行系统和金融工具。

政府所有的交易都在现代银行体系进行会促进现金管理。在银行体系中，商业银行与自己的分支机构网络电子化地联系起来，并建立起银行同业结算系统，通过实时全额结算（RTGS）系统实现与中央银行支付系统的整合。现代财政部门利用了这些工具，并使用电子收入传输和付款。在发达国家，政府的现金管理者每天监督所有政府账目的综合平衡，当有暂时性的现金短缺或盈余时，他们就会向金融市场借款或贷款。例如，在欧盟国家，财政部门通常活跃在回购市场。财政部门成为活跃的市场参与者，这对货币市场的发展是有益的。

（3）引入适当的制度安排和明确的责任。

发达国家对财政部的现金管理者和其他部门的现金管理者有着清晰的认识，他们在现金管理和债务管理中具有各自的角色，特别是中央银行和商业银行。作为政府现金的中央管理者，财政部领头规定了以下内容。一是财政部可以委托商业银行和中央银行的业务。例如，电子税收或各种政府支出款项（外币付款通常由中央银行支付，因为外汇市场存在风险）。二是商业银行和中央银行执行财政部银行服务从政府得到的报酬。三是政府机构间数据与信息的强制性交流。四是银行或中央银行支付利息的基础。财政部内部预算、财政、债务部门间需就现金管理问题进行经常的交流。所有这些功能都需要有技术的员工来实现。

（4）协调现金管理者、债务管理者和货币当局。

现金管理者需要与债务管理者合作，特别是当现金管理者和债务管理者分别在财政部的不同部门时。由于现金管理者关注的是非常短的时期，而债务管理者的视角是稍长的一段时期，所以现金管理者有必要与政府债务管理者以及货币当局（中央银行）合作。在这种情况下，以下问题是很重要的。

第一，政府现金管理和债务管理的目标可能会发生冲突。在发达国家，现金管理者关心的主要问题是每日闲置现金余额收益的最大化以及借贷成本的最小化，政府债务管理者主要关注的是借款计划是否有序进行。现金管理者积极参与金融市场——短期存放暂时闲置的现金余额或进行短期借款，现代的债务管理者预先公布政府借款的定期时间表，与年度债务管理业务计划相一致，从现金管理的角度来看，前期公布的借贷计划可能导致借贷太多或太少，从而减弱日常现金管理的有效性。这些明显的冲突可以通过密切的协调政府现金管理者和债务管理者之间信息和意图的交换来解决，进而可能出现在公布的国债清单上进行数量修改的情况。

第二，政府的现金管理者和中央银行都需要对政府现金需求的短期预测。财政部需要每天分享其对政府现金需求的最新预测，央行将这些预测与银行流动性的预测相比较是有用的。由于政府和非政府部门之间流动性的净转移往往是在央行的流动性预测中最大和最不稳定的项目，因此预测需要尽可能准确。

（5）将政府存款从中央银行转向商业银行影响货币政策的实施。

虽然一些国家（如法国）只使用中央银行进行政府零售的银行交易，但是大多数国家使用商业银行。发达国家也经常把大量的流动性释放到市场中，如进行逆回购操作或在商业银行办理定期存款。政府资金从中央银行到金融市场（反之亦然）的运动影响银行的流动性进而影响市场利率。因此，政府的现金管理者需要与中央银行合作，特别是涉及未预料到的政府资金流动的问题。例如，在美国，各个州之间每天会进行一次电话会议。

3. 现金计划和预测

为了实现有效的现金管理，财政部需要建立准确、及时的现金流入和流出的短期预测，被预测的流量包括政府收支（即有助于财政收支赤字或盈余）和融资交易（即净金融资产和负债的变动）。一个关键的目标是预测政府的现金需求，并确保及时付款。现金预测框架的主要特点包括以下几个方面。

（1）建立一个全面的框架。

要求包括所有流入的政府现金资源，并为短期和长期现金负债的规划提供框架指导。这需要全面的预算信息管理系统，确保数据是及时、准确、可靠的。

（2）部门大额用款需求的报备。

按照部门排列支出计划和实际的用款需求，在预算执行中不会出现中断或欠款。这就要求各部委与财政部合作，仔细计划支出；反过来，财政部需要响应部委的现金需求。

（3）为预算机构创造提供真实的现金计划的动机。

预测中总是有不确定因素：年计划可能会改变，合同未按预期签署，未按预期获得发票等。然而，当从现金配给制转向更积极的现金管理时，"胡萝卜加大棒"的办法可能是必要的。对于提交准确的现金需求预测预算的机构，可以给予更多的自主权，以管理其预算拨款支出。

（4）现金计划的预测需要定期更新。

预测应该随着时间的推移不断完善。在发达国家，至少提前 3 个月准备每日现金流的预测。在欠发达国家，一般准备每周或 10 天的预测。最大的项目是分类，目的是得到由收入收集机构或主要支出部门作出的详细预测，并且确定大规模收入或支出的日期。

（5）更新频率应该为每天一次。

随着现金管理变得更为灵活，政府的现金管理者应设法减少日常的闲置现金余额，并可以通过借款来解决短期的临时现金短缺。正向现金计划的更新终将成为日常。在最先进的国家实行的就是日内的现金管理。

（6）现代现金计划者主要通过短期市场借贷弥补暂时性的现金赤字或盈余。

在低收入国家，如果出现现金短缺，而且不能选择短期借款，那么要考虑以下措施解决缺口：加速税收；延缓支出（最好在商定阶段，而不是在付现阶段，因为后者会造成支付欠款）；如果收入不足是由于乐观预测收入造成的，则修改年度预算。

（7）现金预测单位。

现金管理部门需要指派几名员工来更新技术预测，这个团队通常很小（通常是 3~5 名全职员工）。

（8）必要的信息技术支持。

信息越复杂，对信息系统的需求就越高。高质量的信息系统可用来作好预测准备、更新短期现金预测和维护现金流趋势的数据库。一种好的选择是将一个特制的现金预测模块纳入综合财务管理信息系统（IFMIS），系统内的会计模块能够提供现金流入和流出的数据。在财务管理相当分散的国家，支出部门在自己的信息系统中进行管理，加之短期预测由部门定期更新，因此有必要确保部门预测数据能够传递到中央现金管理者的 IFMIS 中加以汇总。

7.1.3 国库现金管理职责分工的国际比较

1. 美国的国库现金管理

美国国库现金管理由财政部的财政业务办公室负责，财政业务办公室由财政部部长助理、财政管理业务局和债务管理局组成。财政管理业务局主要负责财政收支业务的基本运行，包括账户管理、收入收缴、支出支付、国库现金余额投资、政府会计核算等，负责对国库现金的控制、保管和投资。债务管理局主要负责发行国债和国库券，进行财政融资。在国库现金管理中，财政部与中央银行以委托代理关系为基础进行合作，即中央银行受财政部委托办理国库现金管理业务，财政部负责国债和国库券的发行政策和操作，包括国债和国库券的规模、期限、利率、发行时机以及债券市场的监控管理等政策，还包括国库券和国债的发行操作。中央银行主要通过公开市场操作在二级市场买卖国库券实施货币政策。

美国联邦财政国库现金管理的目标是在央行国库通用账户中的资金余额保持在 50 亿美元左右，当税收流量大且变动时，以约 70 亿美元为目标。国库现金投资的主要工具是将国库通用账户多出目标余额的现金保存在商业银行中，获得利息以降低财政筹资成本。

2. 英国的国库现金管理

英国国库现金管理主要由财政部的政府财务管理局和债务管理办公室负责。政府财务管理局负责整个政府国库账户体系、财政收入收缴和支出支付、政府部门和上下级政府间的资金借贷管理、政府财务会计核算及其报告的管理。债务管理办公室主要负责政府债务管理和国库现金的市场投融资运作，包括发行和兑付中长期国债、促进国债市场发展、发行短期国债、在货币市场进行借贷等。

英国财政部在中央银行设置了两个主账户，一个是合并基金账户，用于持有和核算政府所有经常性的财政收支，但其现金余额只保持一个很低的、保证支付的额度，目前为 2 亿英镑；另一个是国家借贷账户，用于核算政府的资本性收支，政府的国债、现金借贷和其他的借贷由此账户或其子账户管理核算。

英国国库现金投融资管理的目标是使合并基金账户保持 2 亿英镑的最低现金余额。国库现金余额投资主要是在货币市场借出现金。同时，由于设置了国家借贷账户，财政部还在此账户下对一些用款部门和地方政府进行周转借款，建立了政府内部的财务管理机制，有利于完善政府内部财务管理。

3. 澳大利亚的国库现金管理

澳大利亚联邦政府国库现金管理由联邦财政部和金融管理办公室负责。财政部的财政管理司负责财政收支业务的基本运行，包括财政部银行账户设置及管理、收入收缴、支出支付、财政财务报告、国库现金流的预测与控制等。金融管理办公室主要负责国债发行管理和国库现金结余投资。

澳大利亚控制国库现金流量的特点是对财政资金银行账户进行"隔夜清零"。在国库账户体系设置上，财政部在中央银行设置合并基金账户，用于管理和核算所有的财政收支，并设置一个隔夜资金账户用于核算管理从各用款单位转回的现金余额、一个定期存款账户对国库现金结算进行定期存款。澳大利亚国库现金管理的目标是保持合并基金账户的余额在 15 亿澳元以下，并使现金流的波动尽可能小。

4. 法国的国库现金管理

法国政府国库现金管理由经济财政工业部所属的法国国库局负责，包括管理国库单一账户、财政收入收缴和支出支付、国库现金流量预测、国库现金的融资和投资等。国库现金管理的范围不仅包括中央政府的国库现金，还包括地方政府的国库现金，中央银行是政府资金管理的代理银行，但决策权完全在财政部。国库现金管理采取的是高度集中的模式，财政部通过在中央银行设立的国库单一账户体系控制中央政府和地方政府的收入收缴和支出支付。

法国国库现金管理进行两个月的以日为基础的现金预测，在保证支出支付的前提下，以保持国库单一账户日平均现金结余1亿欧元为目标，对现金流的峰值和谷值进行平滑管理。国库现金管理投融资由国库局结合政府债务统一管理，即按照财政赤字和债务赎回规模确定以财政年度为基础的融资规模，以财政年度为基础的融资通过发行国债包括发行国库券进行融资。以国库单一账户最低稳定的现金余额为基础的现金投融资通过短期货币工具进行，主要是在货币市场上通过回购协议和借出现金进行。

7.1.4　典型国家国库现金管理流程

国库现金管理是国库管理发展到一定阶段的产物，是现代财政国库制度的重要组成部分。20世纪70年代末，美国率先开展了国库现金管理，随后，其他市场经济国家也相继建立了国库现金管理机制。经过几十年的发展，目前西方市场经济国家国库现金管理的做法已经比较成熟。这里以英国和德国为例加以介绍。

1. 英国国库现金管理流量预测与操作流程

（1）英国国库现金流量预测。

现金流量预测是对未来一定时间内国库单一账户净流入和流出的现金量进行预测分析，可以为国库现金管理的货币市场操作提供及时准确的预测信息，从而实现国库现金管理的目标，它是各国国库现金管理工作中一项重要的制度安排。

英国现金流量预测的信息主要来源于各部门用款计划、一些部门提供的每天现金流量预测情况，然后结合过去年度的数据库资料和经验模型进行预测。国库管理局负责预测和监督中央政府收入和支出现金流，并将预测信息提供给债务管理办公室。债务管理办公室再根据获得的信息进行市场操作等职能。

英国国库现金流量预测主要分为两部分：一是预测年度数据；二是月度预

测和每日预测。其中月度预测和每日预测是英国国库现金管理的亮点。国库管理局要向债务管理办公室提供未来 19 周每天的现金流量预测；结合部门提供的月度用款计划，按月向债务管理办公室更新下月每日的预测信息；每一天当中分 7 次提供当日最新的更新信息。支出方面，要求政府支出部门必须提供支出的月度用款计划。其中 17 个主要部门要求提供每日的明细数据，其余部门只要求提供每月总的支出预测，国库管理局负责将月度预测转化为日趋势，并送给债务管理办公室使用。同时英国还设立了现金流量基础数据库系统和信息系统，数据库可以按类别分别统计记录日趋势预测数据、预测日前一日晚 5 点的预测数据、预测日当天 7 个不同时点的预测数据以及实际现金流量数据，用以分析总结预测情况。

为了保障预测的准确性，英国将预测管理制度化，对比分析预测结果以进行绩效评估、总结经验，提高预测人员水平。财政部对部门的支出预测工作有专门的考核奖惩机制，并且确定了每日和每月预测与实际支付数之间允许的差错数额、比例和处罚标准，这一点也值得各国借鉴。

（2）英国国库现金管理公开市场操作工具。

国库中的现金主要用于政府各项事务的支出，因此，国库中的现金余额一直处于一种波动的状态，但是当国库中的现金余额过多或过少时，是不利于国库的安全和政府各项事务的有效开展的，为了使国库中的现金余额保持平衡，政府一般采取货币市场操作的方式，调节国库中的余额。

当英国国库中的资金高于或低于其规定的目标限额时，英国的债务管理办公室就会向市场借贷资金，来平衡国库现金的流入与流出。债务管理办公室使用多种市场操作工具来达到这一目的，而这些市场工具主要是货币市场上安全性较高的金融工具，主要有以下五种。

一是债务管理办公室通过发行国库券来借入短期资金，来补充国库中的短缺资金。英国的国库券种类多样，主要有期限为 28 天、91 天、182 天、364 天的四种国库券，而在现实中主要用的是前三种国库券。

二是通过买入或卖出剩余年限在半年内的政府债券和国库券及其他种类优质债券，来调节国库现金的余额。

三是以英国及欧元政府债券、英国国库券和其他优质债券作抵押，对债券进行回售或回购，运用相应的资金，使国库的现金余额达到相应的平衡状态。

四是根据信用等级的高低对参与机构分别给予不同的授信额度，对相应的资金进行拆借，补充或运用相应的资金，来平衡政府现金流的波动。

五是设立专设存款，中央政府为各地方政府和政府机构专设存款服务，来实现地方政府建设的需要。

（3）英国国库现金管理操作工具与货币政策的具体配合措施。

英国债务管理办公室主要使用货币市场上安全性较高的工具向市场借贷资金，但是那些风险较大的市场操作工具，如价值波动较大等具有高风险性的企业债券等则不允许使用，通过这些较为稳定的工具来调节其国库的现金余额。英国债务管理办公室调节国库余额的具体做法如下。

当国库的现金余额低于他们规定的目标限额时，债务管理办公室就会通过每周发行一次国库券（即一年期以内的短期国债）来筹集资金和调控现金流量，并且英国每年的发行计划都会在年度预算中公布。在一年当中，国库券的发行总量会随着现金需求的变化而发生变化，当有净现金流入时，债务管理办公室就会通过对国库券进行回购的方式，减少国库券发行；而当有净现金流出时，则会增加国库券的发行量。

此外，债务管理办公室在每日的短期操作中一般会采用回购或回售等操作来保证国库现金余额的稳定。在每天下午的早些时候，债务管理办公室就会根据现金流量的实际发生情况，根据国库中具体的现金余额，通过回购等操作对其做进一步调整，以实现现金的平衡。

同时，在每个营业日的最后时间，债务管理办公室还会进行商业银行定期存款等操作。政府在平时的工作中可能会出现一些预想不到的现金流出，这些预想不到的现金流出可能会对英国的国库单一账户余额产生影响，在这个时候债务管理办公室来不及通过双边市场操作来调节现金的平衡，就需要他们通过与英格兰银行和有关商业银行相协作，采用无担保的市场借贷这一方式来解决这一问题，实现现金的平衡。例如，利用商业银行存款和从商业银行借款等。若通过这种方式仍然无法满足需要，债务管理办公室还可动用英国政府在英格兰银行存放的 5 亿英镑资金，以使其相应的国库资金达到相对平衡的状态。

而且，当国库资金短缺时，债务管理办公室有时也会通过定期的存款协议，向地方政府和中央部门提供简单的融资服务，来筹集相应的资金。债务管理办公室的信誉有政府保证，因此能够较为容易地吸收到较多资金，使得国库相应现金余额达到平衡的状态。

（4）英格兰银行存款账户设定相应的目标余额。

英国国库每日的现金余额都会归集到其债务管理账户，而政府为了保证国库现金的安全性，对该账户的余额设定具体的目标。在 2006 年以前，英国国库的目标余额为 2 亿英镑，此后则调整为 5 亿英镑。为了保持余额的稳定性，英国政府的具体措施为：财政部在英格兰银行保留了 5 亿英镑后，其余的那部分资金则在货币市场上从事国债、优秀企业债券等现券的买卖和回购等短期投资活动。当中央银行账户日终余额低于 5 亿英镑时，则通过卖出或回购所持有的优质金融工具，筹集国库所需要的各种资金；当中央银行日终余额高于 5 亿英镑时，债务管理办公室则通过买入或回售相应的优质金融工具，以赚取利息收入。

（5）英国国库现金管理风险防范和绩效管理。

国库现金对于一个国家的安全与发展起着重要作用，因此需要对其资金进行相应的风险与绩效评估。英国国库现金管理的目标是成本最小化，而且是在合并风险限值内的成本最小化，尤其还要以促进货币市场稳定为己任，以及应当树立并保持公正的市场形象。为了实现这一目标，英国财政部国库管理局要求所有现金管理操作的前提是风险最小化，能够有效地规避各种风险，不允许承担任何汇率风险。国债管理局对债务管理办公室运用的各种市场操作工具的种类、期限、利率等都有明确的要求，以保证这些工具所带有的风险在可控的范围内。同时，国库管理局还要求债务管理办公室按照年度公开现金管理的具体情况，通过核算成本与收益核定现金管理的绩效，以保证政府能够高效地运用国库现金，保证国库现金的安全性。

2. 德国国库现金管理流量预测与操作流程

（1）国库现金流管理与预测。

德国央行的国库管理职能往往由联邦和州的预算法来明确，而非由联邦银行法规定，地方国库的资金收纳及流动性管理同样由德国央行负责。由于各级财政具有相对独立性，德国央行对各级国库所起到的管理作用也不尽相同。德国央行在州及地市国库管理中的角色较为相似，主要负责国库资金的收纳及流动性管理。由于地方政府不会专设国库资金运作部门，德国央行往往会接受地方政府的委托，帮助其对国库资金进行流动性管理。德国有自己的国库单一账户，与中央国库单一账户相互独立，各州、地市政府均须在德国央行各分支机构开立国库账户，用于收纳所有公共财政收入，但不强制要求所有地方财政支出通过央行国库账户进行。实践中，德国地方财政支出一般通过地方政府在商业银行开立的账户进行，因此保证了国库资金流动的高效率，便于现金流的有效管理。

从 2004 年 1 月开始，德国央行不再接受国库部门的委托，对国库沉淀资金进行流动性管理，而是通过国库资金集中系统，依据规定将国库沉淀资金划拨给专门的运营机构。具体程序是：德国央行在每个工作日结束前（下午 5：30），将国库单一账户体系子账户中的资金全部划至主账户，随后根据流动性管理的需要，主账户资金被划转至德国金融公司（Finanzagentur GmbH），由其负责资金运作（该公司隶属于德国财政部，主要职责是对国库资金进行投资）。根据德国《联邦预算法》第 43（2）条的规定，对国库资金进行流动性管理需满足一定条件，即应确保一旦需要资金时，国库能及时进行拨付。

（2）国库现金余额管理。

国库现金余额日常管理的要点在于将国库现金余额维持在最低水平。当国库资金出现盈余时，将现金余额用于投资以获取最大收益；国库资金不足时，通过适当渠道筹集资金以确保政府日常资金需要。国库现金余额投资形式有商业银行定期存款、国债逆回购、购买高信用等级的商业票据、向与德国有协定的国家贷款等。融资方式有回购交易、发行债券等。

为避免国库资金闲置，德国国库管理部门加强了对国库闲置资金的充分使用。为避免对政府融资，德国央行通常不再负责国库资金的流动性管理。在2000 年成立了德国金融公司，赋予了其国库的流动性管理职能，该公司隶属于德国财政部，主要职责是对国库资金进行投资。鉴于德国特殊的财政管理体制，德国央行仍负责地方国库资金的流动性管理。尽管德国央行接受委托，但并不承担由此可能产生的损失。截至 2012 年末，德国央行对各级政府的债务余额约为 119 亿欧元，与德国一年 2 万多亿欧元的财政收支相比，基本可忽略不计。

2008 年 6 月 1 日，德国给私人投资者提供联邦日债券。2012 年底，德国政府停止对私人投资者直接发行债券，这标志着新发行的联邦储蓄券和联邦财政票据的结束、中期公债和联邦日债券的直接发行，以及对新发行的德国政府债券的保护。2013年6月26日，联邦政府第一次与10个州共同发行债券，偿还期为7年，规模是30亿欧元。债券的发行者承担部分责任，与他们各自发行的债券数量一致，其中联邦政府的份额是13.5%。

（3）国库现金管理绩效衡量指标。

德国的联邦预算由财政部编制，并提交议会和参议院审批。德国国库部门负责监督每笔资金的合规性，并管理国库资金。相关机构受国库部门的委托运营闲置资金；德国央行需确保国库资金按国库部门的指令支出，每笔支出必须直接支付给收款方。联邦审计院及议会审计委员会负责事后检查。

第一，目标余额设定。德国国库资金收支均需通过国库单一账户体系进行。德国政府存放于央行的现金余额的隔夜波动性很低，几乎接近于零。

第二，收益性。在确保安全性、流动性的前提下对闲置的库底资金进行投资，以期实现价值增值。国库资金临时结余投资收益接近于市场平均利润率即为合理。

第三，国库管理方面。德国实行委托国库制，委托中央银行代理国库业务。德意志联邦银行与德国政府的关系是在独立基础上的紧密合作关系。《德国基本法》第十章即为"财政"，对财政事项作出总体规定，德国在宪法之下与国库相关的法律集中在《联邦财政制度》中，德国在历次公布的预算法和预算原则法中，对德央行在国库管理中的重要作用做了明确的规定。德央行在联邦国库资金收支中居中心地位，主要负责地方国库的资金收纳及流动性管理。

3. 国际上国库现金管理经验归纳

在参照国际经验的过程中可以发现，目前最先进的现金管理创新国家主要是澳大利亚、加拿大、芬兰、新西兰、瑞典、英国和美国。现金管理涉及的主要进展：银行权力下放同商业银行的使用；部门自治权扩大；转变电子事务处理过程和系统，更加完整、开放和高响应性；引入激励手段进行更有效的现金管理等。

在过去的5~10年，尤其是OECD国家政府认为，潜在节约成本可以通过加强现金管理和集成现金债务管理实现。这显然引导政府将政府现金管理从中央银行货币政策操作中独立出来，以避免任何因利益冲突而引发的感知性市场操作，确保更高的透明度和更明朗的市场参与者。

7.1.5 国库现金管理的制度框架

1. 进行国库现金流预测

基本做法是：以国库现金管理信息系统为依托，通过信息系统向用款单位和收入部门获得基础数据及各部门预测信息，在此基础上运用计量经济学模型，并结合历史经验判断，进行未来一段时期内按日、按周、按月的滚动预测。

2. 进行用款计划管理

即要求用款单位根据批准的预算编制分月用款计划，报送财政部门，同时财政部门建立用款计划考核奖惩机制，以提高用款计划编制的准确性，促进国库现金流预测水平的提高。

3. 实行最低库底现金余额制度

即根据财政收支变化情况，在满足财政日常支付需要的前提下，只在央行账户中保留较低数额且相对稳定的现金余额，将剩余资金拿出来进行市场化运作。

4. 进行国库现金投融资管理

即当国库资金出现短缺时，进行融资操作；当财政资金较为充裕时，对央行账户中超出目标余额的资金进行投资运作。其中，在融资方面，使用的工具主要是发行国债，包括为弥补财政赤字而发行的中长期国债以及为调剂财政资金暂时性短缺而发行的短期国债，此外，一些国家还采用货币市场短期拆借及向中央银行透支等方式筹集资金。

7.2 我国国库现金管理现状与改革方向

随着我国快速的经济增长及国库集中收付制度等支出改革的全面推进，国库现金盈余成为国库账户中资金运行的常态，管理成为必然。推进国库集中收付制度改革以来，我国一直对国库现金管理进行有益的探索与尝试（见图 7-2）。2002 年发布国库存款计息有关办法，规定自 2003 年 1 月 1 日起，国库存款按人民银行规定的单位活期存款利息计付利息，改变我国长期"财政存款无息、银行服务免费"的新制度。2003 年 6 月，财政部对第五期国债采取发行后推迟 3 个月缴款的做法避免了国库库款的大幅波动。2004 年 8 月，财政部根据国库现金余额大量闲置情况首次以混合式招标方式提前兑付三期总量近 101 亿元的记账式国债，减少国库资金的闲置和国债利息支出，这些方法为我国规范开展国库现金管理提供了宝贵经验。

图 7 - 2　国库现金运用方式发展

7.2.1　中央层面国库现金管理

2006 年 5 月，财政部与中国人民银行联合发布了《中央国库现金管理暂行办法》（见图 7 - 3），其中规定以商业银行定期存款、买回国债、国债回购和逆回购等方式，对财政部在中央总金库的活期存款进行管理和运作。同时规定，在国库现金管理初期，主要实施商业银行定期存款和买回国债两种操作方式。这一办法的出台，标志着国库现金管理正式进入实质性的操作阶段。国库现金管理是一种高层次的财政国库管理活动，指的是政府的财政部门在确保安全性的前提下，通过一系列市场投融资操作，管理与运用好这部分国库现金，实现闲置国库现金投资的收益最大化和赤字筹资成本最小化。2006 年 8 月，财政部实施了首次中央国库现金管理买回国债操作，共买回年内到期的 3 期记账式国债 186 亿元，扣除人民银行活期存款利息收入后净减少国债利息支出 4200 多万元。2006 年 12 月，实施 3 月期、200 亿元的中央国库现金管理商业银行定期存款操作，招标利率 2.7%，实际净收益 1 亿元。同时，为确保国债管理和国库现金管理相协调，保证财政资金的安全性，及时调整增减国债数额规避风险。[①] 目前，中央国库现金管理已逐渐进入以定期存款为主要形式的稳定操期。2016 年，中央国库现金管理共投放定期存款 8 期，累计投放资金 5000 亿元；收回定期存款 9 期，累计收回资金 5300 亿元。

---

① 马洪范：《国库现金管理：理论与政策》，经济科学出版社 2014 年版。

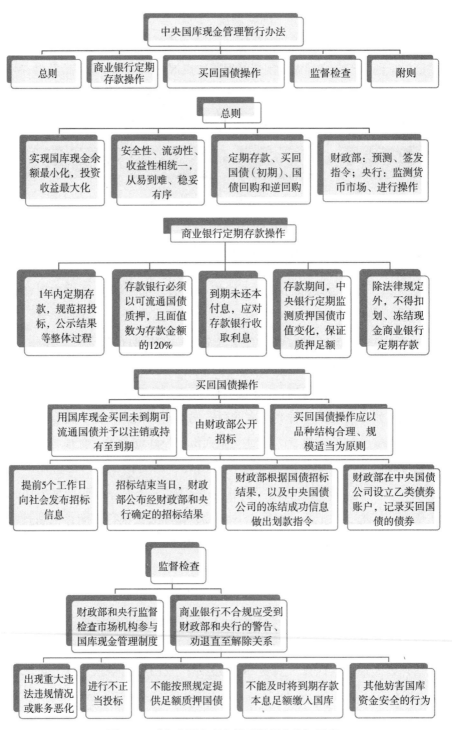

图 7-3 《中央国库现金管理暂行办法》示意

7.2.2　地方层面国库现金管理

《中央国库现金管理暂行办法》只适用于中央政府的国库现金管理，对于省、市、县、乡等地方政府而言，是否开展以及如何开展国库现金管理，仍需解决很多问题。2014 年新修订的《预算法》是我国预算管理改革的重要举措，其中许多规定对今后我国地方国库现金管理的开展都会产生深远的影响。新《预算法》首次明确政府全部收支纳入预算，完善全口径预决算体系；首次明确财政转移支付制度，分为为均衡地区间基本财力的一般性转移支付和为办理特定事项的专项转移支付；明确规定"省、自治区、直辖市依照国务院下达的限额举借的债务，列入本级预算调整方案，报本级人民代表大会常务委员会批准"，并且对地方债提出了"举借的债务应当有偿还计划和稳定的偿还资金来源"整改方案。新《预算法》的出台为地方财政收支工作指明了方向，也有利于提高政府部门工作效率，增加工作的透明度。地方国库现金管理与中央国库现金管理不同，地方财政所面对的收入与支出更加分散和细微，地方政府在货币市场和资本市场不起导向作用，而是追求单一的成本效益目标。此外，地方国库现金管理中可使用的金融工具比较丰富，可开展短期投资、固定收益投资、不动产、公司股票及其他资产投资，投资工具如地方政府债券、储蓄单据及银行兑票、公司债券、回购协议、货币资金等。

地方政府开展国库现金管理需先明确地方决策与操作是集权还是分权，是由地方政府自己做出还是由中央政府或相对高层级的政府做出。集权型模式是中央财政拥有部分地方财政资金管理权，按照我国分级负责的财政体制，上级财政不得占用或挪用下级财政资金，不太可能实现集权式管理。我国有 34 个省级行政区、300 多个地市级行政区、近 3000 个县级行政区，实行完全的集权式管理交易成本将会十分高，而且还难以形成对地方政府合理的激励约束机制，所以我国不宜实行集权型国库现金管理。我国作为发展中国家，对所有的付款承诺进行事前事后有效控制的能力还不完全，建立跨政府范围的财务管理信息系统的能力也需要进一步提高，国库管理的基础设施往往不能确保收入立即划入国库单一账户，所以我国地方国库现金制度需通过改革更深一步实行分权。

为引导地方国库现金管理规范发展，2014 年 12 月，财政部和中国人民银

行联合发布了《地方国库现金管理试点办法》，并确定北京、上海等 6 个省
（市）为地方国库现金管理首批试点地区，试点地区可开展省（市）级国库现
金管理操作。自此，我国地方国库现金管理迈出实质性步伐。按照《试点办
法》要求，首批试点 6 省（市）均由当地财政部门与人民银行分支机构联合
开展，进行商业银行定期存款操作，定期存款分配由试点地区根据实际自行招
投标确定，并以国债为质押；2015 年 7 月，为满足地方国库现金管理试点后
质押品管理需要，财政部与中国人民银行出台《关于中央和地方国库现金管
理商业银行定期存款质押品管理有关事宜的通知》，将地方政府债券正式纳入
质押品范围；2016 年 4 月，国库现金管理试点地区扩大至天津等 15 个省
（区、市），地方国库现金管理覆盖面不断扩大。2016 年，全国试点 21 个省
（区、市）共完成 78 期地方国库现金定期存款招投标操作，累计投放金额
1.72 万亿元。2017 年 2 月，财政部与中国人民银行联合发布《关于全面开展
省级地方国库现金管理的通知》，标志着省级地方国库现金管理在全国全面铺
开。中央、地方国库现金管理对比如表 7 - 2 所示。

表 7 - 2　　　　　　　　中央、地方国库现金管理对比

操作主体	操作工具	资金分配方式	招标方式	质押品	招标平台
中央国库现金管理	财政部 人民银行	商业银行定期存款 买回国债	单一价格招标	国债或地方债	中央国库现金管理招标系统
地方国库现金管理	地方财政部门 人民银行分支机构	商业银行定期存款	综合评分招标	国债或地方债	尚无统一平台

7.2.3　中国国库现金管理存在的问题

与发达市场经济国家相比，我国国库现金管理比较薄弱，缺乏科学有效的
国库现金管理制度和实践经验。开展国库现金管理，对提高国库现金的使用效
益、完善财政政策和提高财政管理水平、有效实施政府宏观调控具有十分重要
的意义。

1. 法律法规不健全

新《预算法》第一次对国库现金管理作出规定，明确"各级政府应当加
强对本级国库的管理和监督，按照国务院的规定完善国库现金管理，合理调节
国库资金余额"。这对于做好国库现金管理工作将起到引导推动与法律保障作

用，其积极意义重大。

为了更好地开展国库现金管理工作，当前还需进一步从法律上明确、细化国库现金管理的目标、主体、运作模式及其他法律法规问题，对国库现金管理的内容、范围、手段及风险防范等作出限制性规定，为国库现金管理提供法律保障，确保国库资金的安全性、流动性、盈利性和可操作性。同时，应进一步明确建立国库现金运行监督管理机制，强化央行经理国库职能，确保国库现金统一管理和安全运作。

2. 财政预算体制制约管理目标实现

高效开展国库现金管理操作的前提条件，是能够科学地分析并准确地预测国库现金流。目前，虽然财政部、中国人民银行已经初步建立了国库现金流的分析预测机制，然而由于长期以来，我国财政预算管理体制不够完善，预算政策多变，且存在预算编制粗放、执行随意等问题，导致实际开展国库现金流预测面临着诸多困难，影响了国库现金管理操作的实施。

当前在我国国库现金流预测工作中，对国库资金流量的预测手段还比较单一，只是建立在历史经验基础上，而不是像西方发达国家那样，根据预算编制与执行计划，准确预测国库资金流量的变动。国库现金管理模型和预测方法仍相对简单，这种基于经验的预测，存在相当的误差。同时，受财政体制、管理手段等因素的影响，目前大量财政资金仍然以财政专户的形式游离于国库管理之外，导致不能准确、完整地反映国库收支情况。

从我国开展国库现金管理以来的实践上看，国库现金管理操作规模较小，历次中央国库现金管理操作主要集中在 300 亿~600 亿元。分年度看，虽然年度操作规模逐步由 2006 年的 200 亿元大幅增长至 2014 年的 6200 亿元，但如此操作额度同迅速增加的中央财政库存规模相比，仍显不足。

3. 国库现金管理操作方式过于单一

国库现金余额投资工具包括商业银行定期存款、买回国债和国债逆回购，国库现金余额的融资工具则包括短期国债、国债回购、现金管理券和货币市场拆借。在期限结构和操作方式上，当前我国国库现金管理手段比较单一，不利于滚动操作。

受制于缺乏有效的短期投融资工具，当前我国国库现金管理操作以投资为主，操作方向的单向性既不利于财政政策与货币政策的相互配合，也难以满足完善未来国库现金管理双向性操作的需要，从长期发展来看，这同样不符合国库现金管理保持库存稳定及投资收益最大化的发展趋势。

4. 国库现金管理效率不高

（1）管理责任主体尚不明确。

国库现金管理活动是一项专业性较强的政府财务管理活动，其责任主体应具备专业特长，同时应能有效地履行国库现金管理的职责，包括确保国库资金安全、有效满足国库资金支付需求以及尽可能降低履职成本、提高工作效率等。此外，国库现金管理活动主要是在金融市场中完成的，责任主体应对金融市场环境具有较强的适应性。综合考虑上述条件，目前在我国，政府财政部门和中央银行都具备这一资格，并且在现实中，财政部门和中央银行实际上已经扮演着国库管理责任主体的角色。

当前存在的问题是，财政部门认为国库现金管理作为一种财政管理活动，从国库资金的管理权看，财政部门代表政府管理国库资金，只有财政部门才有权动用国库资金，其他任何部门无权动用国库资金，财政部门应是包括国库现金管理在内的国库管理的唯一主体。

如果将国库现金管理看成一种财政管理活动，则国库现金管理的主体只能是财政部门。同时，依据国库现金管理的主体与国库管理主体的一致性要求，国库管理的主体也只能是财政部门。但国库现金管理作为国库现金余额调节行为或金融市场投融资行为，其具有鲜明的理财行为的本质，将国库现金管理作为一种财政管理活动不仅有悖于此，且明显不符合我国国库管理"中国人民银行具体经理国库，组织管理国库工作是人民银行的一项重要职责"的制度安排。

（2）推进地方国库现金管理困境重重。

目前在能否开展地方国库现金管理上，存在着较大分歧。一种观点认为，地方财政集中收付改革和经济快速增长导致地方国库现金持续大规模上升，开展地方国库现金管理具有必要性和紧迫性。同时，近年来一些地方已经相继尝试对财政专户资金开展现金管理，并已积累了一定经验，所以开展地方国库现金管理具备了一定的可行性。另一种观点则强调当前地方库款增长较快的主要原因是预算管理不善，应将改进预算管理工作作为降低库款余额的主要手段。国库现金管理只能用于熨平库款的小幅波动，不应以一味地追求库款收益为主要目标，从而影响转变经济发展方式、促进国民收入分配改革和加强流动性管理等国家宏观调控大局。

在地方国库现金管理与货币政策关系上，一种观点认为，地方国库现金的支配权属于地方政府及其财政部门，中央部门有指导权但没有管辖权，而且地方国库现金管理属于地方政府的事权，地方政府有权决定其国库现金管理的具体做法，无须考虑货币政策。另一种观点则认为，在当前流动性较充裕的情况下，国库现金管理操作会增加中央银行的流动性管理压力，而地方库款规模较大，开展地方国库现金管理会对货币政策调控产生干扰，当前开展地方国库现金管理工作的时机尚不成熟，因而应暂缓推进。即使开展，地方操作的规模和频率也要通过审核加以控制。

5. 国库现金管理与财政政策、货币政策相配合仍需加强

财政库款的变动对于市场资金的影响比较显著，所以对国库现金的管理与应用需要考虑当时所实行的货币政策与财政政策，避免对相关政策形成抵消作用。由于预算的约束，常常会出现到预算年度末财政支出大幅增加的情况，每年的最后一个月的预算支出与上一个月相比会有一个较大幅度的增加。这样大幅度的资金投入若与紧缩性的政策同时进行，则原预想的效应就会被完全挤压，不利于经济状态的调控，财政部国库单一的收、支、余都会对央行政策产生一定的影响。所以国库现金管理与相关政策的配合沟通，即两大部门之间的交流也是需要面对的问题之一。

7.2.4　运营视角的国库现金管理改革

1. 建立财政库底余额制度

（1）建立最优财政库底余额的可行性。

第一，制度基础已经具备。2001 年以来，我国在国库管理方面取得了长足进步。以国库单一账户体系为基础，国库集中支付制度已经全面覆盖五级财政；财税库银税收收入电子缴库横向联网、中央本级和部分地区非税收入收缴电子化管理试点等项目稳步推进；政府综合财务报告、新版总预算会计制度等已经出台并在全国范围落地使用；地方政府债务管理、政府采购制度优化、地方库款管理工作收效显著。与发达国家相比，我国国库在账户设置、收支集中管理、技术手段等方面均已处于世界一流水平。在商业银行层面，我国代理财政业务的银行，尤其是集中收付代理行与各级财政部门均有长期合作经验，在相关领域均具有完善的业务体系、先进的技术系统和与国际接轨的风险管理制度。因此，启动库底目标余额管理改革，尤其是在中央国库层面，制度条件已经成熟。

第二，操作经验较为丰富。建立库底目标余额制度的三大基础：单一账户体系建设、国库集中收付改革和国库现金管理操作，均从 2001 年即开始付诸实践并不断优化，各类操作流程、系统运转均已经过长期检验。在国库集中支付改革方面，2002 年中央试点部门还只有 23 个，到 2003 年底，已迅速增加到 80 个，2004 年扩大到 140 个，到 2005 年底，所有中央部门全部实施了改革。在收支业务流程方面，财政部将原来的国库支付审核网、改革试点网与支付系统三个独立系统整合为一个系统，建立起规范统一的国库总账系统，实现了财政资金收支一本账管理，为优化收支业务流程提供了强有力的技术保障。自 2006 年启动中央国库现金管理商业银行定期存款以来，财政部、人民银行、中国债券登记结算公司、中标商业银行四大参与方合作顺畅，未出现因操作失误或系统缺陷导致的损失。

第三，银行业的流动性管理及准备金制度经验。不考虑国库现金的政策含义，仅从盘活存量资金并确保备付规模的角度看，国库现金的管理与商业银行流动性管理有相似之处，库底目标余额制度与商业银行的准备金制度异曲同工。

一是我国商业银行的流动性管理。目前，商业银行已经形成了完善的流动性管理体系，2015 年银监会修订了《商业银行流动性风险管理办法（试行）》，正式确立了国内商业银行流动性监管的"2＋N"指标监管体系，从这一体系入手，可以较为直观地了解银行流动性管理框架（见图 7－4）。

其中，流动性覆盖率不得低于 100％，流动性比例不得低于 25％。两项指标的区别在于，流动性覆盖率强调现有资产是否能够满足支付要求，流动性比例则关注未来一段时间可能产生的流动性资产和负债的规模。

从各项监管指标及监测指标中可以看出，银行的流动性管理主要关注以下要点：①设定期限范围，如均为 30 天，在日常的头寸管理上甚至精确到 1 天；②考虑变现能力，根据不同变现能力设定不同的折算比例；③做好准确的收支预期。

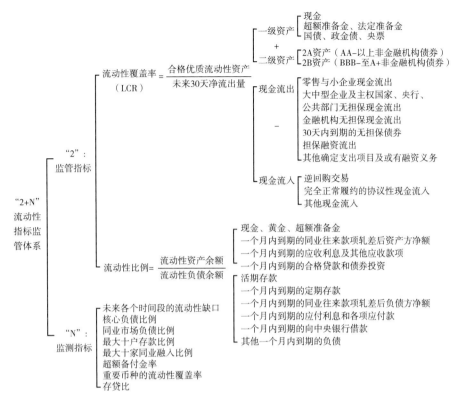

图 7 - 4　我国商业银行流动性指标监管体系

二是商业银行准备金账户设置与清算。上述各类流动性指标对应的账户，包括准备金账户和各类业务账户两大类。根据《中华人民共和国中国人民银行法》和《中华人民共和国商业银行法》等法律法规，商业银行需要在中国人民银行总行开具准备金账户，用于满足商业银行与央行之间、不同商业银行之间、商业银行总分行之间的头寸划拨、支付结算需求。其他对公、零售、同业类业务结算账开立在商业银行自己的系统内。简要结构如图 7 - 5 所示。

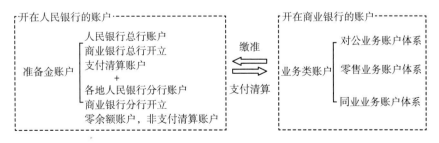

图 7 - 5　商业银行准备金账户示例

准备金账户的清算由以下几部分组成。① 缴准。商业银行在人民银行开立存款准备金账户后，按照法定准备金率缴纳准备金。商业银行的缴纳规模一般均会超出法定准备金规模，超出之外的部分作为超额准备金，用于日常支付清算。每月 5 日、15 日、25 日，银行从一般存款账户中向人民银行准备金账户划缴准备金。但实际上，人民银行直接从商业银行准备金账户中，在超额准备金和法定准备金之间进行调整，完成法定存款准备金的缴存，银行主动划缴仅适用于准备金不足的补缴操作。

② 退准。现行做法是人民银行直接调整法定准备金和超额准备金的计息比例即可。对于超额准备金，商业银行可向人民银行申请后，由人民银行办理退缴。

③ 总分行和银行间的清算。银行之间的支付清算，均是通过准备金账户进行，并且实行"一点清算"，即各商业银行分行的支付结算全由总行统一执行。分行准备金账户产生的任意一笔入款，都会通过人民银行二代支付系统的 ACS 自动归集业务（零余额系统）实时将头寸转移到总行准备金账户，任意一笔出款，都会实时从总行准备金账户调拨对应的头寸并立即支付。上述体系如图 7 - 6 所示。

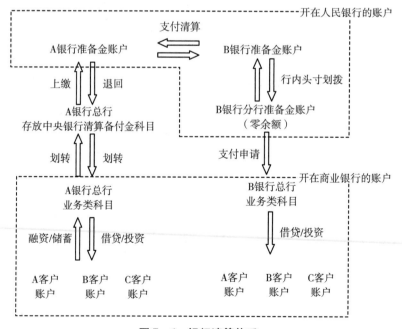

图 7 - 6 银行清算体系

三是银行准备金与库底目标余额的相似性。准备金是银行流动性体系中的核心部分，具有限制货币创造以及银行"保底"备付两方面主要职能。对于准备金账户的资金规模，特别是超额准备金规模，银行需要依据对流动性指标的实时监控和头寸报备机制，确定最优规模，并将冗余资金划拨到各类业务科目进行投资运作。如遇到超出预期的临时性大额资金需求，可通过银行间市场进行临时拆借。因此，准确计算、监控各类流动性指标，以及建设高科技清算系统，是银行减少准备金沉淀、提高资金运作效率的重要基础。

建立库底目标余额的目的之一是确保一段时间内的刚性支付需求，与银行的准备金有很大的相似性；并且要合理设定最优规模，实时管理冗余资金的安排，与银行对超额准备金的运营模式高度一致。因此，相比针对该领域重新设计模型、单独研究预测体系和运营机制，参照银行系统在准备金管理方面的丰富经验，并应用已经成形的账户和清算体系开展试点显然更有效率。

（2）建立最优财政库底余额的政策建议。

第一，合理选择监测指标。库底目标余额制度的核心在于对收支指标的准确监测以及与之相适应的高效率头寸管理模式。如果监测体系已经具备良好基础，则库底目标余额就有较大的调整余地。因此，对于国库收支的监测，要着重解决以下几个问题。一是核心用途，不同的用途决定了库底余额的规模及监控指标。例如，财政库底余额的用途如果是保证某一时期内针对全社会的刚性财政支出，则需要对全社会财政收支数据进行较为准确、实时的监控和预期，根据不同季节财政支出波动特点，库底余额规模可进行动态调整；如果是更多偏向于中央财政和地方财政之间的专项转移支付，则规模相对稳定，并且监控指标也以年初预算转移支付规划为主。二是期限范围。库底余额需要满足的是未来 1 个季度或 1 个月内的支付需求，还是 1 周内的支付需求，甚至精确到 1 天，这决定了库底余额的大致规模。三是监控指标。参考银行的流动性管理方法，财政库底余额可设立两类参考指标：一是可支配资金覆盖率，用于确定国库现有库存资金是否能够满足特定期限的支出需求；二是国库收支比例，用于确定下一时期将产生的财政收入规模和财政支出规模。同时设立一系列监控指标，如收支缺口、负债比例等。例如，最优库底余额如主要用于保障未来 10 日内的刚性财政支出，其监控指标大致框架如图 7-7 所示。

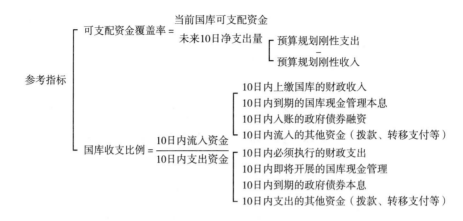

图7-7 国库资金监控指标体系大致框架

从我国财政数据统计现状看，上述指标中有部分难以精确统计，但可作为库底目标余额测定公式的基本变量集合，在中央和地方库底目标余额优化过程中不断测试和完善。

另外，根据我国"集中力量办大事"的社会管理特点，以及处于改革阶段政策变化频繁的客观情况，在观测指标中还有必要加入政策预期，即如果未来将要推行某项重大财政经济政策，或预计因不可控因素出现大额支出的概率较大，则应根据历史数据和经验判断，适当调增库底规模。

第二，明确风险管理机制。《中央国库现金管理暂行办法》规定，为保证中央国库现金安全，国库现金管理存款银行在接受国库存款时，必须以可流通国债现券作为质押，质押国债的面值数额为存款金额的120%。近年来，随着中央和地方国库现金管理逐渐完善，银行体系的安全性始终保持在较高水平，实际质押比例变为国债100%，地方债105%。

在实行库底目标余额后，仍要将政府债券质押作为基础性风险管理措施。除此之外，对于其他投资操作的风险管理，主要从控制市场风险、拨付风险、流动性风险、信用风险、操作风险几方面进行推进：一是制定严格的公开市场投资标准，严禁使用高风险投资工具；二是加强对代理行的监督，整合宏观经济、金融情况以及代理行自身经营管理情况制定全面风险监测指标体系；三是建立应急反应机制，包括清算模式、拆借方式、系统优先级安排等，以及极端情况下的大额资金进出通道等；四是建立覆盖地方财政和代理银行的地方国库现金管理操作风险监控体系，避免违规操作风险。

第三，明确银行选择标准。在试点期和正式实施阶段，都应选择具有中央、地方财政集中收付代理资格，且与财政部门合作历史较长、经验较为丰富的全国性商业银行作为国库备付资金存管银行，其他国库现金投资参照现行国库现金管理模式，由各银行竞标开展。

选择集中收付代理银行的原因在于以下几个方面。

一是均具有详细的业务流程。①均建立了专用科目和账户体系，均完善了账户开立的系统筛查与人工三级审核的双重控制；②均具有额度数据和支付信息的专线传输能力，保证了信息反馈的快速和安全；③均建立了专门的业务系统，实现授权支付业务与其他业务区别处理，确保业务操作的准确性和效率性；④均具有完善的交易整体性机制，能够实现单一交易资金与额度的同步处理。

二是均能够有效确保资金安全。①均已普遍采用清算平台、汇划产品、信息监控等手段，动态消除财政代理业务过程中可能发生的各类风险，确保授权支付资金的绝对安全；②普遍建立了专项的外审内查监督体系，确保有关资金安全的各项规章制度得以有效执行；③已经建立了完备的备付资金头寸管理体系，完全有能力保障财政国库集中支付业务的资金需求。

三是均具有先进的系统支持。均已具备完善的"授权支付业务系统""授权支付管理信息系统""授权支付网上银行系统"等，实现了资金支付与额度信息的同步处理、实时查询和动态监控等功能，并且在综合利用行内资金汇划系统、现代化支付系统、同城票据交换系统和SWIFT系统，保证资金支付安全、准确、高效方面具有充足经验。

第四，中央国库最佳库底规模与实施路径。可以按照商业银行准备金的思路来测算财政库底目标余额。

一是根据金融业流行性管理，尤其是银行准备金制度的经验，财政库底资金也可分为最优库底资金和备付资金两部分。最优库底资金设置刚性规模，以应对未来特定时间段的刚性支出。在此基础上，可设置一定规模的备付资金。备付资金用途包括：①应对突发支付需求；②应对规模小、次数多的小额临时支付需求；③用于中央国库响应地方国库应急补充需求。随着国库收支数据统计、预测体系的不断完善，以及先进技术手段的应用，这部分备付资金的规模可逐渐减少。

图 7 - 8　国库备付资金概念简图

二是分阶段落地实施。拟分三个阶段，每阶段 1 年时间，逐步缩减库底余额规模。

第一阶段：以中央国库日均余额的 60% 作为第一阶段库底余额，将其余 40% 通过资本性账户释放至商业银行。

第二阶段：以中央国库日均余额的 40% 作为第二阶段库底余额，将其余 60% 通过资本性账户释放至商业银行。

第三阶段：以中央国库日均余额的 30% 作为第三阶段库底余额，将其余 70% 通过资本性账户释放至商业银行。在对相关指标的数据统计和预测水平较为成熟后，最终实行 15% 刚性规模 + 5% 备付规模的管理模式。

第五，地方国库最佳库底的规模与实施路径。与中央财政相比，地方财政管理水平较低，主要是预算编制粗放、预算执行随意性较强、收支管理不规范不严格等，因此，地方财政库底余额的实施，需要在制度和规模两方面分步走。

第一步，在制度上明确由省级国库建立全省库款统筹管理机制，分批次、分阶段将省内各级国库现金汇总至省级国库统一管理。例如，用 2 年时间实现市及省直管县、直辖县国库现金逐步上收，再用 1 年时间逐步实现县、乡等基层单位国库现金逐步上收。

第二步，在省内财政资金上收汇总的同时，根据不同省份的具体情况，分省设置目标余额，最终要与中央国库同步实行“刚性规模 + 备付规模”的管理模式。在初期可根据不同省份的财政管理能力，以满足未来 0.5 个月或 0.3 个月财政刚性支出为第一阶段目标，每年逐步降低一定规模，用 3 ~ 5 年时间，最终落实地方财政最优库底余额目标。

第三步，每年库底余额的释放可参考中央财政的经验，以不影响流动性为基本原则确定释放比例，将地方国库现金管理工具充分利用起来，分期分批逐步推进。相关指标的数据统计和预测水平较为成熟后，最终实行"20%刚性规模＋10%备付规模"的管理模式。

第六，试点安排。2001 年的国库集中收付试点，首先在财政部、水利部、科技部、国务院法制办、中国科学院和国家自然科学基金会六部门进行局部试点，成功后向各级单位全面推广；2006 年，财政部以农村义务教育中央专项资金为突破口，率先实行了专项转移支付的国库集中支付改革，提高了资金运行效率，实现了动态监控，确保了"专款专用"。财政库底目标余额制度也应以史为鉴，不应仅停留在最优库底余额的计算和理论推导，而应尽快在小范围开展试点，使监测指标、清算模式、头寸调剂、利息核算等落地试验，再逐步扩大范围、完善指标、全面推进：①在中央国库首先尝试设立资本性账户和备付资金账户；②单独设置 300 亿～500 亿元试点资金，按照"15%刚性规模＋5%备付规模"的模式进行每日操作，搭建观测体系和计量模型，按日出具观测结果；③以现行国库现金管理利息、单据、记账手段等为基础，建立账务体系和信息反馈体系；④对库底余额补足机制进行测试，同时明确刚性库底余额、备付资金、银行拆借资金的利息标准。

2. 开展国库现金流量收支预测工作

（1）国库现金流量收支预测的重要性。

国库现金流量预测，是指在收集有关宏观经济指标和预算收支信息基础上，总结国库现金流量的特征和运行趋势，对未来一定时期流入、流出国库的资金量和库款余额进行预测的一项创新性、探索性工作。国库现金流量预测主要发挥以下职能：一是通过预测留足备付资金，确保未来一定时期的支付，防范化解财政支付风险；二是为预算执行、国库现金管理和债务管理等的统筹协调提供参考，提高理财能力，降低融资成本；三是促进财政政策与货币政策的协调配合。

国库现金流量预测工作是建立财政库底目标余额制度的前提条件之一。为实现国库闲置资金余额最小化和投资收益最大化，需要在保障资金支付需要前提下，建立财政库底目标余额制度。财政库底目标余额制度与国库现金流量预测工作关系十分密切：一方面，国库现金流量预测有助于合理把握现金管理操作规模、频率和时机，有助于科学设定最低国库库款余额，是建立财政库底目标余额制度的前提条件之一；另一方面，建立财政库底目标余额制度，也对预测结果的准确性和及时性等提出了新的更高要求，需要将预测周期由按月滚动预测和按月、分句预测扩展到按日预测。

（2）中央财政各类支出对库款管理带来的挑战。

第一，中央财政国债还本支出和付息支出总体可控，对库款管理挑战不大。目前中央政府国债实行余额管理，中央政府国债（包括内债和外债）均纳入预算管理，有明确的还款时间和票面利率条款。中央政府国债还本支出和付息支出所形成的库款支出金额与时间点均可明确计算出来，对库款管理的挑战不大。

第二，中央本级预算单位日常运营性支出可控，资本性支出需求具有不确定性。中央本级预算单位部门预算支出包括基本支出和项目支出，基本支出形成的库款支出需求经过多年库款管理，有一定的历史规律可循，也为财政部门提前备足库款保证支付提供了基础。这些支出包括工资支付、部门公用经费支出、社会福利和养老金的支付等。部门的项目支出分为业务类专项、基建类专项、修缮类专项等，不同类型的专项支出金额不固定，支出进度受到的影响因素较多，会对库款支出管理带来一定的不确定性。

第三，中央对地方财力性转移支付和税收返还支出总体可控，专项转移支付支出不确定性较高。中央对地方税收返还和财力性转移支付制度，按照《预算法》的条款规定，均有明确的支出时限规定，所带来的库款支出需求总体可预测。中央对地方专项转移支付支出同样面临着支出金额不确定、支出进度受到的影响因素较多等问题，会给库款支出管理带来一定的不确定性。

第四，地方突发性事件会对中央财政支出带来一定的不确定性。经济新常态和供给侧结构性改革深入推进的大背景下，财政收入中低速增长与支出刚性矛盾在短期内难以改变。再加上社会保障资金缺口、地方政府债务、突发性自然灾害、农业可持续发展等方面的风险，我国作为单一制国家，中央政府作为社会稳定的最后兜底人，均会给中央财政支出带来一定的不确定性，从而加大中央财政库款管理的难度。

（3）国际上国库现金流量收支预测的通行做法。

第一，长期预测多采用数学模型，短期预测多依赖于部门收支报备。在现金流入预测方面，美国财政部财政预测办公室要参考来自相关部门的长期预计信息。这些信息包括总统预算草案中的预算估计、美国总统管理与预算办公室（OMB）中期预算评论中更新的预算估计，特别是财政部税收分析处的官方收入预测（年度和月度），以及国内收入署收入统计处的税收预测等。这些长期预测信息针对的都是执行年度预算所需的财务资源，从而为按日、按周、按月更新的短期现金流量预测提供了基础和背景。对于短期现金流量预测，美国财政部很重要的一条经验是进行客观预计，要关注"将会发生什么"，而不是"应该发生什么"，特别是考虑到有时政府相关部门预计会有意低估经济增长和收入数据。

在短期预测方面，英国要求 17 个主要部门提供每日的明细数据；澳大利亚要求部门制定年度现金计划，提供按日预测的下一个月的收支数，每月给财政部上报现金计划的调整数等。法国要求支出部门详细记录每日的现金流，现金管理部门据此进行支出预测，实现对支出情况的准确把握。国家公共机构对高于 100 万欧元的开支必须提前一天告知预测部门，在固定或预定日期拨款。这一改革有效改善了地方政府资金管理的可见度，增强了支出的可控性。

第二，在预测周期上，各国普遍做到了按日收支预测。美国财政部做到了提前 9 个月预测未来每天的收入和支出信息；英国财政部做到了未来 19 周每天的现金流量预测，结合部门提供的月度用款计划，按月向债务管理办公室更新下月每日的预测信息，每一天当中分 7 次提供当日最新的信息；法国国库署会对本年度每日将会产生的现金流进行预测，在实际交易过程中根据新情况对预测作出相应调整（见表 7-3）。

表 7-3　　　　相关国家国库现金流量预测工作制度比较

国家	参与收支预测机构	预测周期	预测方法	部门间协调机制与大额报备
美国	财政预测办公室、现金预测处、美联储纽约分行公开市场操作部货币预测处、美联储治理委员会	提前 9 个月，预测未来每天的收入和支出信息	长期收支预测借助于数学模型，短期收支预测依赖于部门报告	各个部门按季向财政部提供部门现金预测报告；单笔 5000 万美元以上支出或同一天内多笔交易金额总计在 5000 万美元以上的大额收支，应在清算日之前至少提前 2 个工作日通知财政部；对于单笔交易在 5 亿美元以上（或同一天内多笔交易金额总计在 5 亿美元以上）的大额收支，至少提前 5 个工作日通知财政部

续表

国家	参与收支预测机构	预测周期	预测方法	部门间协调机制与大额报备
英国	财政部国库管理局进行收支预测，债务管理办公室进行现金管理操作	未来19周每天的现金流量预测；结合部门提供的月度用款计划，按月向债务管理办公室更新下月每日的预测信息；每一天当中分7次提供当日最新的更新信息	自下而上，通过历史数据进行预测	政府收入和支出部门要按照财政部要求提供有关收支预测；17个主要部门要求提供每日的明细数据，这些部门每年总现金流量超过30亿英镑，其余部门只要求提供每月总的支出预测，国库管理局负责将月度预测转化为日趋势，并送给债务管理办公室使用
澳大利亚	国库部下的财政管理办公室，负责现金收支预测和债务管理	做到按月、按日预测	根据历史数据运用模型将其分解到未来时段的每一天，作出现金支出预测	部门制订年度现金计划，提供按日预测的下一个月的收支数，每月给财政部上报现金计划的调整数等
法国	国库署下的现金管理办公室。建立现金收支预测；以国库账户持有者的身份，与法兰西银行保持密切关系；国库署每日在交易前夜、清晨、午后和收盘前进行极为短期的预测	国库署会对本年度每日将会产生的现金流进行预测，在实际交易过程中根据新情况对预测作出相应调整。收入预测更新的周期是每月一次	对于数额较小的支出项目，采用统计方法进行预测；对于数额较大的支出项目，则要进行因素分析	具体的支出部门需详细记录每日的现金流，现金管理部门据此进行支出预测，实现对支出情况的准确把握。国家公共机构对高于100万欧元的开支必须提前一天告知预测部门。在固定或预定日期拨款。这一改革有效改善了地方政府资金管理可见度，增强了支出的可控性

资料来源：在相关期刊文献的基础上归纳制表。

第三，各国普遍在收入征缴部门和支出部门间建立密切联系。国库现金收支预测强调在收入部门和支出部门间建立密切联系，是因为它们通常比财政部更接近交易本身。特别是支出部门，最了解本部门作出的支出承诺和对商品劳务进行支付之间的时间差。所以，美国财政部通过要求联邦政府各部门和机构按季编报现金预测报告、大额交易报备信息、投融资账户报告信息、资产出售报告信息等来获取现金预测必要的基础信息和数据。针对部门现金流量的任何变动，特别是大额交易，操作层面的联系人员可以将必要的信息迅速地通知财政部，使其能够对综合的现金流量预测作出及时判断和更新。此外，美国联邦政府现金预测按日进行，对预计信息更新的频次要求很高，主要支出部门和税务部门的相应人员之间建立直接的联系，相关信息不用按照组织层级传递，可以更加及时高效地反映到财政部。

第四，部门间建立了清晰的职责划分和实时的信息共享。在美国联邦政府现金流量预测、目标余额管理和投融资运作过程中，财政部财政预测办公室、现金预测处和其他相关部门，特别是美联储及其他金融机构，通过清晰的职责划分、充分的信息共享和紧密的协作配合，有力地保证了联邦政府国库现金管理的有序运行。英国国库现金收支预测在财政部国库管理局和债务管理办公室间建立了密切联系。澳大利亚国库现金收支预测在国库部下属的财政管理办公室（AOFM）、金融管理局、联邦储备银行（澳大利亚央行）间建立了清晰的职责划分和密切联系。法国国库署下设的现金管理部负责现金收支预测和国库现金管理的日常操作，并以国库账户持有者的身份与法兰西银行（法国央行）保持密切联系。

第五，日常操作依托于现代化交易处理和会计系统。现代化的银行交易清算系统会促进良好现金管理的实现。美国财政部财政预测办公室、现金预测处和美联储可以在各自的计算机上登录 CASH TRACK 系统并行作业，根据各自掌握的信息及时修正现金预测结果。特别是通过现金管理每日电话会议的工作制度，各个机构可以对各自的预测结果进行比较，并形成当天国库现金管理操作的一致意见。英国财政部有完善的现金流量基础数据库系统，根据历史数据预测前一日晚 5 点、预测日当天 7 个不同时点的预测数据。借助于比较发达的网络，澳大利亚财政管理办公室接收各个部门的现金预测信息以及中央银行的财政公共账户余额信息，通过一些工具软件对财政公共账户余额进行预测。

3. 深化国库现金流量收支预测的政策建议

（1）国务院层面成立政府现金与债务管理办公室。

打破财政部和中国人民银行在国库现金管理方面的长期分割，在国务院层面成立政府现金与债务管理办公室。该办公室的职责定位于专门负责政府债务和现金管理，代表政府开展国库现金管理工作。包括与财政部、中国人民银行的协调配合机制构建，国库各类税收的收入预测、各类支出的支出预测、债务收支的预测等。

政府现金和债务管理办公室、财政部、央行三个机构各司其职、分工清晰，同时又相互合作，共同促进现金管理、债务管理和货币政策三者的协调一致。财政部负责编制预算，制定和执行财政政策，根据预算制定当年国债发行额度，确定国库现金管理的经营原则，并负责对国库现金流进行预测；政府现金与债务管理办公室则具体负责债券招标拍卖和国库现金余额的市场操作，包括发行短期国债、拍卖定期存款、国债回购和逆回购、赎回中长期国债等；中国人民银行负责制定货币政策，提供国库单一账户和国债托管服务，同时作为现金和债务管理办公室的清算机构，为债务与现金管理工作提供便利。

（2）建立政府现金与债务管理办公室、财政部、中国人民银行的每日电话会议制度。

财政部、政府现金和债务管理办公室和央行在明确相关职责分工的前提下，建立必要的协调机制，包括月度、季度例会制度以及在每期操作之前进行必要的沟通。确保政府债务、现金管理与货币政策的顺利、协调实施，并保持货币市场的稳定。

每日电话会议的主要目的是讨论为实现既定的现金流量目标余额，当天要采取的资金投放或收回决策，以及为下一个工作日投放或收回资金应采取的提前措施。现金管理每日电话会议通常在每个银行营业日上午9点钟开始。通过每日电话会议，以上部门信息共享和意见交换的主要内容为：人民银行截至前一个清算日下午9点国库总账户的日末余额报告、人民银行截至当日上午6点半的实际交易报告、截至当日上午8点15分待存入款项报告、财政部国库支付中心截至当日上午6点半通过自动清算系统的支付资金报告、截至当日上午8点半通过大额交易报备获知的部门收支信息、截至当日上午8点45分政府现金与债务管理办公室对前一天操作结果的分析和最新预计、截至当日上午8点50分现金预测处就当日资金投放和收回的操作建议。

（3）完善国库收支现金流量预测长效机制，预算周期上处理好长期预测和短期预测的关系。

在开放经济条件下，国库现金流量预测面临较多不确定性，对于短期市场扰动和中长期宏观经济增长波动因素要综合分析，可以在中长期预测的基础上对相关数据分解进行短期预测，并及时更新信息，对结果进行滚动预测，提高预测的可靠性。国库现金流量预测工作的关键，从长期看有赖于稳定可靠的预测机制和科学有效的预测分析模型，从短期看则主要依靠及时准确的数据收集和信息共享更新，包括部门大额资金需求的报备等。

（4）强化部门主体职责，调动部门开展收支预测积极性。

部门是预算资金使用的第一责任主体，对于本单位每日的收支信息最为了解，而在国库现金收支的短期预测上，也多依赖于部门上报的收支信息，因此，未来开展国库现金管理工作，需要强化部门主体职责，调动部门开展收支预测积极性。进一步完善国库现金收支预测的考核机制，从制度上对预测工作进行约束，逐渐改善日前我国现金收支预测粗放性、单一性等不完善之处。例如，财政部可以对国库现金流预测做得不好的部门处以一定额度罚款，而这些罚款又会作为奖励颁发给做得好的部门。将预测的判断标准细化到每日、每月预测与实际支付数之间允许差错的数额及比例，推动了相关部门不断提高预测的科学性、准确性和及时性。

（5）建立部门大额资金需求报备制度，并强化考核。

政府长期的财政收入和支出数据建立在较为完善的数学模型预测基础上，而政府短期的现金流量收支预测更依赖于完善的收支信息获取制度，包括部门大额资金需求的报备。结合部门的行业属性与资金需求特点，建立部门大额资金需求报备制度，确定不同部门的资金需求定额标准。部门大额交易报备是在部门现金预测报告一般性要求基础之上的特殊性资金报告要求，具体内容包括以下几个方面。

第一，各部门根据本单位的预算批复情况，每月末最后 5 个工作日向财政滚动报送未来 90 天的部门分月用款计划。部门是财政资金的直接使用主体，经过长期的工作积累，部门财务人员对于本部门财政资金的收支变化规律最为了解。预算经批复后成为具有法律效力的文件，进行预算执行阶段后提高年初预算的到位率，减少部门预算执行中的追加追减，缩小部门预算和决算的偏离度。预算执行阶段由部门对全年预算的用款需求分解编制分月用款计划，在每月末最后 5 个工作日向财政滚动报送未来 90 天的用款需求，以便于财政国库部门滚动掌握未来 90 天内本级政府各部门的用款需求总量。在每月中旬（每月 16～20 日），可由部门对报送财政的本部门未来 90 天的用款计划进行修正。

第二，在部门分月用款计划的限额内，对于部门月度内的大额资金收支需求，建立个案报备制度。结合我国最优财政库底余额的标准，按照部门日累计收入变动与支出资金需求占最优库底余额比例的不同，规定不同的提前报备工作日天数要求。例如，可以规定日均单笔支出一定标准之上（假设我国最优库底余额为 500 亿人民币，日单笔或累计日多笔支出超过 5 亿人民币支出，最优库底余额的 1%），必须提前 5 个工作日报财政国库部门，日均单笔支出一定标准之上（日单笔或日多笔累计支出超过 50 亿人民币，最优库底余额的 10%），提前 10 个工作日报财政国库部门。

第三，规定部门个案大额交易报备的信息质量要求。包括部门或机构的名称、地址，联系人的姓名、电话，科目及编码，交易描述、交易清算日期和金额，存款或支付方式、存款机构或支付收款人的名称、地址。

第四，建立部门大额交易预警信息系统。部门或机构的审核官员在部门资金支付审核时，支付系统中如果出现单笔或当日累计 5000 万人民币或 5 亿人民币以上的金额，系统会自动发出预警。已经达到现金预测提前通知的金额标准，提醒部门或机构及时向财政部门报备。

第五，财政对部门大额交易报备的准确性和及时性进行考核，并定期通报。促使部门更加重视大额交易报备工作，财政部门每个季度针对部门大额交易报备信息的准确性和及时性进行评分，并以不同的颜色作区分标记。准确性考核中，如果该季度部门大额交易报备准确次数在 90%~100%，以绿色标记；准确次数在 75%~89%，以黄色标记；准确次数在 75% 以下以红色标记。及时性考核中，如果部门本季度所有大额交易中的 90%~100% 都按照提前 2 个工作日或 5 个工作日进行了报备，以绿色标记；所有大额交易中的 75%~89% 按要求进行了报备，以黄色标记；所有大额交易中的报备占 75% 以下，以红色标记。根据部门大额交易报备的准确性和及时性，在部门预算绩效管理中设置指标点进行考核，并建立一定的惩戒机制。

（6）开发国库现金收支预测的信息系统。

税收收入的入库和部门的支出每天、每时都在动态变化中，国库每日的沉淀资金也在动态变化中，因此，开展国库现金管理工作必须依托于一个高效的信息系统支撑。可在目前预算管理一体化的软件平台上，内嵌一个国库现金管理系统，在这个系统上，部门（预算单位）可以进行大额收支的报备，财政部国库司和人民银行国库局可以在此平台上开展每日电话会议，讨论为实现既定的现金流量目标余额，当天要采取的资金投放或收回决策，以及为下一个工作日投放或收回资金应采取的提前措施等。

（7）建立国库现金管理的信息报告制度。

结合我国国库现金管理的需求，研究探讨中国国库日报表的编制主体、编制内容、编制时效等内容。在此基础上，构建国库分析与预测系统，提高国库决策服务效力。借助专业人数据公司等力量，设计开发国库大数据分析软件，构建国库大数据分析模型，使国库分析、预测更及时、更准确、更有效。

（8）加强国库现金管理团队建设。

具备充分专业素养且经验丰富的国库现金管理团队是保证国库现金流量预测工作有效的一大支柱，而先进的现金流量预测技术和数据分析方法是提高预测准确性的重要法宝。因此，加强国库管理团队建设和业务培训，加强前沿技术和分析管理方法的应用，是确保国库现金预测和管理行之有效的前提。随着互联网时代的崛起，我们有必要成立专门的国库现金流量预测工作小组，开展预测理论和预测方法等业务知识培训，提高国库人员预测知识水平和运用预测工具的能力，增强国库统计分析人员的大数据思维和大数据处理能力，充分积累历史数据和掌握定量分析方法，提高对国库现金流量的分析和预测水平，合理估计出国库现金的最佳持有水平。

利用现代科技手段，进行国库现金流量预测相关业务再造，实现相关信息共享，提高国库现金流的监测、预测分析和监控水平，抓紧构建国库分析与预测系统，提高国库决策服务效力。借助专业大数据公司等力量，设计开发国库大数据分析软件，构建国库大数据分析模型，使国库分析、预测更及时、更准确、更有效。具体而言，一是继续加快国库收入现金流量预测体制建设，完善国库管理部门内部机构设置、运行机制，建设高效安全的信息系统，以实现国库账户余额、跟踪银行的国库存款余额、国库现金投资余额的实时监测，加强国库现金流量的有效分析预测，推进质押债券的监测和处置、国库现金流量预测和资金管理市场竞标操作结果的确认、资金的划拨、到期资金催缴收回等功能落地。二是实现政府收入收纳及资金划拨的信息网络和共享机制，注重积累数据，保证数据的真实性，实现对国库收支资金全程的监测和资金的实时划拨，提高对国库收支变动预测的准确程度，为国库管理部门进行资金投放、开展国债正逆回购、发行短期债券等市场化运作提供支持。此外，不断提高央行及财政国库现金流的预测分析水平，以及控制央行国库现金余额的能力。借助国库现金管理改革的契机，研究并充分发挥好国库资金这一财政政策与货币政策最佳结合点的作用。

第8章

报告视角的政府综合财务报告改革

建立政府综合财务报告制度，是提升国家治理能力、促进社会经济长期可持续发展的基础性制度改革。党的十八届三中全会提出"建立权责发生制的政府综合财务报告制度"，《预算法》（2014年修正）规定"各级政府财政部门应当按年度编制以权责发生制为基础的政府综合财务报告，报告政府整体财务状况、运行情况和财政中长期可持续性"。

8.1 政府综合财务报告概论

8.1.1 政府综合财务报告的内涵

政府财务报告是为满足信息使用者需求而编制的以财务信息为主要内容，以政府资产负债表、收入费用表等财务报表为核心，全面系统地反映政府财务受托责任的综合报告。该综合报告是信息使用者进行经济和社会决策的依据，也是政府解释财务受托责任的有效凭证。政府财务报告系统全面地反映了政府的财务状况，是披露政府财务信息的一种规范化途径。

政府财务报告是财务报告的一种，是反映政府财务状况的报告和报表体系。按照不同的会计主体划分标准，可以分为政府综合财务报告和政府部门财务报告，具体由不同会计主体的资产负债表、收入费用表等会计报表构成。

政府综合财务报告，是指以权责发生制为基础编制的反映各级政府整体财务状况、运行情况和财政中长期可持续性的报告。政府综合财务报告内容应当包括会计报表、报表附注、财政经济分析、政府财政财务管理情况等。会计报表主要包括资产负债表、收入费用表及当期盈余与预算结余差异表等。政府综合财务报告保证报告信息的真实性、完整性及合规性，并接受审计部门审计。政府综合财务报告及其审计报告，依法报送本级人民代表大会常务委员会备案，并按规定向社会公开。政府综合财务报告中的相关信息可作为考核地方政府绩效、分析政府财务状况、开展地方政府信用评级、编制全国和地方资产负债表以及制定财政中长期规划和其他相关规划的重要依据。

1. 资产负债表

资产负债表重点反映政府整体年末财务状况。资产负债表应当按照资产、负债和净资产分类分项列示。其中，资产应当按照流动性分类分项列示，包括流动资产、非流动资产等；负债应当按照流动性分类分项列示，包括流动负债、非流动负债等。

2. 收入费用表

收入费用表重点反映政府整体年度运行情况。收入费用表应当按照收入、费用和盈余分类分项列示。

3. 当期盈余与预算结余差异表

当期盈余与预算结余差异表重点反映政府整体权责发生制下当期盈余与现行会计制度下当期预算结余之间的差异。

4. 报表附注

报表附注重点对会计报表做进一步的解释说明，一般应当按照下列顺序披露：（1）报表的编制基础、遵循政府会计准则和会计制度的声明；（2）报表涵盖的主体范围；（3）重要会计政策和会计估计；（4）报表中重要项目的明细资料和进一步说明，包括政府重要资产转让及其出售情况，重大投资、融资活动等；（5）或有和承诺事项、资产负债表日后重大事项的说明；（6）与政府履职和财务情况密切相关的经济业务或事项的说明，包括政府储备资产、公共基础设施、保障性住房、政府持有的企业的出资人权益等；（7）需要说明的其他事项。

5. 政府财政经济分析

政府财政经济分析包括财务状况分析、运行情况分析、财政中长期可持续性分析等。政府财政财务管理情况，主要反映政府财政财务管理的政策要求、主要措施和取得的成效等。

（1）政府财务状况分析。

主要包括：资产方面，重点分析政府资产的构成及分布，对于货币资产、政府对外投资、政府储备资产、公共基础设施、保障性住房等重要项目，分析各资产比重变化趋势以及对于政府偿债能力和公共服务能力的影响；负债方面，重点分析政府债务规模大小、债务结构以及发展趋势。通过政府资产负债率、债务率等指标，分析政府当期及未来中长期债务风险情况。

（2）政府运行情况分析。

主要包括：收入方面，重点分析政府收入规模、结构及来源分布，重点收入项目的比重及变化趋势，特别是宏观经济运行、相关行业发展、税收政策、非税收入政策等对政府收入变动的影响；费用方面，重点按照经济分类分析政府费用规模及构成，特别是政府投融资情况对政府费用变动的影响。通过政府收入费用率等指标，分析政府运行效率。

（3）财政中长期可持续性分析。

主要包括：基于当前政府财政财务状况和运行情况，结合本地区经济形势、重点产业发展趋势、财政体制、财税政策、社会保障政策等，全面分析政府未来中长期收入支出变化趋势、预测财政收支缺口以及相关负债占 GDP 的比重等。

8.1.2　收付实现制预决算报告制度的特点与缺陷

1. 收付实现制预决算报告制度的特点

以收付实现制政府会计核算为基础的决算报告制度，跟踪记录财政资金运行过程，以确保财政资金的合规使用为导向，主要反映政府年度预算执行情况的结果，在准确反映预算收支情况、加强预算管理和监督、证明现金支出符合性控制合规方面发挥了重要作用。采用收付实现制时，会计确认数是实际入库的预算资金，便于安排预算拨款和预算支出的进度，并如实反映预算收支结果。在评价政府对经济的影响时，相当便利的现金指标既能提供现实的信息，又使控制具有明确针对性。

2. 收付实现制预决算报告制度的缺陷

我国目前的政府财政报告制度实行的是以收付实现制政府会计核算为基础的政府决算报告制度，主要反映政府年度预算执行情况的结果，对准确反映年度预算收支情况、加强预算管理和监督发挥了重要作用。但随着经济社会的发展，仅实行决算报告制度，无法科学、全面、准确反映政府资产负债和成本费用，不利于强化政府资产管理、降低行政成本、提升运行效率、有效防范财政风险，难以满足建立现代财政制度、促进财政长期可持续发展和推进国家治理现代化的要求。因此，必须推进政府会计改革，建立全面反映政府资产负债、收入费用、运行成本、现金流量等财务信息的权责发生制政府综合财务报告制度，为开展政府信用评级、加强债务管理、防范财政风险，以及强化资产管理、改进政府绩效监督考核等提供信息支持，促进政府财务管理水平的提高和财政经济的可持续发展。

8.1.3　权责发生制政府综合财务报告改革的必要性

1. 公共财政体制的完善提出了构建政府财务报告的需求

政府财务报告能够反映政府的经济活动及其资产负债状况、经营绩效和现金流量情况，因此它是解释政府公共受托责任，沟通政府与人民关系的重要纽带。政府财务报告不仅是构建公共财政体制的重要基础，也是市场经济条件下公共财政体系的有机组成部分。作为公共财政体制建设有机组成部分的部门预算、收支两条线、政府采购、财政监督等，要达到其预期的改革效果，也都需要相应的政府会计信息作为支撑。毫无疑问，如果要真实、完整地提供上述政府会计信息，满足相关信息使用者的需要，那就亟待改革现行预算会计制度，构建政府综合财务报告。

2. 政府解释公共受托责任需要政府会计和财务报告的技术支撑

政府部门为了向社会公众揭示其所控制的资源状况、收支状况和现金流量状况，反映其所控制的经济存量和经济流量，体现其提供的公共产品和提供公共产品的能力，从而解释其公共受托责任，也需要通过政府财务报告体系来披露相关信息，从而建立起政府与人民群众之间的财务信息沟通渠道。这也是提高财政乃至政府透明度的重要途径。

3. 政府绩效管理工作的开展、财政风险的防范均需要政府会计确认基础向权责发生制转变

根据政府财务报告提供的负债信息，可及时了解政府财政风险，以调整财政政策，安排收入来源，及时防范和化解财政风险；根据政府财务报告提供的

收入、成本费用、净资产结构及其增减变动情况和资产负债变动状况等，可有
效评价政府在财务管理和财政资金使用方面的绩效，达到对政府部门和有关人
员追踪问效的结果等。

4. 政府审计和社会监督的加强呼吁政府会计匹配改革

目前，我国政府审计仍然主要停留在财务收支审计的层面上，但审计署有
关研究表明，未来政府审计将逐步向财务审计和绩效审计兼顾的方向发展。在
这种情况下，现行预算会计制度侧重于财务收支的核算，而忽视运营绩效和资
产负债管理的核算，已经难以适应政府审计发展的需要。所以，有效发挥政府
审计的作用，形成一个有约束、高效率的政府，迫切需要建立起一套完整的政
府会计标准和政府财务报告制度。

8.2 权责发生制政府综合财务报告改革方向

编制权责发生制政府综合财务报告，全面反映政府的资产负债、收入费用
方面的信息，评估政府财政的可持续性以防范财政风险，已经成为国际公共财
政管理改革的趋势。2014 年底，国务院批转财政部《权责发生制政府综合财
务报告制度改革方案》（以下简称《改革方案》），标志着政府综合财务报告制
度改革正式启动。《改革方案》是一份融纲领性和操作性于一体的改革规划，
明确了政府综合财务报告制度改革的指导思想、总体目标、基本原则、主要任
务、具体内容、配套措施、实施步骤和组织保障等，清晰勾画了改革的时间
表、路线图。

8.2.1 权责发生制政府综合财务报告改革的国际经验

1. 权责发生制政府综合财务报告改革的共性规律

政府财务报告制度从西方国家兴起。20 世纪 80 年代以来，一些西方市场
经济国家政府财政赤字快速扩张、债务不断积累，仅靠传统以收付实现制会计
核算为基础的年度决算报告，无法全面反映政府真实的财务状况，难以有效防
范财政风险。在此背景下，澳大利亚、新西兰，之后又有美国、英国、加拿大
等一系列发达国家在政府会计核算中进行权责发生制政府会计改革，编制权责
发生制政府财务报告，并以此为基础全面反映和分析政府资产负债状况、收入

费用情况和政府财政财务运行的中长期可持续性等。

目前，建立权责发生制政府财务报告制度已经成为公共财政管理的发展趋势，除了美国、英国、澳大利亚等一批发达国家已编制政府综合财务报告多年以外，一大批近期实施政府会计改革的国家和地区纷纷成功编制出权责发生制政府财务报告，如日本、韩国、俄罗斯、巴西、智利、印度尼西亚、马来西亚等。国际公共部门会计准则委员会，正在国际上努力推行按照权责发生制国际公共部门会计准则编制政府综合财务报告。世界银行、国际货币基金组织等国际机构也纷纷敦促各国政府尽快编制权责发生制政府综合财务报告。欧盟委员会为切实严格成员国财经纪律，增强财政风险防范能力，要求所有成员国都要编制权责发生制政府财务报告。2013 年 2 月，二十国集团（G20）财长和央行行长会议呼吁提高"公共部门报告的透明度和可比性"，认为"强化政府资产负债表有助于更好评估政府债务的可持续性"。

2. 美国权责发生制政府综合财务报告改革历程

美国联邦政府一直以来就实行收付实现制预算会计，预算会计系统与预算系统高度整合，预算会计系统记录了预算编制与执行的全过程，预算执行报告中使用了预算概念和与预算编制相一致的计量基础（即收付实现制）。有关预算执行报告的编制规范由预算的编制与执行管理部门——管理和预算办公室（the Office of Management and Budget，OMB）制定。在各联邦部门报告基础上，财政部按月编制并发布包括收入、支出和预算盈余或赤字的联邦政府预算执行报告，还会同 OMB 编制联邦政府年度预算执行报告，经审计并由国会批准后对外披露。

事实上，早在 1949 年，美国联邦政府就曾被建议采用权责发生制，尽管未获采纳，但引入权责发生制会计的讨论一直持续。此外，从 20 世纪 30 年代至 90 年代初，美国就联邦政府会计准则应是由行政部门（财政部或管理和预算局）来制定，还是由立法部门［国会会计总署（the U. S. Government Accountability Office，GAO）］来制定一直存在争论。从 90 年代初开始，出于全面核算和反映政府资产负债和运营成本情况、强化政府的公共受托责任、加强政府成本和绩效管理、改进政府财务管理水平等方面的需要，联邦政府决定在保留传统预算会计的基础上，建立权责发生制政府财务会计系统。

1990 年，美国国会通过了《首席财务官法案》（*The CFO Act*），要求联邦部门根据所适用的准则编制财务报表，该财务报表需要提交联邦部门的内审机构审计。根据这一法案，作为行政机构代表的财政部和 OMB，与作为立法机构代表的 GAO 一道，于 1990 年联合发起设立了独立于各机构的会计准则制定机构——联邦会计准则咨询委员会（Federal Accounting Standards Advisory Board，FASAB）。

FASAB 自成立以来，一方面致力于制定权责发生制联邦财务会计准则，另一方面不断改进其治理结构以增强独立性，在 1999 年获得美国注册会计师协会（American Institute of Certified Public Accountants，AICPA）的认可，成为美国公认会计原则（GAAP）的制定机构之一。2002 年，为进一步增强 FASAB 的独立性以使其持续保持作为 GAAP 制定者的资格，发起者们进行了两项重要改革：一是使非联邦机构的代表在 FASAB 理事中占绝大多数（约 2/3 为非联邦机构理事，其余理事来自 3 家发起单位）；二是作为执行会计准则编报联邦政府财务报告的部门，财政部放弃了反对 FASAB 发布准则或概念公告的权力，这样，在 FASAB 正式发布一项准则或概念公告前，只有 GAO 和 OMB 有权反对。

权责发生制财务会计系统建立后，美国联邦政府形成两个会计系统并行的模式。联邦政府收付实现制预算会计系统包括收入、支出、预算盈余/赤字三大要素，主要发挥预算控制、执行记录、执行结果报告等方面的功能；联邦政府权责发生制财务会计系统包括资产、负债、净资产、收入和费用五大要素，主要发挥全面核算、反映和报告联邦政府整体及其各组成主体资产负债、运营业绩的功能。两个会计系统各自拥有一套自相平衡的账户和报表体系，联邦政府及其组成部门在实际工作中对于发生的每一笔经济业务或事项，分别按照收付实现制和权责发生制在两个系统中进行记录，两个会计系统之间相互独立，在作用上相互补充。

1998 年是联邦行政机构按照 FASAB 会计原则编制财务报表的第一年（Comes and Riley，1999），在之后的 1999 年，审计机构也认可将 FASAB 会计原则作为政府财务报表的"通用会计原则"（Mosso，2005）。由于认为联邦政府存在某些内控缺陷，GAO 很长时间以来一直无法对联邦政府整体报表发表意见，但联邦政府的一些部门和机构的财务报表已经能够得到无保留审计意见。

3. 美国权责发生制政府综合财务报告改革特点

（1）逐步实施权责发生制和编制政府综合财务报告是政府会计改革主线。

经历了几十年的改革历程后，联邦政府会计准则要求采用权责发生制编制政府层面合并财务报表，确定政府综合财务报告的长期目标是促进受托责任，强调使用者导向的外部报告，披露管理讨论和分析内容以方便使用者理解财务报表，强调编制并披露完整的资产负债表，承诺采用权责发生制会计基础，承诺提供政府层面财务报告，要求实际结果和预算数据之间的比较，要求充分且恰当的准则制定程序并公开程序。财务诚信、合规性、良好的财务管理和受托责任指导了 20 世纪美国的政府会计改革，寻求理想的资产负债表、逐步实施权责发生制基础和编制政府层面财务报告是政府会计改革的主线。

（2）美国权责发生制会计基础的转变采取由"部门试点——全部实施"的路径。

20 世纪 70 年代，安达信在权责发生制基础上编制了第 1 份联邦合并财务报表，促成了联邦财政部在从 1971 年后的 20 年在权责发生制基础上编报未经审计的样本合并财务报表，作为收付实现制年度官方报表的补充材料，同时，还有按照收付实现制编制的联邦政府决算报告。经过 20 余年的试点，1990 年通过《首席财务官法案》，要求 24 个较大的部门采用权责发生制核算；2002 年国会通过法案要求所有联邦部门实施权责发生制。美国权责发生制会计基础的转变采取由"双会计基础会计报表并行——24 个部门试点——联邦政府所有部门全部实施"的路径。

（3）政府财务报告制度改革与本国现实国情相结合。

美国分别有联邦政府会计准则委员会和州与地方政府会计准则委员会。联邦制国家组织形式决定了不同层级政府分别成立不同的管理机构，建立不同的准则规范各自范围内的会计实务，联邦政府成立 FASAB 并建立了一整套联邦政府会计准则体系来管理联邦政府范围内的会计实务，而州和地方政府成立了 GASB 并建立了一套州和地方政府范围内的会计实务。美国独特的经济发展历程、政治环境、公共行政模式、文化环境以及会计准则的建立都在不同阶段对美国政府会计的改革提供了相应的刺激和推动力，也带来了冲击和挑战。只有根据自身国情和经济发展目标制定符合国家发展阶段的政府会计改革制度，才能促进政府会计更好地为政府财政业务管理服务。

（4）相互衔接的法律法规体系为政府财务报告改革的推进提供保障。

联邦法律对政府会计与财务报告都起到了一定的规范和保障作用。美国宪法第 9 条规定，联邦政府会计必须实施严格的预算控制，联邦政府财务报告应提供必要的财务信息。《反赤字法》是美国宪法第 9 条规定的具体化，它规范了行政分支机构官员或雇员的超预算支出或债务，或授权超预算支出或债务均属违法。该法案也是资金监管法规的基础，它规定了联邦政府会计核算的实务操作并把预算会计核算置于联邦政府会计的核心地位。1921 年颁布的《预算与会计法案》初步确定了联邦政府的会计基础，根据该法案成立的 GAO 作为立法的分支机构被授予了对联邦政府财务收支的审计权和对所有公款的结账权、制定行政管理和资金会计结算程序的权力。此外，1990 年《首席财务官法案》、1996 年《克林格－科恩法案》、1996 年《联邦财务管理促进法》、2002 年《联邦信息安全管理法案（FISMA）》、2002 年《不当付款信息法案》等均对联邦政府会计与财务报告产生了一定的影响，也提供了相应的法律保障。

8.2.2　权责发生制政府综合财务报告改革的主要任务

1. 建立健全"准则＋制度"的政府会计核算体系

作为会计规范的具体形式，会计准则和制度各有利弊。政府会计准则从会计要素和业务的角度出发，侧重于各项会计要素和各项会计业务的确认、计量和报告，而会计制度则从会计主体和报告主体的角度出发，侧重于单位全部业务的会计记录和报告编制的具体说明。从当前和今后一段时间我国行政事业单位财务会计管理水平来看，行政事业单位及其会计人员普遍适应目前的预算会计制度管理方式方法，熟悉简单明晰的业务操作规范。因此，可根据我国企业会计规范体系的建设经验，在制定政府会计准则的同时，制定适应政府会计新模式要求的政府会计具体制度。"准则＋制度"模式比较符合我国政府会计改革的实践需求，能够适应我国当前行政事业单位的财务会计管理水平，改革推行的阻力比较小，从而减少广大会计人员在准则接受方面的阻力。

在"准则＋制度"的政府会计规范体系中，准则具有指导性的原则和作用，特别是基本准则部分，应当在政府会计的基本理论和原则上统领全局，对政府会计制度的建设起指导和协调作用。政府会计制度的构建和变革应当遵从基本准则所构建的理论框架，并且保持和具体准则的协调一致性。推进财务会计与预算会计适度分离并相互衔接，在完善预算会计功能基础上，增强政府财务会计功能，夯实政府财务报告核算基础，为中长期财政发展、宏观调控和政府信用评级服务。

2. 确定适合国情的政府财务报告主体范围和报告体系

政府会计和报告主体范围的确定受政府会计报告目标的影响，我国政府财务报告的目标主要是向相关使用者提供评价政府受托责任的信息，会计报告主体的选择应当有利于界定各级政府及有关机构的受托责任。目前，我国的预算会计主体是各级预算单位。在总预算会计中，它是国家各级政府；在行政和事业单位预算会计中，它是各级行政单位和事业单位。这一模式的好处是：政府会计主体和预算执行单位存在组织上的一致性，在管理上具有一定的效率优势。但是缺陷在于，目前在政府整体层面只提供预算收支报告，并不提供政府财务报告。资产负债表等财务信息的报告主体仍然限于各级预算单位，政府整体并不完全是会计报告主体，因此，政府会计信息不能很好地反映政府整体的受托责任。

第一个层次未来可考虑以各级政府整体作为会计和报告主体。按照我国一级政府一级预算的原则，各级政府向同级人民代表大会负责。因此，为了履行政府的受托责任，必须要有各级政府整体的决算报告和财务报告，反映这一级政府预算收支的执行结果、完成相关政府职能所花费的成本费用以及这一级政府的资产、负债情况。同时，由于全国政府部门在当年集中和使用预算资金的问题及结构对于宏观经济运行和国民收入分配格局有着重要的影响，通过汇总和合并反映并提供全国的政府预决算数据是十分必要的，并且预算收支数据的汇总合并在技术上比较容易实现。

第二个层次未来可考虑以各级政府组成部门作为会计和报告主体。与部门预算相对应，政府部门应当反映各部门的预算收支执行结果和为履行相应职责所获得的资源及成本费用情况、资产负债情况，因此，需要编制各级政府组成部门的决算报告和财务报告。各级政府组成部门的决算报告和财务报告是政府整体决算报告和财务报告的直接基础。

第三个层次未来可考虑以使用公共预算资源的政府机构或相关组织（预算单位）作为会计主体。为满足预算资金管理的要求和履行受托责任，各预算单位应提供本单位的决算报告和财务报告，反映各预算单位的预算收支执行结果和为履行相应职责所获得的资源及成本费用情况、资产负债情况。各预算单位的决算报告和财务报告是各级政府组成部门决算报告和财务报告的直接基础。

除以上三个层次外，对于一些有严格限定使用用途的基金，如社会保险基金、政府性基金等，可以以基金为主体进行单独的核算和报告，以利于资金使用的控制和管理。

政府财务报告主要包括政府部门财务报告和政府综合财务报告。政府部门编制部门财务报告，反映本部门的财务状况和运行情况；财政部门编制政府综合财务报告，反映政府整体的财务状况、运行情况和财政中长期可持续性。

3. 建立健全政府财务报告审计和公开机制

政府财务报告审计制度的总体目标定位是为支持和促进政府及部门改进财务报告信息质量、提升财务管理水平、增强财务信息公开透明度、促进财政经济可持续发展以及推进国家治理体系和治理能力现代化提供重要支撑和保障。政府综合财务报告和部门财务报告按规定接受审计。审计后的政府综合财务报告与审计报告依法报本级人民代表大会常务委员会备案，并按规定向社会公开。

4. 建立健全政府财务报告分析应用体系

在借鉴国际经验基础上，研究建立适合我国实际情况的政府财务报告分析体系，采用科学方法，系统分析政府的财务状况、运行成本和财政中长期可持续发展水平，为财政经济可持续发展提出政策建议。以政府财务报告反映的信息为基础，采用科学方法，系统分析政府的财务状况、运行成本和财政中长期可持续发展水平。充分利用政府财务报告反映的信息，识别和管理财政风险，更好地加强政府预算、资产和绩效管理，并将政府财务状况作为评价政府受托责任履行情况的重要指标。

8.2.3　权责发生制政府综合财务报告改革具体内容

1. 建立政府会计准则体系和政府财务报告制度框架体系

（1）制定政府会计基本准则和具体准则及应用指南。

基本准则用于规范政府会计目标、政府会计主体、政府会计信息质量要求、政府会计核算基础，以及政府会计要素定义、确认和计量原则、列报要求等原则事项。基本准则指导具体准则的制定，并为政府会计实务问题提供处理原则。具体准则依据基本准则制定，用于规范政府发生的经济业务或事项的会计处理，详细规定经济业务或事项引起的会计要素变动的确认、计量、记录和报告。应用指南是对具体准则的实际应用作出的操作性规定。

（2）健全完善政府会计制度。

政府会计科目设置实现预算会计和财务会计双重功能。预算会计科目准确、完整反映政府预算收入、预算支出和预算结余等预算执行信息，财务会计科目全面、准确反映政府的资产、负债、净资产、收入、费用等财务信息。条件成熟时，推行政府成本会计，规定政府运行成本归集和分摊方法等，反映政府向社会提供公共服务支出和机关运行成本等财务信息。

（3）制定政府综合财务报告编制办法和操作指南。

政府财务报告编制办法对政府财务报告的主要内容、编制要求、报送流程、数据质量审查、职责分工等作出规定。政府财务报告编制操作指南应当对政府财务报告编制和财务信息分析的具体方法等作出规定。

（4）明确政府财务报告编制主体范围。

明确政府财务报告编制主体范围，是编报政府财务报告的基础。从国际上看，政府财务报告编制主体范围主要是政府部门、有关公立非营利机构和政府企业。在我国，政府财务报告编制主体范围界定的难点，主要是事业单位和国有企业。需要根据我国事业单位分类改革和国有企业改革进展情况，厘清哪些事业单位和国有企业应纳入政府财务报告编制主体范围，以及如何在政府综合财务报告中反映。

（5）建立健全政府综合财务报告审计和公开制度。

政府综合财务报告审计制度对审计的主体、对象、内容、权限、程序、法律责任等作出规定。政府综合财务报告公开制度对政府综合财务报告公开的主体、对象、内容、形式、程序、时间要求、法律责任等作出规定。

2. 编报政府部门财务报告

（1）清查核实资产负债。

各部门、各单位按照统一要求有计划、有步骤地清查核实固定资产、无形资产以及代表政府管理的储备物资、公共基础设施、企业国有资产、应收税款等资产，按规定界定产权归属、开展价值评估；分类清查核实部门负债情况。

清查核实后的资产负债统一按规定进行核算和反映。

（2）编制政府部门财务报告。

各单位在政府会计准则体系和政府财务报告制度框架体系内，按时编制以资产负债表、收入费用表等财务报表为主要内容的财务报告。各部门合并本部门所属单位的财务报表，编制部门财务报告。

（3）开展政府部门财务报告审计和公开工作。

政府部门财务报告需要保证报告信息的真实性、完整性及合规性，并且接受审计部门的审计监督。政府部门财务报告及其审计报告报送本级政府财政部门，并按规定向社会公开。

（4）加强政府部门财务报告的财务分析工作。

各部门充分利用财务报告反映的信息，加强对资产状况、债务风险、成本费用、预算执行情况的分析，促进预算管理、资产负债管理和绩效管理有机衔接。

3. 编报政府综合财务报告

（1）清查核实财政直接管理的资产负债。

财政部门清查核实代表政府持有的相关国际组织和企业的出资人权益；代表政府发行的国债、地方政府债券，举借的国际金融组织和外国政府贷款、其他政府债务以及或有债务。清查核实后的资产负债统一按规定进行核算和反映。

（2）编制政府综合财务报告。

各级政府财政部门合并各部门和其他纳入合并范围主体的财务报表，编制以资产负债表、收入费用表等财务报表为主要内容的本级政府综合财务报告。县级以上政府财政部门要合并汇总本级政府综合财务报告和下级政府综合财务报告，编制本行政区政府综合财务报告。

（3）开展政府综合财务报告审计与公开。

政府综合财务报告审计与公开，是增强政府财务报告内容真实性完整性、提高政府财务报告透明度的重要制度保障，是国际通行做法。政府综合财务报告和部门财务报告编制后，都应按规定接受审计，审计后的政府综合财务报告与审计报告依法报本级人民代表大会常务委员会备案，并按规定向社会公开。考虑到我国政府会计准则体系和政府财务报告制度框架体系建设需要一个过程，资产负债清查核实工作任务也很艰巨，改革前期上述工作不可能一步到位，在此基础上编制出的政府财务报告难以完全满足审计要求；同时，从国际经验看，多数国家在编制政府财务报告的前期阶段，一般也不进行审计。因此，在改革前期，暂不要求政府财务报告接受审计并对外公开，待相关工作到位后，政府财务报告按规定进行审计和公开。

（4）应用政府综合财务报告信息。

有效应用政府综合财务报告信息是建立政府综合财务报告制度的最终目的。政府综合财务报告中的相关信息可作为考核地方政府绩效、分析政府财务状况、开展地方政府信用评级、编制全国和地方资产负债表以及制定财政中长期规划和其他相关规划的重要依据。需要根据国家治理体系和治理能力现代化、政府职能转变、科学决策等要求，结合政府综合财务报告包含的内容信息，深入研究政府综合财务报告应用领域、具体应用形式和方法，充分发挥政府综合财务报告的应用价值。

（5）处理好政府综合财务报告与决算报告的关系。

按照我国法律法规和财政管理制度规定，财政部门应当编制本级政府财政总决算报告，主要反映财政预算收支执行情况，经本级政府审定后，报本级人大常委会审查批准；各部门应当编制本部门决算报告，主要反映本部门预算收支执行情况，报本级政府财政部门。因此，决算报告以收付实现制会计核算为基础，主要满足政府和人大等加强当年预算执行管理和监督的需要。政府综合财务报告制度建立后，财政部门应当编制政府综合财务报告，侧重反映政府整体资产负债状况和收入费用情况，经本级政府审定后报同级人大常委会备案。各部门应当编制本部门财务报告，侧重反映本部门资产负债状况和收入费用情况，报本级政府财政部门。因此，政府财务报告以权责发生制会计核算为基础，主要满足政府和人大等加强宏观经济调控、保障财政长期可持续发展等决策需要。政府财务报告与决算报告两者互为补充、有机衔接，形成科学、完整的政府财政财务信息报告体系。

参考文献

[1] [美] 阿道夫·A. 伯利、加德纳·C. 米恩斯：《现代公司与私有财产》，甘华鸣、罗锐韧、蔡如海译，商务印书馆 2005 年版。

[2] [美] 艾伦·希克：《公共支出管理》，王卫星译，经济管理出版社 2000 年版。

[3] 白彦锋、李龙屿、金恺：《基于宏观经济因素新视角的国库现金流预测》，载于《湖南财政经济学院学报》2014 年第 3 期。

[4] 财政部国库司：《改革开放 40 年：现代财政国库管理制度改革取得显著成效》，载于《中国财政》2019 年第 1 期。

[5] 财政部国库司：《谱写国债管理发展新篇章》，载于《中国财政》2021 年第 5 期。

[6] 财政部国库司：《英国、瑞典国库现金管理考察报告》，载于《预算管理与会计》2008 年第 5 期。

[7] 财政部国库司培训考察团：《美国联邦政府国库现金流量预测制度》，载于《预算管理与会计》2012 年第 6 期。

[8] 财政部预算司：《中央部门预算编制指南（2023）》，中国财政经济出版社 2022 年版。

[9] 财政部驻江苏专员办课题组：《强化内部控制监督在综合财政监管中的作用》，载于《财政监督》2014 年第 18 期。

[10] 陈建奇、李金珊：《国库资金模型构建与预测——基于 Box‑Jenkins 方法的研究》，载于《山西财经大学学报》2007 年第 5 期。

[11] 崔文瑞、刘浩武、赵雪绒、王小庆、王浩舟：《基于 ARMA 模型的地方国库现金流预测——以甘肃省庆阳市为例》，载于《开发研究》2016 年第 4 期。

［12］戴磊：《深化预算管理体制改革 提高现代财政治理效能》，载于《预算管理与会计》2022 年第 4 期。

［13］戴正宗：《全面推进新时代财政国库工作》，载于《中国财经报》2018 年 9 月 20 日。

［14］德瓦拉：《国库现金管理战略综述——介绍与建议》，中国国库现金管理国际研讨会（第一次会议），2001 年。

［15］邓凤姣：《中央国库库存增长率分布估计及其应用》，收录于中国人民银行国库局：《国库研究：2006—2009》，中国财政经济出版社 2010 年版。

［16］董战峰、龙凤、毕粉粉、袁子林：《国家"十四五"绿色财税政策改革思路与重点》，载于《环境保护》2020 年第 18 期。

［17］杜娟：《对地方国库现金流量预测的研究探析》，载于《金融经济》2014 年第 14 期。

［18］方铸：《地方国库现金管理国际经验比较的研究评述》，载于《财政科学》2019 年第 1 期。

［19］高培勇：《为什么说财政是国家治理的基础和重要支柱》，载于《光明日报》2013 年 11 月 15 日。

［20］高培勇：《为什么说财政是国家治理的基础和重要支柱》，载于《中国财经报》2014 年 1 月 18 日。

［21］高培勇：《筑牢国家治理的财政基础和财政支柱》，载于《光明日报》（理论版）2013 年 11 月 15 日。

［22］高小平：《国家治理体系与治理能力现代化的实现路径》，载于《中国行政管理》2014 年第 1 期。

［23］韩保江、李志斌：《中国式现代化：特征、挑战与路径》，载于《管理世界》2022 年第 11 期。

［24］河北省财政厅国库处：《建立地方国库现金流量预测价格政策体系的研究》，载于《预算管理与会计》2009 年第 5 期。

［25］贺邦靖：《中国财政监督制度》，经济科学出版社 2008 年版。

［26］贾康：《关于财政监督问题的探讨》，载于《经济纵横》2007 年第 2 期。

［27］贾康、阎坤、周雪飞：《国库管理体制改革及国库现金管理研究》，载于《管理世界》2003 年第 6 期。

[28] 姜晓萍、吴宝家：《人民至上：党的十八大以来我国完善基本公共服务的历程、成就与经验》，载于《管理世界》2022 年第 10 期。

[29] 李春阳：《中国财政库底目标余额管理制度建设研究》，中央财经大学博士学位论文，2020 年。

[30] 李慧：《OECD 国家的国库管理及借鉴思考》，载于《财经问题研究》2002 年第 1 期。

[31] 李玲：《论国家治理体系现代化中的人道主义》，载于《湖南社会科学》2021 年 11 期。

[32] 李炜光：《财政何以为国家治理的基础和支柱》，载于《法学评论》2014 年第 3 期。

[33] 李晓青：《基于最佳库存资金持有量的国库现金管理研究》，载于《金融经济》2012 年第 6 期。

[34] 李艳军：《国库现金管理：我国当前流动性投放的替代渠道》，载于《公共财政研究》2017 年第 6 期。

[35] 李燕：《预算法释解与实务指导》，中国财政经济出版社 2016 年版。

[36] 李燕：《政府预算管理》，北京大学出版社 2016 年版。

[37] 李耀辉、张林邦、严虎：《国库现金流量预测与实证分析——以青海省海西蒙古族藏族自治州为例》，载于《青海金融》2015 年第 5 期。

[38] 李燕：《明确深化预算管理制度改革的"路线图"》，载于《中国财政》2021 年第 5 期。

[39] 李忠峰：《深化预算管理制度改革 助推国家治理能力提升》，载于《中国财经报》2021 年 4 月 20 日。

[40] 梁瑜：《地方国库现金流预测存在的问题研究》，载于《区域金融研究》2014 年第 12 期。

[41] 刘昆：《我国的中央和地方财政关系》，载于《中国财政》2020 年第 10 期。

[42] 刘尚希：《财政改革、财政治理与国家治理》，载于《理论视野》2014 年第 1 期。

[43] 刘尚希：《基于国家治理的新一轮财政改革》，载于《当代经济管理》2013 年第 12 期。

[44] 卢洪友：《从建立现代财政制度入手推进国家治理体系和治理能力现代化》，载于《地方财政研究》2014 年第 1 期。

[45] 吕炜：《中国式现代化新道路"新"在何处》，载于《中国社会科学报》2021 年 10 月 20 日。

[46] 吕炜、靳继东：《始终服从和服务于社会主义现代化强国建设——新中国财政 70 年发展的历史逻辑、实践逻辑与理论逻辑》，载于《管理世界》2019 年第 9 期。

[47] 马海涛：《国库集中收付制度研究》，经济科学出版社 2004 年版。

[48] 马海涛：《现代预算制度改革取得丰硕成果》，载于《预算管理与会计》2021 年第 4 期。

[49] 马海涛：《新时代深化预算管理制度改革的思考》，载于《财政监督》2022 年第 10 期。

[50] 马海涛、肖鹏：《改革开放四十年我国财税改革回顾与展望》，载于《地方财政研究》2018 年第 11 期。

[51] 马海涛、肖鹏：《国家治理能力提升背景下财政监督体系构建研究》，载于《行政管理改革》2020 年第 12 期。

[52] 马海涛、肖鹏：《国库现金流量预测研究文献综述》，载于《经济研究参考》2016 年第 31 期。

[53] 马海涛、肖鹏：《健全现代预算制度 持续提升政府治理效能》，载于《光明日报》（理论版）2023 年 1 月 17 日第 11 版。

[54] 马海涛、肖鹏：《借力预算管理一体化 提升财政管理水平》，载于《行政管理改革》2022 年第 8 期。

[55] 马海涛、肖鹏：《全面深化财税体制改革视野下中国〈预算法〉的修订研究——中国〈预算法〉修订的背景、内容与效应分析》，载于《新疆财经》2014 年第 6 期。

[56] 马海涛、肖鹏：《全面深化财税体制改革视野下中国预算法的修订研究》，载于《新疆财经》2014 年第 6 期。

[57] 马海涛、肖鹏：《现代预算制度构建思路探讨》，载于《公共财政研究》2015 年第 3 期。

[58] 马海涛、肖鹏：《新型城镇化进程中的财政制度变革顶层设计研

究》，载于《湖南财政经济学院学报》2013 年第 5 期。

［59］马海涛、肖鹏：《预算项目支出标准定额体系建设研究——基于成本效益分析视角》，载于《经济研究参考》2018 年第 14 期。

［60］马海涛、肖鹏：《中国财税体制改革 30 年经验回顾与展望》，载于《中央财经大学学报》2008 年第 2 期。

［61］马海涛、肖鹏：《中国税制改革 30 年回顾与展望》，载于《税务研究》2008 年第 7 期。

［62］马海涛、姚东旻、孟晓雨：《党的十八大以来我国财税改革的重大成就、理论经验与未来展望》，载于《管理世界》2022 年第 10 期。

［63］马洪范：《国库现金管理：理论与政策》，经济科学出版社 2014 年版。

［64］马骏：《公共预算：比较研究》，中央编译出版社 2011 年版。

［65］牛润盛、刘琼：《地方国库最优库存现金的测算与评价》，载于《广西财经学院学报》2010 年第 6 期。

［66］潘国俊：《政府资金运动与货币供给量的关系研究》，载于《金融研究》2004 年第 6 期。

［67］任元芬、王凌飞、罗琎：《国库现金流预测的途径和方法研究》，载于《现代经济信息》2013 年第 24 期。

［68］孙开：《论财政法制与财政监管》，载于《财政问题研究》2002 年第 12 期。

［69］谭晓明、蔡玉蓉、靳晖：《构建国库现金流量预测数据库的构想》，载于《金融时报》2016 年 12 月 19 日。

［70］童伟：《制度构建与模式创新背景的绩效预算监督体系催生》，载于《改革》2013 年第 3 期。

［71］王金秀、王小平：《我国地方国库现金流量预测研究》，载于《经济研究参考》2016 年第 32 期。

［72］王丽：《我国地方国库现金管理问题探析》，载于《当代经济》2019 年第 5 期。

［73］王小龙：《新使命 新挑战 新担当——关于现代财政制度下财政监督改革创新思考》，载于《预算管理与会计》2017 年第 7 期。

［74］王小龙：《在全国预算与会计研究会第五届会员大会上的讲话》，载于《预算管理与会计》2020年第9期。

［75］王雍君：《国库改革与政府现金管理》，中国财政经济出版社2006年版。

［76］吴岷钢、丁成林：《国库现金流预测初期研究报告》，收录于中国人民银行国库局：《国库研究：2006—2009》，中国财政经济出版社2010年版。

［77］夏先德：《全过程预算绩效管理机制研究》，载于《财政研究》2013年第4期。

［78］肖捷：《全面实施预算绩效管理 提高财政资源配置效率》，载于《中国财政》2018年第7期。

［79］肖捷：《全面实施预算绩效管理提高财政资源配置效率》，载于《学习时报》2018年3月16日A1版。

［80］肖鹏：《财政职能定位提升 现代财政制度启航》，载于《湖南财政经济学院学报》2013年第12期。

［81］肖鹏：《流程控制视角的财政监督嵌入预算管理顶层设计研究》，载于《财政监督》2014年第10期。

［82］肖鹏：《美国政府预算》，经济科学出版社2014年版。

［83］肖鹏：《新时代人大预算审查监督如何提质增效》，载于《财政监督》2020年第6期。

［84］肖鹏、樊蓉：《新时代地方人大部门预算审查监督现状与提升》，载于《财政科学》2018年第11期。

［85］肖鹏、陶畅：《我国财政支出标准化存在的挑战与对策——以中央本级项目支出定额标准体系建设为例》，载于《财经智库》2023年第3期。

［86］肖鹏、王亚琪：《财政助力中国式现代化：内在机制与改革路径》，载于《山东财经大学学报》2023年第3期。

［87］谢旭人：《中国财政改革三十年》，中国财政经济出版社2008年版。

［88］谢旭人：《中国财政管理》，中国财政经济出版社2011年版。

［89］徐诚：《随机现金流模型在国库期初最佳库存预测中的应用分析》，载于《金融理论与实践》2015年第11期。

［90］徐宏练：《德国国库现金管理的经验及借鉴》，载于《金融会计》

2021 年第 1 期。

［91］许宏才：《加快推进预算管理一体化建设 以信息化驱动预算管理现代化》，载于《中国财政》2020 年第 10 期。

［92］杨志勇：《党的十八大以来国际税收秩序的重塑与中国贡献》，载于《国际税收》2022 年第 10 期。

［93］杨志勇：《现代财政制度：基本原则与主要特征》，载于《地方财政研究》2014 年第 6 期。

［94］俞可平：《治理与善治》，社会科学文献出版社 2000 年版。

［95］袁庆海、杜婕：《中国国库现金最佳持有水平估计及预测——基于改进的 Miller - Orr 模型》，载于《财贸研究》2012 年第 5 期。

［96］张华强、陈梦华、陈颖：《国库现金流量表：国库现金科学管理的重要工具》，载于《海南金融》2015 年第 11 期。

［97］张俊霞：《地方国库现金流预测研究》，载于《西安文理学院学报》2013 年第 2 期。

［98］张文、李宗宝：《发达市场经济国家国库现金管理经验借鉴》，载于《经济研究参考》2016 年第 31 期。

［99］赵早早：《美国政府现金管理改革借鉴与启示》，载于《管理科学》2004 年第 10 期。

［100］中国人民银行合肥中心支行国库处课题组，翟光明：《西方发达国家国库现金管理经验及启示》，载于《金融纵横》2016 年第 11 期。

［101］中国人民银行南阳市中心支行课题组：《地方国库现金流监测分析与控制》，载于《金融理论与实践》2009 年第 2 期。

［102］中国人民银行天津分行国库处：《关于改进国库现金流量预测方式的探索与分析——以天津市为例》，载于《国库研究》2012 年第 5 期。

［103］周克清、马骁：《现代国家治理与财政制度建设的价值追求与实现路径》，载于《经济学家》2014 年第 10 期。

［104］周志忍：《当代外国行政改革比较研究》，国家行政学院出版社 1999 年版。

［105］Andrew Kalotay. A Framework for Corporate Treasury Performance Measurement ［J］. Journal of Applied Corporate Finance, 2005, 17 (1).

［106］Eric Ghysels, Pedro Santa-clara, Rossen Valkanov. There is A Risk-return Trade-off After All ［J］. Journal of Financial Economics, 2005 (76).

［107］Ian Lienert. Modernizing Cash Management ［J］. Technical Notes and Manuals, 2009 (9).

［108］Kenneth D Garbade, John C Partian, Paul J Santoro. Recent Innovations in Treasury Cash Management ［J］. Current Issues in Economics and Finance, 2004 (11).

［109］Lorek K S, Willinger L G. A Multivariate Time-series Prediction Model for Cash Flow Data ［J］. The Accounting Research, 1996, 71 (1).

［110］Rattachut Tangsucheewa, Vittaldas Prabhu. Stochastic Financial Analytics for Cash Flow Forecasting ［J］. Int. J Production Economics, 2014 (158).

［111］Stasavage D, Moyo D. Are Cash Budgets a Cure for Excess Fiscal Deficits (and at What Cost)? ［J］. World Development, 2000, 28 (12).

［112］Thornton D L. Forecasting the Treasury's Balance at the Fed ［J］. Journal of Forecasting, 2004, 23 (5).

［113］Watts R L, Leftwich R W. The Time Series of Annual Accounting Earnings ［J］. Joural of Accounting Research, 1977 (2).

图书在版编目（CIP）数据

现代国库论：理念与制度／马海涛，肖鹏编著.
－－北京：经济科学出版社，2023.9
（财政与国家治理系列丛书）
ISBN 978 - 7 - 5218 - 5124 - 3

Ⅰ.①现… Ⅱ.①马… ②肖… Ⅲ.①国库工作 - 中
国 - 文集 Ⅳ.①F812.2 - 53

中国国家版本馆 CIP 数据核字（2023）第 173849 号

责任编辑：初少磊
责任校对：蒋子明
责任印制：范　艳

现代国库论：理念与制度
马海涛　肖鹏　编著
经济科学出版社出版、发行　新华书店经销
社址：北京市海淀区阜成路甲 28 号　邮编：100142
总编部电话：010 - 88191217　发行部电话：010 - 88191522
网址：www. esp. com. cn
电子邮箱：esp@ esp. com. cn
天猫网店：经济科学出版社旗舰店
网址：http：//jjkxcbs. tmall. com
北京季蜂印刷有限公司印装
787 × 1092　16 开　14.25 印张　233000 字
2023 年 9 月第 1 版　2023 年 9 月第 1 次印刷
ISBN 978 - 7 - 5218 - 5124 - 3　定价：62.00 元
（图书出现印装问题，本社负责调换。电话：010 - 88191545）
（版权所有　侵权必究　打击盗版　举报热线：010 - 88191661
QQ：2242791300　营销中心电话：010 - 88191537
电子邮箱：dbts@ esp. com. cn）